Cultural
Heritage

罗哲文 /著

张 柏 /主编

中国特色 **文化遗产**
保护理论与实践体系探索

中国文史出版社

图书在版编目（CIP）数据

中国特色文化遗产保护理论与实践体系探索 / 罗哲文著 ; 张柏主编 . -- 北京 : 中国文史出版社，2024. 12. -- ISBN 978-7-5205-5060-4

Ⅰ . K203

中国国家版本馆 CIP 数据核字第 2024X6K710 号

出品人：彭远国　责任编辑：窦忠如

出版发行：中国文史出版社

社　　址：北京市海淀区西八里庄路 69 号院　邮编：100142

电　　话：010-81136606　81136602　81136603（发行部）

传　　真：010-81136655

制　　版：北京方舟正佳图文制作有限公司

印　　装：廊坊市海涛印刷有限公司

经　　销：全国新华书店

开　　本：889 毫米 × 1194 毫米　1 / 16

印　　张：20.25

字　　数：241 千字

版　　次：2025 年 1 月北京第 1 版

印　　次：2025 年 1 月第 1 次印刷

定　　价：98.00 元

编委会

前 言

　　2024 年 4 月 17 日，是著名文物保护专家、古建筑学家罗哲文先生百年诞辰。文物与古建筑学界举办系列活动，纪念这位为中国文化遗产保护理论与实践作出杰出贡献的哲匠先贤。

　　追忆先贤，我们深知罗公学术造诣之精深；怀想哲匠，我们倍感罗公守正创新之勇敢。特别是在中国特色文化遗产保护理论与实践体系方面，罗公是当之无愧的首倡者，更是积极躬身践行的探索者。众所周知，学术探索需要筚路蓝缕，体系创建必须披荆斩棘，罗公不畏艰难，勠力前行，在中国特色文化遗产保护理论方面呕心沥血，留下了千万字著述，在文物保护与维修实践中勇于探索，积累了难能可贵的丰富经验。正是在这种理论联系实践、实践催生理论的过程中，罗公初步构建起了具有中国特色的文化遗产保护理论与实践体系。

　　为此，我们在罗公千万字著述中梳理挑选出 19 篇相关文章结集出版，旨在呼唤学界同仁继往开来，为构建中国特色文化遗产保护理论与实践体系大厦添砖加瓦，也表达我们对远在天国的罗公深切怀念与深深敬意。

《中国特色文化遗产保护理论与实践体系》编辑委员会

2024 年 12 月 30 日

目 录

中国的世界遗产概述

中国是世界著名文明古国，有悠久的历史文化和丰富的文物古迹遗存，同时又是一个疆域辽阔、河山锦绣的国家，文化和自然遗产非常丰富，如北京故宫、敦煌莫高窟、拉萨布达拉宫、泰山、黄山等均久负盛名，万里长城更是作为世界中古七大奇迹之一而闻名于世。

文化和自然遗产，是人类赖以生存的环境的一部分以及祖先世代劳动创造的结晶，人类的无价之宝，如何将其保护好，传承子孙后代，是全人类共同的责任。多少年来，在中国，在世界，人类为保护文化和自然遗产事业都曾做出不同程度的努力。公元前3世纪，埃及境内的托勒密王朝就在亚历山大城的宫殿内，建立了一座专门存放文物珍品的缪斯庙。古埃及金字塔和世界其他许多国家的古建筑，同样受到保护。中国在公元前17—前11世纪的商王朝时期，就有甲骨文的收藏；周王朝时期则"多名器重宝"，设专门的"收藏室"，并有簿录予以登记。宫室、陵园、宗庙、府库等大都保存了珍贵文物。三千多年来，除了收藏保存珍贵文物之外，历代王朝和官府对宫殿、陵寝、寺观、山川树木、古迹园池等，也都明令加以保护。此外，中国民间还有一个优良传统，就是以乡规民约的形式对公共建筑（如祠庙会馆）、水利工程、山川林木等加以保护，甚至刻石立碑共同遵守。

随着社会的发展、交通的发达、交往的频繁、信息传递的便捷和旅游事业的发展等，人们对文化和自然遗产的认识进一步提高，特别是在近现代工业化进程中对文化和自然遗产所造成的破坏，引起了人们的高度重视。如果不对这些遗产加以保护，将是人类的重大损失，而且这种损失是无法挽回的。为此，世界各国专家学者、有识之士呼吁联合起来保护人类共同遗产，先后通过《雅典宪章》《威尼斯宪章》《马丘比丘宪章》《华盛顿宪章》《洛桑宪章》和保护考古及历史遗产的欧洲公约、美洲公约以及联合国教科文组织《关于保护景观和遗址的风貌与特性的建议》等。

为进一步加强保护与管理力度，得到国家政府的重视与支持，联合国教科文组织于1972年11月在其巴黎总部举行的十七届大会上，通过《保护世界文化和自然遗产公约》（简称《世界遗产公约》），对世界文化和自然遗产的定义、标准做出明确规定，并确定了实施公约的指导方针。这一公约是联合国教科文组织在全球范围内制定和实施的一项具有深远影响的国际准则性文件，目前已有一百八十七个国家成为缔约国。公约主要任务之一，就是确定世界范围内被认为具有特别意义和普遍价值的文化遗产和自然遗产列入《世界遗产名录》，使之作为人类共同遗产，得到国际社会的重视与共同保护。

为更好地落实遗产公约的各项规定，得到各国支持与合作，一个政府间国际合作机构"世界遗产委员会"1976年宣告成立，其日常办公机构为联合国教科文组织世界遗产保护中心，具体执行遗产保护的经常性工作。世界遗产委员会每年举行一次会议，主要进行以下三项工作：

第一，审议确定由缔约国申报要求列入《世界遗产名录》的项目，并提交缔约国代表会议通过并公布。

第二，管理"世界遗产基金"，审定各缔约国提出的财政和技术援助的申请项目。这笔基金主要来自缔约国常年向联合国教科文组织所缴纳会费的百分之一的款项，以及缔约国政府和其他机构与个人的自愿捐赠。这笔基金虽然数目不大，但对于促进世界各国，特别是发展中国家和不发达地区某些重要文化与自然遗产项目的保护，起到了积极作用。

第三，对已列入《世界遗产名录》的文化与自然遗产项目的保护与管理情况进行监测，以促进其保护与管理水平的改善和提高。联合国教科文组织、世界遗产委员会为使保护、评审、监测、技术援助等工作质量的水平提高，特约请国际权威专业机构国际古迹遗址理事会（ICOMOS）、国际自然与自然资源保护联盟（IUCN）和国际文化财产保护与修复研究中心（ICCROM）为其专业咨询顾问。凡遗产的考察、评审、监测、技术培训、财政与技术援助，以及研究、宣传等工作，均由这几个机构派专家予以帮助。

现将公约中有关遗产的定义和评审标准简略介绍如下：

1. 文化遗产定义

（1）文物，从历史、艺术和科学的角度看，是具有突出的普遍价值的建筑物、雕刻和绘画，具有考古意义的部件和结构、铭文、洞窟、住区及各类文物的组合体；（2）建筑群，从历史、艺术和科学的角度看，是在建筑形式、统一性及其与环境景观结合方面，具有突出的普遍价值的单独或相互联系的建筑群体；（3）遗址，从历史、美学、人种学或人类学的角度看，是具有突出的普遍价值的人造工程或自然与人类结合工程，以及考古遗址的地区。

2. 文化遗产评审标准

列入名录的文化遗产，应具有以下所列的任何一种特质：

（1）代表一种独特的艺术成就，一种创造性天才的杰作；（2）能在一定时期内或在世界某一文化区域内，对建筑艺术、纪念物艺术、城镇规划或景观设计方面的发展产生过重大影响；（3）能为一种已消逝的文明或文化传统提供一种独特的至少是特殊的见证；（4）可作为一种类型的建筑物、建筑群或景观的杰作范例，展示人类历史上一个（或几个）重要阶段；（5）可作为传统的人类居住地或使用地的杰出范例，代表一种（或几种）文化，尤其在不可逆转之变化的影响下，容易损毁的地点；（6）与某些事件或现行传统、思想、信仰或文学艺术作品有直接或明显关联，具有突出的普遍意义。此一款理由，委员会认为只能在某些特殊情况下或该项标准与其他标准共同考虑时才能作为列入《世界遗产名录》的标准。

3. 自然遗产定义

（1）从美学或科学角度看，具有突出的普遍价值的由地质和生物结构或这类结构群体组成的自然面貌；（2）从科学或保护的角度看，具有突出的普遍价值的地质和自然地理结构，以及明确划定的濒危动植物物种生境区；（3）从科学、保护或自然美的角度看，具有突出的普遍价值的天然名胜或明确划定的自然区域。

4. 自然遗产评定标准

列入名录的自然遗产，应属于以下所列的任何一类：

（1）代表地球演化史上重要阶段突出的例证；（2）代表不同生态系统和动植物群体之重大演变发展过程的重要例证；（3）具有独特绝妙的自然现象或含有丰富的自然美景、在美学上有重要意义的地带；（4）对就地保护生物多样性具有重大意义的自然栖息地，包括从科学和保护角度来看，濒危动植物生长地。

此外，凡是已列入《世界遗产名录》的文化与自然遗产，一旦受到严重威胁，世界遗产委员会在经过专家调查和审议后，可将其列入《濒危世界遗产名录》，以便采取紧急措施加以抢救和保护。

中华人民共和国政府一贯对文化和自然遗产的保护十分重视，积极参与联合国教科文组织和世界遗产委员会关于保护世界文化和自然遗产的活动。1980年11月，全国人大常委会批准中国参加联合国教科文组织《世界遗产公约》，使中国成为公约缔约国之一。1986年，中国首批将长城、北京故宫、周口店"北京人"遗址、敦煌莫高窟、秦始皇陵及兵马俑坑和泰山六处申报世界遗产，1987年被世界遗产委员会批准，列入了《世界遗产名录》。1991年10月，在第八届《世界遗产公约》缔约国大会上，中国当选为世界遗产委员会成员。在1992年、1993年第十六、十七届世界遗产大会上，中国连续两届当选为委员会副主席，使中国对世界遗产委员会的工作做出了更多的努力。截至2012年，中国列入《世界遗产名录》的文化与自然遗产项目共四十三处，其中世界文化遗产二十七处，世界自然遗产九处，文化与自然双重遗产四处，文化景观三处。此外，还有数十处国家重点文物保护单位和国家风景名胜区，列入了世界遗产预备名单，未来将逐年分批、分期予以申报。而我国的世界非物质文化遗产，如昆曲、京剧、中医针灸、剪纸等二十九项已列入《人类非物质文化遗产代表作名录》，是目前世界上拥有世界非物质文化遗产数量最多的国家。由于本书只收录我国的世界文化与自然遗产，对于中国的世界非物质文化遗产，只能留待以后另行考虑了，请读者见谅。

截至2012年7月，从已列入《世界遗产名录》的四十三处文化与自然遗产中不难看出中国历史文化的悠久，以及锦绣河山和自然风光的独特。从历史文化来说，自五十万年前北京猿人遗址、战国时期万里长城到明清故宫、承德避暑山庄，上下几十万年，还有代表中华民族传统文化的曲阜孔庙、孔林、孔府。这里要着重指出的是，几千年来、几十万年来，中华民族的文化传统一直绵延不断，可以说世界上任何一个文明古国都是难以相比的。不仅如此，中国自古是一个多民族国家，在悠久的历史发展过程中，各民族共同创造了光辉灿烂的多民族文化，如拉萨布达拉宫、承德避暑山庄及周围寺庙等就是代表性杰作。此外，如敦煌莫高窟壁画彩塑、秦始皇陵及兵马俑坑均是世界著名的文化珍宝。至于自然遗产中的黄龙、九寨沟、三江并流、中国南方喀斯特、三清山等独特的地质、地形、动植物和优美的自然景观，都是世界少有的。像泰山、黄山、武夷山、峨眉山—乐山大佛等文化与自然双重遗产，正反映了中国悠久的历史文化与自然环境相结合的特色，在世界其他国家中也是罕见的。而在 1993 年才开始列入名录的文化景观方面，中国的以突出体现"自然与人类结合工程"的庐山与西湖等胜景，也被列入名录。可以说，中国仅这四十三处已列入《世界遗产名录》的项目，便把世界遗产的文化、自然、文化与自然双重、文化景观几个方面都包括齐全了，这也为其他国家所罕见。

如何把中国的世界遗产保护好，是我们十分光荣而又艰巨的任务，我们称其为上对祖先、下对子孙负责的千秋伟业。这些文化与自然的瑰宝，一旦被破坏，将不可再造，不可复得，不可再生，将会造成不可挽回的损失。因此，国家在文化遗产方面提出"保护为主，抢救第一"的方针和"有效保护、合理利用、加强管理"的指导思想。在自然遗产方面提出了"严格保护、统一管理、合理开发、永续利用"的方针。这是完全必要的，是与《世界遗产公约》及世界遗产委员会制定的规章、办法相一致的。

近年来，世界遗产委员会开拓了深入化工作的范畴，加强对

罗哲文先生（左一）在联合国教科文组织大会发言

遗产保护的监测工作，不断派出专家分别到列入名录的各国遗产地进行考察和监测。1994年，得到中国政府同意，联合国教科文组织首次派专家小组来华，对中国1987年被批准列入《世界遗产名录》的长城、北京故宫、周口店"北京人"遗址、秦始皇陵及兵马俑坑、泰山、敦煌莫高窟六项世界遗产进行实地监测考察，后又不断派专家来华对中国的世界文化与自然遗产进行监测考察。专家们对中国世界遗产的保护管理工作给予充分肯定，同时也坦率提出存在的问题和改进建议，得到中国主管部门的积极采纳，有力推动了中国文化与自然遗产的保护管理工作。

总之，中国是一个世界遗产大国，当之无愧。对这些世界遗产，我们应该更好地保护、研究并发挥其作用，为保护人类共同遗产做出我们的努力。

历史文化名城是建设有中国特色的社会主义的强大支柱

中国革命与建设取得的一条十分重要的经验，就是将马克思主义理论与中国的具体实际相结合。过去在民主革命中所取得的辉煌成就正是坚持了这一重要的真理。在社会主义建设中也仍然必须如此。邓小平同志提出的建设有中国特色的社会主义理论，也正是这一经验的继承和发展。

我认为中国特色就是中国的国情，中国的实际条件，中国的具体情况。把这些具体情况与马克思主义相结合了，就是有中国特色的社会主义。中国的特色有很多，我认为至少表现在以下几个方面。

1. 悠久的历史文化（包括物质文化和非物质文化）

中国有文字记载的历史已有四五千年，而且绵延不断，这是世界其他文明古国所少有的，如果从考古发掘的资料看已有数十万年、上百万年了。五千年所留下的历史文献和文化艺术、科学技术成果，其数量之多，内容之丰富，更是许多文明古国所不及的。悠久的历史文化不仅值得我们引以为骄傲和自豪，而且有许多珍贵的东西，宝贵的经验，值得建设现代化的社会主义借鉴和利用。

2. 勤劳勇敢、坚强不屈的精神

中国人民在几千年、上万年的生产实践、科学实验和革命斗争中，养成了一种十分可贵的精神，就是勤劳勇敢和坚强不屈。这种精神是抵御外来侵略、生产建设、科学研究的重要精神武器。凭着这种精神，过去创造了光辉灿烂的文化，打退过多少次敌人的入侵，在建设有中国特色的社会主义中，它仍将激励着我们前进。

3．改革开放的优良传统

改革是推动社会发展、历史前进的动力。回顾历史，从三千多年前的商汤革命起，经商鞅变法、庆历新政、王安石变法……到戊戌变法，每次改革都推动了历史的前进。对外开放在中国历史上也有悠久的传统，自公元前 2 世纪汉武帝打通西域交通之后，历经魏、晋、南北朝、隋、唐、宋、元、明、清，每一个朝代几乎无不在扩大对外开放的活动。唐代长安城中外商云集，使者学人络绎不绝，不少外国人还在朝廷中担任显官要职，元大都（今北京）对外开放更为发展。在某些时候虽然也曾有人提出过闭关锁国之见，但为数甚少、为时短暂，并未得到认真的实行。"文化大革命"结束以后，党的改革开放政策不仅弘扬了这一传统，而且远远超出了以往任何时代。

4．山河锦绣，地大物博

这是中华民族赖以生存、繁衍、发展的基础。悠久的历史，光辉灿烂的文化，大量的物质与精神文明财富就是凭借着地大物博、山河锦绣的自然条件和勤劳勇敢、坚强不屈的精神所创造出来的。过去是这样，现在和将来也都是如此。建设有中国特色的社会主义，更是离不开祖祖辈辈传下来的祖国河山和丰富的宝藏。

5．外敌凌辱

还有一个国情就是近百年来，列强的侵略压迫，使我们的民族蒙受了耻辱。但是它同时也促使我们民族觉醒，牢记国耻，奋发图强，革命先烈前仆后继，终于胜利了。今后也还将吸取教训，继续前进，这也是建设有中国特色的社会主义的一个推动的力量。

6. 多民族国家、多民族的特色

这是一个十分重要的中国特色。我国五十多个民族几千年来相互竞争、相互融合，形成了内容十分丰富的民族文化特色，在建设有中国特色的社会主义中是不可忽视的极具特色的因素。

所有以上这些都凝聚在文物的身上，有物可看，有事可说，这正是文物价值之所在。

一、历史文化名城是中华民族悠久历史、灿烂文化和民族精神的集中体现

城市是人类文明发展到一个重要阶段的标志，是一个国家、一个地区政治、经济、文化的中心，是物质财富、精神财富最为集中之地。在人类文明发展史中，城市占有十分重要的地位。

我国是一个历史悠久、文化灿烂、文化遗存（文物）非常丰富的国家，因而历史文化名城的数量很多。从现存的县、市级城市来说，有几百年、上千年历史的恐怕数量要上千了。到目前为止，已公布了两批国家级历史文化名城，第一批二十四个，第二批三十八个，共计六十二个。最近还在审评第三批国家级历史文化名城，总计一百个左右。它们所包含的内容相当丰富，基本上把历代帝王的首都——帝京（除个别已成遗址废墟之外）都包括进去了。还有古代的军事重镇、商业中心、特产名镇、水陆码头、对外交通港埠、风景园林城镇以及革命历史名城等等。它们可以说是中华民族悠久历史、灿烂文化、光辉革命历程的缩影。要建

设有中国特色的社会主义，离开了内容如此丰富、数量如此众多的历史文化名城将是不可想象的。

二、历史文化名城是建设有中国特色的社会主义城市（镇）的主导

城市自它在人类社会发展史上出现之后，即对人类的发展与进步起着主导的作用。中国几千年的文明史和世界各国的历史都证明了这一点。在中国历史上许多次奴隶暴动、农民起义，虽然也有在农村开始、在山上称霸的，但是最终的目的，都是要占领城市，夺取王朝的统治中心，才算成功。刘邦、朱元璋等被称为出身草莽而登上了皇帝宝座的，也都是从农村和小城镇开始的。

中国共产党的农村包围城市的战略，也是根据当时中国革命具体的情况所采取的，其最终目的也是要占领城市，夺取政权，统一全中国，然后才能在全国进行社会主义建设。

由于城市是一个国家、一个地区政治、经济、文化的中心，不仅是发号施令、统一指挥的所在地，而且也是经济发达、科技文教先进、人才密集之地。一个国家、一个地区的发展与建设，首先把城市放在主导地位这是历史的总结，实践的证明。当然，在发展城市的同时，也必须以城市带动村镇的发展，逐步缩小乃至消灭城乡差别，我认为这正是有中国特色的社会主义城市发展的道路。在此顺便说明一下，缩小城乡差别，消灭城乡差别，绝不是都要发展成为大城市，一则是不可能都有发展成为大城市的条件，二则是大城市的弊端太多太大，对人类生活的环境，身心健康都是十分不利的。

　　为什么说历史文化名城（镇）是建设有中国特色的社会主义城市的主导呢？因为历史文化名城是经过几百年、几千年历史的不断积累、不断考验所形成的，不但有着优越的自然条件基础，而且有着深厚的历史文化传统内涵，有着广阔的发展前景。我记得在国务院公布第一批历史文化名城时就曾经讨论过，专家们一致认为公布的历史文化名城除了在历史上有名，有丰富的历史文化遗存文物古迹之外，还必须是现在还在生活着、发展着的城市。一些曾经在历史上显赫一时的王都、帝京、通都大邑，已经被历史所淘汰成为遗址、废墟者，只能作为古文化遗址重点文物保护单位保存，或作为某一现在还在继续发展的历史文化名城的一个内容而存在，不能单独作为一个历史文化名城来公布。如周代的丰、镐二京，春秋战国时期的临淄、邯郸、燕下都，等等。这就说明了现在公布的历史文化名城确是经过了多年的考验保存下来，而有着强大的生命力和发展前景的。

　　历史文化名城之所以能够成为一个朝代、一个时期某个国家或地区政治、经济、文化的中心或起着某一方面特殊的作用，就是因为它们本身所具备的自然"天赐"条件和人力多年经营创造的结果。自然条件难以改变，人力经营也是难以追及的。就拿国务院公布的第一批二十四个历史文化名城中的西安、洛阳、北京、南京来说，它们都是长时间作为中国统一王朝的首都，留下了丰富的物质和文化财富。北京今天仍然是中华人民共和国的首都并正在大步发展。试想要建设有中国特色的社会主义离开了它们能行吗？又如第二批国务院公布的三十八处历史文化名城中的上海、天津、重庆、武汉和第一批中的广州、泉州，都是水陆交通枢纽重地、江河海港大埠，几百年、几千年来经济商贸的中心，上海、天津、广州至今仍是对外开放的重要口岸城市。就拿一处较晚兴起的城市河北承德来说，兴起历史不过三百年，但是它在历史上曾起过特殊的作用。避暑山庄和外八庙的园林与建筑艺术更是不可再有。已公布的六十二座历史文化名城中如苏州、杭州、扬州、桂林、成都、自贡、景德镇、昆明、大理、拉萨等等，它们或以河山锦绣、风景秀丽闻名于世；或以特产名物名扬中外；或为边疆重镇，民族政治、经济、文化之中心；它们各具特点，各有其悠久的历史与灿烂的文化，而且至今仍在飞速发展之中，要建设有中国特色的社会主义城市没有它们也是不可能的。

我认为有中国特色的社会主义城市，虽然内容十分丰富，但主要的不外乎三个方面：一是社会主义的道路；二是中国的实际，中国的国情；三是现代化。这三者历史文化名城都占有很大的优势。

因此，以历史文化名城作为主导，建设起一大批有中国特色

姑苏人家尽枕河

的社会主义现代化城市，指导或引导、影响乡镇农村的建设，那么有中国特色的社会主义就不难实现。

三、发挥历史文化名城的优势，保护、建设好历史文化名城

历史文化名城既然是建设有中国特色的社会主义的强大支柱并具有主导作用，那么我们的首要任务就是要发挥历史文化名城的优势，把它们保护好建设好。历史文化名城的优势在哪里？如何发挥它的作用？如何保护建设好历史文化名城？我认为应注意以下三个方面。

（一）文物古迹和体形环境风貌的保护与建设

文物古迹和体形环境风貌是历史文化名城构成的一大因素，同时也是历史文化名城的一大优势。所以既要很好地保护它，同时也要很好地发挥它的作用。

文物古迹和体形环境风貌是物质文化的遗存，它们有体有形，可触可摸，看得见，摸得着。如革命纪念建筑、古建筑、古遗址、古墓葬、碑刻、雕塑、陶瓷、青铜器、织绣、漆器、玉器、印章、乐器、书画等等。它们的特点是以实物的形象来表现历史文化，说明历史文化。由于它们都是在一定的时期、一定的条件下产生的，它们既已形成，便成定局，不能改变。如果将其改变了，就不能说明当时的历史文化了，甚至歪曲了历史，失去了它们的价值。所以这一部分必须要原状原物保护它们。由于文物古迹和体形环境风貌是历史文化名城的重要内容，所以在《中华人民共和国文物保护法》和国务院批准的文件中首先指出，"保存文物特别丰富，具有重大历史价值和革命意义的城市"，才能作为国家

历史文化名城公布。可见文物古迹和体形环境风貌对历史文化名城的重要意义。

文物古迹不仅是构成历史文化名城的重要因素，它同时也是历史文化名城的强大优势，是进行爱国主义教育、革命传统教育、历史唯物主义教育的实物教材，是继承和弘扬优秀民族文化的借鉴，也是发展旅游事业、丰富人民群众文化生活和对外开放的重要物质基础。有许多历史文化名城发挥了文物古迹、优秀文化传统的作用，促进了经济贸易的发展。这一优势应当紧紧抓住不放。

历史文化名城的文物古迹和体形环境风貌首先在于保护。但是保护的任务却非常艰巨，特别是如何处理好保护与新建的关系问题至关重要。如果处理得好，便是两全其美，相得益彰；如果处理得不好，便会相互为损，两败俱伤。根据国际上多年来的经验和我国几十年的经验，历史文化名城的文物古迹和体形环境风貌的保护，虽然情况复杂，任务艰巨，但只要处理得好，是完全可以做到两全其美、相得益彰的。其办法就是：分层次、分等级、分别不同情况、采取不同措施进行保护。

1. 首先要对历史文化名城的文物古迹进行一次彻底的普查，掌握情况

这是一件十分重要的事情，目前已有许多历史文化名城做了普查，但是一些城市还做得远远不够，就是有些做得较好的城市也还有不断的新发现，应予以补充进去。必须要重视这一工作，因为它是历史文化名城保护管理和规划建设的基础工作。

2. 对每一个文物保护单位的情况进行分析研究，做出规划

按照文物保护单位的价值大小、保存情况和周围环境，分别做出具体的规划，纳入城市总体规划之中，划出保护范围和建设控制地带。在做文物保护单位的规划时要考虑它如何发挥作用，

这样才能真正保护得好。

3. 点、线、面（片）的保护方式与风貌分区

在我国现有的历史文化名城中，完全原状保存的恐怕已经不多了，尤其是一些历史悠久、文化内容丰富的城市，历代都在改变着，今天已经没有条件全面原状保护了。如北京、西安、广州、天津、上海、重庆等，只能以点、线、面这一方式来保护了。

4. 另辟新区、另建新城的方式

这种方式是历史文化名城保护与建设最理想的方式，古城可得到较好的保护，新城新区也可得到合理的规划，良好的发展。在国外已有不少历史文化名城采取这种方式。在我国也有一些有条件的历史文化名城在经过几年的实践之后采取了开辟新区、另建新城的方式，如辽宁兴城、山西平遥、陕西韩城等等。目前，我国还有一些较小的城镇，完整地保存了原状，是极为难得的重要历史文化遗产。如能在发展中另辟新区，另建新城，将会起到很好的效果。

历史文化名城的风貌分区，也正是从分层次、分等分级，分别不同情况，采取不同的保护与建设方式，点、线、面相结合的办法中提出来的。比如在文物古迹、古建筑集中的地点、地段、地区，它的风貌除了文物古迹本身原有的风貌之外，与它周围的环境有非常重要的关系。凡在这种重点风貌区的新建筑必须严格控制，新建项目的高度、体量、色彩、形式等均应与原来的文物古迹、古建筑相配合与协调。千万不要喧宾夺主，把文物古迹的环境气氛破坏了。风貌分区根据历史文化名城中文物古建筑的重要性和城市区域的位置，也要分等分级对待，比如对北京的故宫、景山、北海、中南海这些重点文物古迹古建筑地区的环境风貌的要求就要高。北京市人民政府对市区和各重点地区的建筑高度做

了限制，这是对历史文化名城环境风貌的保护非常有利之策。此外，在飞机场、火车站、汽车站、水陆码头等国门、都门、市门等地方，虽无重要文物古建筑，也应表现中华历史文明古国、历史文化名城的风貌。使人们一跨进中国国门，跨进某一城市大门或者来到某一城市的代表性地区的时候，给人的第一个印象是来到了中国，来到了中国的某一个城市，而不是其他的国家、其他国家的城市。

（二）历史文化传统的保存与弘扬发展

历史文化传统也是历史文化名城的一个重要的因素，因为历史文化名城除了有体有形的文物古迹和体形环境风貌之外，还有历代相传的有声有韵、充满了活力的历史文化传统。这种历史文化传统不是像文物那样固定不变，而是随着时代的步伐，在不断地改革、变化、发展。每一步的发展都在不断充实新的因素，丰富它的内容。但是它们仍然是中国的、民族的、本地的，而非外国的、外地的、外民族的。不仅中国如此，外国也是如此，任何

北京密云仙女楼（前）、望京楼（后）

一个国家，任何一个民族都是如此。

这里我想谈一个观点，就是外来文化必须在本国、本民族、本地区原来文化传统的基础上创造和发展，最后成为本国、本民族、本地区的东西。我认为这是一个规律，就拿建筑来说，在我国现存的古建筑中，有许多都是外来的，比如佛寺和塔，连外国人都把它们当作代表中国建筑的标志了。殊不知这两种建筑都是随着佛教于 1 世纪传入我国的。它们原来的建筑结构与形式与今天我们看见的寺庙和塔完全两样了。还有伊斯兰教的清真寺也是如此。不仅国外传入的文化如此，就是国内各民族各地区之间也是如此，北京与四川的建筑风格就有所不同，各具特点。我说这一观点的意思就是说历史文化名城要有它的特点，发扬它的特色。

历史文化传统的内容包括很广，如语言文学、文字、诗歌、戏剧、曲艺、衣冠服饰、民俗风情、土特名产、风味饮食、工艺美术等等。这些内容对历史文化名城来说是十分重要的，并不亚于文物古迹和体形环境风貌。比如，北京如果没有京剧、评剧、曲剧、烤鸭、涮羊肉、砂锅居、仿膳小吃、景泰蓝、雕漆、料器等，而只有故宫、天坛、长城、颐和园，那就减色多了。扬州如果没有扬剧、扬州评话、清音、扬州画派、广陵琴派、竹枝词、扬州学派、冶春诗社、雕版印刷、玉雕、刺绣、淮扬糕点、淮扬菜等等，而只有瘦西湖、何园、个园、观音山、大明寺、平山堂，那也逊色多了。所有的历史文化名城也都一样，没有躯壳，内容无所依托；没有内容，躯壳空洞乏味，可见两者是相互依存，缺一不可的。我感到过去我们在这方面还是注意得不够，因为这方面还有很多工作要做，工作量也不亚于文物古迹与体形环境风貌。为此也提出以下几点意见。

1. 对历史文化传统进行一次彻底的普查发掘

历史文化传统对历史文化名城来说，它不仅是构成历史文化名城的一大支柱，而且也是历史文化名城保护与发展的重要方面，与一般城市相比，它是独特的优势。它是几百年，几千年这一城市历代人民劳动与智慧的结晶，为城市留下的珍贵历史文化财富。上面提到的许多历史文化传统的内容，每个城市各有特点和重点。有些东西一直相传到现代，有些东西在某一种情况下失传了。因此必须进行一次彻底的清查，有些项目还要加以发掘和整理。在摸清家底之后，才好进行保护和继承发展的工作。

2. 对一些有价值的历史文化传统项目进行整理和保护

历史文化传统虽然是发展着的，随着时代在改革、创新，这是历史的规律，但是作为历史上的品种，把它原状保存下来作为研究历史，推陈出新，特殊鉴赏也是很有价值的。我曾经在日本奈良一次县知事举行的招待会上看过一出名为《兰陵王入阵曲》的古戏，这戏是很早前从中国传过去的。戏的内容说的是北齐时候的兰陵王高长恭，他是一个勇武而貌美的美男子，自以为不能使敌人畏惧，作战的时候常常戴了面具出战，齐人因而作了这出《兰陵王入阵曲》的乐舞，模拟他上阵指挥、击刺的姿态。在我国早已不传，在日本也是不常演出的。因为我们是参加奈良这一古都的学术讨论会，主人特为演出待客。据说他们也是把它作为一个古代乐舞品种保存的。在另一次送行会上《朝日新闻》的总编还为我们唱了据说是唐代音韵的《阳关三叠》。当然这都不是现代流行的歌曲了，但作为古代文化传统的品种保存下来还是有价值的。

我国的许多剧种都有其发展改革的阶段，每个阶段都有它的特点和艺术特色，有的剧种的唱腔、演技已经有了变化，但是如果把它们发展改革的阶段保留下来作为研究历史，作为向前发展的借鉴也是有积极意义的，它们也和文物有同样的性质。过去只凭口传身教，难免不够准确，现在有了录音录像等现代技术，就可能更科学化，准确无误了。

3. 文化传统的继承和发展

历史文化名城除了保护、保存、研究悠久的历史文化传统之外，还必须重视继承和发展的工作。因为，历史文化不是停滞不前而是要向前发展的，过去如此，将来也要这样的。如像北京的京剧这一剧种，本来是清乾隆五十五年（1790）起，南方的四个徽调班社相继进京演出，与湖北来京的汉调艺人合作，接受昆曲、秦腔等部分剧目、曲调和表演方法，并吸收了一些民间曲调，逐渐融合演变，发展而成。其表演方法则为"唱、念、做、打"，歌舞并重，逐步形成了一个完整的艺术体系。现在的京剧与早期的已有所不同，将来也还会有所发展。应该把它每一个发展阶段的样品原样记录保存下来，供作历史的研究发展的借鉴和欣赏。又如天津泥人张的作品，其捏塑内容、人物形象、捏塑技巧等也都有所变化。社会在发展，生活在变化，这种艺术也必然会发展。

任何文化艺术都要发展，这是客观规律。但是文化艺术也和其他事物一样，不是从天上掉下来的，没有无源之水、无本之木，尤其是像我国这样具有悠久历史文化传统的国家，继承传统更为重要。然而继承并不是一成不变而是要发展、创新，要前进。因此，历史文化名城的文化艺术除了作为以往发展阶段的样品保存之外，还要考虑新的发展。比如博物馆的陈列方式就有很多可以改进的地方，现代科学技术的手段，音响、灯光，历史场面的再现，生活风俗的实况，等等，都有新的发展。天津、苏州等地的戏曲博物馆、民俗博物馆的效果很好。我们经常说事物都有个"沿革"，就是有继承，有改革。只有继承传统，不断发展，才能前进。对于历史文化名城来说，这是一个很艰巨而且重要的任务。这方面我是外行，说不出很多具体的意见来，只是提出问题，请历史文化名城的领导和专业工作同志注意。

（三）传统的经济基础及其发展

经济是基础，这是马克思主义哲学的基本原理。人们首先要穿衣、吃饭、有房住才能进行其他活动，这是人所共知的事。我们考察一下，所有历史文化名城的产生、成长、发展，除了少数是由于特殊的原因，如承德是由于封建帝王为了游乐和政治目的修建了避暑山庄、外八庙，榆林为军事重镇等原因建立起来之外，大多数城市都是在经济发展的基础上发展起来的。"腰缠十万贯，骑鹤上扬州"，正说明了扬州当年的经济繁荣。西安、洛阳、南京、开封，这几座古都，当时经济繁荣的情况历史上记载很多。就是今天我们的首都北京，虽然也曾经做过辽、金、元、明、清几代王朝的首都，但是考察其产生和发展，正是在东临大海、西依太行、东接运河、北通草原，是中国通向蒙古高原和东北地区的交通枢纽和商品生产、经济贸易的基础上成长起来的。就是一些本来为政治、军事需要建立的城镇，为了维持其城市的供应，也要发展经济。如像长城沿线的军事重镇，本为屯兵驻防的需要，为了军需供应，发展了屯田和移民守边，很快充实了经济基础。例如西汉时期的张掖、武威、酒泉、敦煌河西四郡，两千多年一直是经济的中心。例子很多，不能一一列举。因此，历史文化名城必须要发展经济。

我想说的是历史文化名城发展经济与一般城市不同的特点。特提出以下几点意见：

1. 必须珍视历史文化名城的传统经济优势

历史文化名城的经济社会具有几百年、上千年形成的基础和积累的经验，这是一笔十分珍贵的物质财富与精神财富。特别是生产的经验和经营的经验尤为重要。如像杭州的茶叶、丝绸，苏州的苏绣、工艺美术品，宜宾的五粮液酒，上海、天津的对内对外贸易，等等。

历史文化名城的另一经济优势就是丰富的文物史迹和悠久的历史文化传统。它们是发展历史文化名城经济的特殊资源，是其他城市所不能比拟的。北京的故宫、天坛、颐和园、十三陵、长城，南京的玄武湖、中山陵、灵谷寺、明孝陵、莫愁湖，西安的大雁塔、钟鼓楼、华清池、始皇陵、兵马俑坑、茂陵、昭陵、乾陵，成都的杜甫草堂、武侯祠、望江楼、王建墓等不仅是历史文化的无价之宝，而且是发展经济的重要物质基础。文化通过各种途径可以转变为物质财富，如发展旅游、举办文娱体育活动等。

2. 抓住优势发展经济

历史文化名城的经济优势，主要有上面提到的两个问题，一是原有的经济基础，二是历史文化传统。原有的经济基础除了一般的交通运输、商业贸易、金融企业、工农业生产之外，我想应抓住土特名产这一个环节。如像宜宾就应该抓住五粮液酒的生产，现在国内外的需求量都很大，供不应求，经济效益也大。但我想要提醒注意的是，质量很关键，如果质量降下来就很危险了，还应挖掘传统技术，改良提高。又如景德镇，陶瓷生产这一优势一定要抓住，自贡市当然必须抓住盐和有关盐的产品生产这一特点。有些历史文化名城的传统特产还要挖掘，如徐州市从已失传多年的传统产品中，发掘出了"沛公酒"，增加了生产，丰富了历史文化名城的内容。许多历史文化名城的老字号、老店面、老产品，

陕西临潼秦始皇陵兵马俑一号坑

有的已经失传或停业了的，也应挖掘恢复，不仅可以增加生产，也可为历史文化名城丰富内容。

发展旅游是历史文化名城的一个重要经济项目。历史文化名城一般都具有这一优势。旅游被称为"无烟工业""无形的贸易"等等，它不仅本身可以增加收入，还可以促进其他经济的发展，它实际上是一项综合性很强的经济事业。历史文化名城一定要抓住这一优势。据了解，国外的旅游者，凡来中国旅游的主要是来看中国的古老文明、文物古迹和风景名胜。因此，首先必须要保护和修整好文物古迹和风景名胜，不仅要发挥民族文化艺术传统的优势，还要注意对历史文化名城的宣传介绍、导游讲解。旅游服务设施是很关键的一环，旅馆、饭店、影剧院、音乐厅、通信设施以及博物馆、展览馆、图书馆等均很重要。在旅游收入上，旅游产品是一个很重要的成分，必须加以重视。旅游产品既有经济效益又有社会效益，这里面有很多学问，要很好地研究。

此外，文化艺术活动也是发展经济的一种形式。我们近几年到一些城市进行考察时得知，不少地方的经济发展是通过文化艺术活动而起作用的。如自贡市的灯会，看起来是个文化艺术活动，但促进了其他行业的经济收入，特别是借此机会进行贸易洽谈，成交额很大，当然经济效益也很大了。云南楚雄彝族自治州原来一直是吃国家补贴的，但由于恢复了民族传统的节日，举行文化艺术活动，带来了经济的发展，收入增加，不仅已经摘掉了吃国家补贴的帽子，而且还上交了利税。以上都是文化艺术活动促进经济发展的生动例子。历史文化名城在这方面是可以有作为的。

四、历史文化名城应在建设有中国特色的社会主义中起作用

最后，我想就如何保护好历史文化名城，发挥它们的优势，特别是如何协调好保护与新建的矛盾，使之做到两全其美，相得益彰，使我国众多的历史文化名城，在建设有中国特色的社会主义中起到重大的作用提出以下建议：

一是对历史文化名城要有足够的认识。第一要认识到历史文化名城是我们历代祖先留给我们的一份珍贵的财富，是历代劳动人民智慧和血汗的结晶，是中华民族的光荣，中国人民的骄傲，它不仅属于中华民族，而且也是人类的财富，这一财富不仅我们今天要保护，而且还要把它传给子孙后代。这一宝贵的财富是历史的遗产，不能再生产再建造了，如果破坏了是无法再得的。第二要把历史文化名城的这三个方面都作为一个整体来看待，特别是要把前二者作为今后城市经济发展的特有资源和优势来看待，绝不能因为目前的暂时的小的利益而把它们当作阻碍或包袱。我曾经碰到一个历史文化名城某方面的负责人，想要把一个带有污

染导致破坏历史文化名城的工厂安排在城内，但被历史文化名城保护的规章所限制了。他竟然抱怨他这城市悔不该出了这许多著名人物，悔不该有这许多重要文物古迹。当后来认识提高以后，转变了看法，把它们作为发展经济的特有资源的优势来对待的时候，问题很快就解决了。第三应该把历史文化名城作为建设有中国特色的社会主义城市的基础和优势。所谓有中国特色的社会主义城市就是要有中华民族的传统和现代化，中华民族的传统在历史文化名城中是特有的优势。

二是要加强宣传工作。要提高对历史文化名城的认识，还必须做好宣传工作，使全体市民对城市有充分的了解和热爱，人人都自觉地为历史文化名城的保护与建设贡献力量。特别是要引起市领导的重视。

三是矛盾协调的具体办法。文物古迹、风景名胜的保护与新建筑的矛盾，是历史文化名城经常发生的矛盾，这一矛盾如果处理得好是不难解决的。根据我国多年来的经验和参照国外的经验，其办法归纳起来主要有两种。一种是另建新城区的办法，这种办法容易两全，减少矛盾。北京如果按照中华人民共和国成立初期梁思成先生提出另建新区的方法做的话，文物古迹可以更多地保存，新的建筑也可更为顺利地进行，在白纸上画图当然更方便些。近年如辽宁兴城、山西平遥等城市采取了这种办法之后，确实是矛盾减少了，文物古迹也能更多地保护了。第二种办法是按照文物价值的大小和保存的情况，分等分级、分区分片、分别情况、分别对待。许多历史文化名城大都可用这种办法来解决，就是说价值大的保存较好的要坚决保护，新建筑为之让路，次要者可以做适当安排，如迁移他处保存等方式。北京就有许多这样的例子。

四是把文物古迹的保护项目和保护范围纳入城市建设规划之

中，这是做到两全其美、相得益彰的最要紧的工作，所以在国务院批转的文件中特别提出要求历史文化名城要做保护规划。许多城市只要做好了保护规划而又把它纳入城市总体规划之中的，文物古迹就保护得更好，新建筑也很顺利了。

五是为了更好地做到两全其美，我还建议在做出了保护规划的同时，还应做一文物古迹、风景名胜发挥作用的规划，使文物古迹、风景名胜发挥社会和经济两个效益。

六是大型的经济建设项目是发展历史文化名城经济的有利条件，应该争取，但是其选址必须十分慎重。如果选址不当，会造成两败俱伤的结果，就是说历史文化名城的文物古迹或风景名胜被破坏了，这一经济建设项目也得不到发展，要上也上不去，要下也下不来。如洛阳的某一重点工厂正建于重要宫殿遗址之上，既破坏了文物，又使该厂的发展受到很大限制。北京广安门附近辽代天宁寺塔旁边兴建的一个工厂严重破坏了这一北京现存唯一的辽南京标志古建筑本身和它的环境，也危害周围的居住环境。这种大型工厂一经建立就很难搬迁处理，因此在建立时务必慎重考虑。当然以上这两厂都是在"文化大革命"中或以前建立的，但务必引以为戒。

七是务必讲法、依法、执法。对于历史文化名城的保护、规划、建设、管理等工作，在总结多年来的经验和参考国外经验的基础上，已经确定了一些法令规章制度条例。还有城市建设管理、文物保护、风景名胜保护等的法令、规章、条例等等，都是历史文化名城保护、规则、建设、管理必须遵循的，只要依法办事，矛盾就可减少或消除，"两全其美""相得益彰"是完全可以达到的。这一问题的关键在于领导，希望有权的领导人，在不了解情况，不征求主管部门和专家学者意见的情况下，千万不要乱批项目。

罗哲文先生在考察途中

如果批了，接到反映，就应采纳意见，勇于改正。我曾碰到两位省、直辖市分管文化和城建的领导，他们经常批项目，但不了解《文物法》，当他们已退下来时才知道批得不对，来请我们去考察，但为时已晚。工程已开，难以挽回，只好将错就错，对文物和城建两者都是不利的。而另有一位中央首长，因为报批者未将情况说清，错批了一项重要工程，当专家学者们反映意见之后，他立即撤销了原批，使重点古建筑得到了保护，新建项目也得到更好的发展。至于像周总理那样对待重点的文物建筑与新建筑发生矛盾的项目（如北京北海团城等）时，亲赴现场考察，再做决定的精神就更值得赞扬了。

八是广泛征询广大市民和专家学者们的意见。城市的建设关系到每一个市民的切身利益，城市文明与否涉及每一个市民的荣辱，可以说是"休戚相关、荣辱与共"。专家学者们更是以他们各自的专业对城市的兴衰成败给予殷切的关注。因此历史文化名城的保护与建设应经常征求他们的意见，取得他们的支持与帮助。国内有些城市经常把城市建设的设想和重大项目告诉市民，北京市也曾经在报上公布过简要的规划图。这是好的。但似乎还不够，没有充分给市民和专家学者们发表意见的途径。我曾经在澳大利亚的首都堪培拉参观过他们的城市建设博物馆，不仅有全部城市规划建设的历史与现状，而且有今后规划的蓝图、主要的建设项目、发展规划等等，经常把城市建设情况告诉市民，听取他们的意见，我认为这是一个很好的方法，值得参考。

（原载《城乡建设》1993 年第 8、9 期）

历史文化名城是精神文明建设的强大支柱

城市是人类文明发展到一定重要历史阶段的标志。恩格斯说：

在新的设防城市的周围，屹立着高峻的墙壁，并非无故，它们的壕沟深陷为氏族制度的墓穴，而它们的城楼已耸入文明时代了。

——《家庭、私有制和国家的起源》

城市的出现，在人类文明发展史上，的确是一个跨时代的巨大飞跃。城市的发展，逐渐成为一个国家，一个地区的政治、经济、文化的中心，成为物质财富与精神财富最为集中之地。

我国是一个历史悠久，文化灿烂的文化遗存（包括物质和精神文化）非常丰富的国家，因而历史文化名城的数量很多。从现存的县、市级城市来说，有几百年、上千年历史的恐怕有上千座之多。到目前为止，已公布了三批国家级历史文化名城共计九十九座。这九十九座历史文化名城虽然占我国历史文化名城的数量不是很多，但是它们所包含的内容已非常丰富，基本上把历代王朝的帝京首都（除个别已成遗址废墟之外）都已经包括进去了。还有古代的军事重镇、商贸中心、水陆码头、特产名镇、对外交通港埠、风景旅游城镇、革命历史名城等等。它们可以说是中华民族悠久历史、灿烂文化、光辉革命历程的缩影，绝大多数的物质与精神文明的结晶都聚集在这些历史文化名城之中。如北京、南京、西安、洛阳、开封、杭州等古都，不仅有着悠久的历史文化，而且有着强大的物质基础，至于上海、天津、武汉、重庆、广州等，不仅是经济发达的都会，而且也有着悠久的历史，灿烂的文化。两个文明建设离开了这些历史文化名城是很难想象的。尤其是精神文明的建设更是离不开历史文化名城，因为悠久的历史文化，光荣的革命传统，勤劳勇敢坚强不屈的精神，科学技术的重大成果，改革开放的优良传统，等等，这些中华民族的精神文明结晶大都凝聚在历史文化名城之中。

一、历史文化名城丰富的精神文明内涵

（一）悠久的历史文化

中国有文字记载的历史已有四五千年，而且绵延不断，这是世界上其他文明古国所少有的。如果从考古发掘的资料来看，中国已有数十万年、上百万年的历史，更是世界少有。悠久的历史文化不仅值得中国人民引以为豪，而且有许多珍贵的东西，宝贵的经验，值得建设现代化社会主义借鉴和利用。悠久历史文化的内涵，大都集中在历史文化名城之中。

（二）光辉的革命和改革传统

革命和改革，是推动社会发展，历史前进的动力。回顾历史，从三千多年前的商汤革命起，经商鞅变法、庆历新政、王安石变法……到太平天国运动、戊戌变法等等，每一次改革都或多或少地推动了社会的发展、历史的前进。特别是辛亥革命以来中国共

产党领导的新民主主义和社会主义革命，彻底解决了社会发展和历史发展前进的动力，党的改革开放政策，不仅弘扬了这一传统而且远远超过了以往任何时代。这一光辉的传统不仅有丰富的历史文献记载，而且有实物保存，遗址可证。从殷商、秦、汉、唐、宋、元、明、清，历代改革的文献与实物大都保存在历史文化名城之中。从辛亥革命的武昌起义，到中国共产党的成立，南昌起义，遵义会议，抗日战争，解放战争，中华人民共和国的成立许许多多的重大事件都发生在武昌、上海、广州、南昌、瑞金、遵义、延安、北京等历史文化名城之中，遗址尚存，有物可证，有史可考。

（三）勤劳勇敢，坚强不屈的伟大精神气概

这是中华民族得以生存发展，自立于世界民族之林的重要条件。这种精神是抵御外敌侵略、生产实践和科学研究等的精神武器。凭着这种精神，过去曾经创造了光辉灿烂的文化，打退了多少次敌人的入侵。在建设有中国特色的社会主义中，这种精神仍将激励着我们不断前进。戚继光抗倭遗迹，林则徐销烟现场，关天培壮烈牺牲的炮台，西藏人民抗英遗址，义和团、小刀会抗击帝国主义侵略的遗址，八年抗日战争的遗址和纪念建筑，至今遍布在宁波、临海、北京、天津、上海、南京、武汉、沈阳、江孜等历史文化名城之中。

（四）科学技术成果的结晶

我国古代科学技术曾经为人类文明的发展做出过巨大的贡献。火药、指南针、印刷术、造纸四大发明对人类所作的贡献，早为世界所公认，此外还有天文、数学、医学、水利、冶金、钻井、航海、建筑等等。科学技术的成果，不仅惠及子孙后代而又传播海外，有许多科学技术的成果今天还在继续享用。甚至有些高深科学技术的成果之秘今天还在揭示之中。这许许多多科学技术的

成果的实物遗存和文献记录绝大多数也保留在北京、天津、上海、南京等众多历史文化名城之中。

（五）民族团结、民族文化交融创新的例证

中国自古是一个多民族组成的国家。各民族的领袖们，曾经多次金戈铁马，逐鹿中原，争霸天下。除汉族以外，众多少数民族的领袖们曾经夺取了天下，成了许多个诸侯和王朝的统治者，从秦始皇开始有许多个少数民族的领袖当上了皇帝。辽、金、元、清等几个朝代，在中国历史上都是显赫世界的大帝国，现在历史文化名城之首的北京就是这些朝代的都城。各民族的文化交融使多民族的文化更加丰富多彩。多民族文化交融的例子不仅从北京现存的古建筑、绘画、雕刻等可以看出，而且可从拉萨、西宁、呼和浩特等历史文化名城中找到文献记录和实物例证。国家历史文化名城承德，可以说是一处集中的民族团结与民族文化交融创造的大博物馆。今天看来还有很多值得参考借鉴。

（六）对外开放的实物遗存

在中国几千年的历史上，一直都在不断扩大开放的努力，自三千年前的周代即已寻求走出国门之路，经秦皇、汉武的不断努力终于打开了水、陆对外交通的大道。尤其是在公元前2世纪汉武帝派张骞打通西域之后，历经魏、晋、南北朝、隋、唐、宋、元、明、清，每一个朝代几乎无不在扩大对外开放的活动。唐朝长安城中外商云集，使者、学人络绎不绝，不少外国人还在朝廷中担任了显官要职。元大都（今北京）对外开放更胜长安，明朝的郑和下西洋，清朝的外国传教士、科学家来华商贸往来，等等。在今天北京、天津、上海、广州、福州、泉州等历史文化名城中遗物尚存，史事可考。在某些时候虽也有人提出过闭关锁国之见，但为时甚短，也并未得到彻底的执行。"文化大

革命"结束以后，党的开放政策不仅弘扬了这一传统，而且远远超过了以往任何时代。

（七）近百年来列强的入侵和民族的觉醒

在我国近代史上的近百年来由于政治的腐败，列强的入侵，我们民族曾经蒙受过耻辱和灾难。但是它同时也促使我们的民族觉醒，革命先烈前仆后继，终于推翻了封建王朝腐败政府，打败了帝国主义侵略者，建立了中华人民共和国。这些侵略与反侵略的实物见证，遍布在众多的历史文化名城之中。

二、历史文化名城是进行爱国主义教育的最大课堂

精神文明建设的内容非常广泛，而爱国主义教育则是其中最为重要的内容之一。在历史文化名城之中保存了大量的爱国主义教材，不仅有许许多多反映我国悠久历史、灿烂文化、科技成果、民族精神、改革开放的博物馆、科技馆、美术馆、纪念馆、图书馆、文化馆等保存的历史文献资料和陈列展览，而且还有许许多多遗物、古建筑、近现代建筑、雕塑、绘画等实物的遗存现场，生动形象地反映了爱国主义内容。就拿历史文化名城北京来说，有反映中华民族悠久历史的五十万年前北京猿人居住生活的周口店"北京人"山洞遗址，有反映我国古代天文科技成果至今世界上保存最为完整的建国门古天文台，有反映中华民族勤劳智慧、坚强不屈精神的万里长城，有反映中国雄伟辉煌建筑艺术，世界上保存规模最大最完整的帝王宫殿北京故宫，有反映伟大五四运动的天安门广场和原北京大学红楼，有反映点燃抗日烽火的卢沟桥，有反映毛泽东主席宣布中国人民从此站起来了、中华人民共和国成立、五星红旗升起的天安门和天安门广场，更有反映帝国

主义入侵焚毁被称为"万园之园"的圆明园遗址，以及人民英雄纪念碑、中国历史博物馆、中国革命博物馆、军事博物馆、科技馆、天文馆、美术馆和各种纪念馆等，它们分布在全市各个地区，发挥着教育人民启发人民爱国思想的作用。目前已有上百处古建遗址、古建筑、革命纪念建筑、博物馆、纪念馆、科技馆等被人民政府和有关部门列入爱国主义教育基地。全国九十九座国家历史文化名城和其他省、自治区、直辖市级历史文化名城中被列为爱国主义教育基地、教育场所单位的已有上千处之多，历史文化名城已经成了进行爱国主义教育的最大课堂。

这一爱国主义教育的大课堂在对人民进行教育特别是对青少年进行爱国主义教育中发挥了重大作用。我这里只举一个例子，就是鸦片战争的例子。鸦片战争是帝国主义侵略中国的开始，中国沦为半殖民地的开始。香港现在很快就要回归祖国了，香港是如何被英帝国主义侵占的，还有不少人不知道，尤其是青少年，因为已经一百多年过去了，如果不对这一段历史进行教育，是很难责怪他们的。几年前在历史文化名城广州市的虎门销烟地点、鸦片战争纪念馆和虎门炮台遗址这里，来了一个香港青少年学生的参观团，原名叫"香港学生大陆观光团"。当他们参观了鸦片战争纪念馆和虎门炮台之后，才了解到香港就是在鸦片战争失败后于1842年被英帝国主义侵占，后来又逐步侵占九龙，到1896年便被强行租借去的。他们还在纪念馆和虎门炮台亲眼看到了中国人民英勇抗敌，壮烈牺牲，保卫祖国的事迹。当这些青年学生参观完了之后，了解到这一段历史，深为所感，立即将"大陆观光团"改成了"祖国观光团"。仅仅两字之差，其意义重大不言而喻。我们历史上抗击侵略战争的民族英雄很多，然而自鸦片战争开始又达到了一个新的阶段。在历史文化名城淮安关天培祠堂内有一副林则徐为在虎门炮台奋勇抗击英帝国侵略军英勇牺牲的民族英雄关天培将军（广东水师提督）所写的对联，上联是：

六载固金汤，问何时忽毁长城，孤注空教躬尽瘁

下联是：

双忠同坎，闻异类亦钦伟节，归魂相送面如生

上联中的"问何时忽毁长城"一句指的是清政府自毁了虎门炮台和关天培这样的英雄将领。下联的"闻异类亦钦伟节"指的是关天培孤军作战，壮烈牺牲时连异类（指英国侵略军）看到之后也不得不为之钦佩。

当今天香港即将回归祖国的时候绝不能忘记这段历史。自林则徐、关天培等抗击帝国主义侵略的民族英雄之后，民族开始觉醒，英雄辈出，前赴后继，不知有多少惊天动地的事迹，不知有多少英雄壮烈牺牲，才换来了国家的富强，香港的回归。

三、保护建设好历史文化名城

历史文化名城既然已是中华民族悠久历史、灿烂文化、光辉革命历程的缩影，物质与精神文化最为集中之点，又是建设有中国特色的社会主义城市的主导，如何把它们保护好和建设好就是当务之急了。为此提出以下几点建议。

（一）提高认识，加强宣传

和要办好其他任何工作任何事情一样，要把历史文化名城

保护好，建设好，必须要对它有足够的认识，否则工作难以进行。目前，在认识这一方面还有很大差距，尚有一些领导特别是城市的领导，对历史文化名城是中华民族五千年甚至几十万年、上百万年来物质与精神文明的结晶，是建设有中国特色的社会主义强大的支柱，尤其是对发展经济的积极作用这一点认识不足，以致为了暂时的短浅的利益而破坏历史文化名城的情况时有发生。甚至还有错误地把保护历史文化名城与新的建设对立起来的误解。因此，必须加强宣传，提高认识。除了向广大市民大力宣传之外，还必须向领导宣传，因为领导是关键。在宣传时除了讲中国历史文化名城保护的重要性之外，还应宣传国际上其他国家对保护历史文化名城重视的情况，借鉴外国的经验，吸取他们的教训。

（二）做好规划，有效保护

由于历史文化名城既是历史的遗存又是发展中的城市，它既要保护又要发展。但是历史文物有它一个极大的特点，也可以说是独有的特点，它是历史上产生的，不可能再生产再制造的，一经破坏就无法挽回。就算是"将来有了钱再建筑"，那也就不是文物，没什么价值了。因此，必须采取有效的保护措施，也就是要采取切实可行的措施。根据国家公布历史文化名城十多年来的工作情况已经积累了不少的经验，如根据历史文化名城各自不同的情况采取点、线、面（片）保护与风貌分等分级分区的方式，或者另辟新区，另建新城的方式。而要做到有效保护的关键在于加强规划。所以在公布第一批国家历史文化名城的时候在国务院的文件中就提出了历史文化名城要做保护规划的要求。只有经过调查研究，合理地制定了保护规划并纳入城市建设发展的总体规划之中，才能得到有效的保护。而这方面的工作从目前来看还做得很不够，有些历史文化名城尚未做出保护规划，有不少的历史文化名城的规划尚不具体，难以达到保护与建设发展的需要。为此，这方面的工作还必须加强。

（三）发挥优势，相得益彰

我国的历史文化名城，大多是几百年、几千年不断发展起来的，不仅有丰富的物质和精神文化财富，而且有着丰富的建设经验，是我们今天保护好建设好历史文化名城的极大优势。有许多历史文化名城很好地利用了自己的优势，使整个城市的政治、经济、文化得到了很好的发展。如西安、承德、曲阜、景德镇、自贡、桂林、苏州等利用了名城的文物古迹、风景名胜发展旅游，开发有传统特色的商贸产品，按规划进行建设，使名城的保护与新的建设两全其美，相得益彰。就拿北京、天津、上海、广州等来说，也是在发挥了它们原来的政治、经济、文化优势的基础上得到发展的。比如北京主要是利用了原来的政治、文化优势，上海、天津、广州则是利用了它们几百年、几千年对外港口的优势。各个历史文化名城都有各自的特点和优势，不能千篇一律。名城的领导人要善于利用自己城市的特点和优势，做到既保护了名城又发展了经济和文化。这本来就是国家公布历史文化名城的目的，只要能依法办事，按规划建设，两全其美，相得益彰是完全可以办到的。

（四）依法执法，加强管理

城市是人们生产、工作、生活的社会机体，必须要有秩序地进行，否则城市就无法正常运转。在这方面最重要的就是要靠法制和加强管理。历史文化名城在几百年、上千年的发展过程中，虽然有许多法制和管理的经验，但是目前面临着市场经济和现代化的浪潮冲击，有些不适应，不免造成了一些混乱，造成了对历史文化名城的破坏。其实主要是人们思想的不适应，关键在领导，必须要认识到市场经济和现代化绝对需要的是法制和管理。目前对历史文化名城造成破坏的是各种不按城市规划法和文物保护法进行的破坏性开发，其中突出的是外资的房地产开发。他们一些人中为了高容积高回报，不顾已经批准的历史文化名城的规划，破坏了历史文化名城最重要的地区地段，如北京的东方广场、福州的三坊七巷、天津的古城区等等。

此外，我们的城市建设法制还不健全，需要尽快完善，否则也不便于加强管理，在此呼吁《历史文化名城保护法》早日出台。

（原载《名城报》1996 年 5 月 31 日）

再论历史文化名城的保护与建设必须与国家经济社会的发展相协调，做到"两全其美、相得益彰"的意见

——兼谈遗产保护的中国特色

一、二十年前的一次重要会议

正好二十年前，时值烟花三月（农历）的时候，以国务院经济技术社会发展研究中心、城乡建设环境保护部、文化部文物事业管理局、北京大学、清华大学、北京经济学院的领导和专家学者，二十四个首批国家级历史文化名城的领导与专家，齐集历史文化名城扬州。以历史文化名城的经济社会发展为专题，进行了广泛的交流与研讨。我认为这是一次十分重要的会议，对历史文化名城的保护与建设起到极为重要的作用。许多专家学者和领导都做了非常重要的发言。如国务院经济技术社会发展研究中心主任马洪即以"让历史文明与现代文明交相辉映"为题，全面阐述了保护建设历史文化名城与经济社会发展的认识、发展战略、规划、产业结构调整、体制与政策和社会主义精神文明建设等问题。副主任张磐以"更好地发挥历史文化名城在我国社会主义现

代化建设中的作用"、城乡建设环境保护部副部长储传亨以"历史文化名城的发展战略必须与其保护目标相统一"、肖桐以"要以时代的观念保护和发展历史文化名城"为题，对历史文化名城的保护与发展要和经济社会的发展相结合的理论认识、方针政策、具体措施等进行了研讨，提出了意见，他们不仅是领导，也是有经验的专家，所发表的意见我认为都是很有价值的。北京大学教授侯仁之专门以北京为例发表了题为《深入揭示北京历史文化名城的性质和特点是进行经济社会发展的先决条件》的论文，提出了明确城市性质在经济社会发展战略上研究的重要意义。阐明城市的特点直接关系到地方特殊风貌的形成和发展、旧城的改造，必须立足于创造社会主义新文化的高度，对于固有的独特风貌既要有继承又要有创新的观点，做了详细的阐述。全国政协经济建设组副组长、城市规划文物保护专家郑孝燮先生以"历史文化名城的经济发展与文化风貌分区的探讨"为题，论述了"经济是基础，古今中外任何城市都离不开这个基础，否则城市便成了空中楼阁"，防止建设性破坏，厉行五忌，加强保护文物古迹、风景名胜是保护历史文化名城的核心，对增加城市绿地、解决城市的环境污染等具有重要意义。清华大学教授朱自煊在《对历史文化名城经济社会发展战略的几点看法》一文中以国外的一些经验为例提出了要努力探索名城保护与经济发展的结合点的意见。北京城市规划部门领导专家、首都规划委员会周永源和刘岐以"北京的古城风貌与城市现代化"和"名城北京面临的矛盾与对策"为题，具体地回顾了古都北京的历史、现状和对策，"既要维护古都风貌，还要使城市社会主义现代化、新的建筑既要继承民族传统又要力求有所创新，首都发展面临的主要矛盾和解决对策"的设想都是从实践工作中得出的，很有参考价值。北京经济学院和桂林市经济研究中心的经济学家罗元铮、黄吉锡就桂林市的建设发展论历史文化风景名城的战略地位和历史作用，提出"制订发展战略要有世界进步与社会发展的眼光"。成都市人民政府经济研究中心负责人唐志宏、李守凡以成都为例论述了历史文化名城在经济发展中的普遍规律与特殊规律，提出了历史文化名城经济发展的三种模式，进行了探讨。

会议进行了五天，来自首批二十四个国家级历史文化名城的一百五十四位代表，百家争鸣各抒己见，一致认为历史文化名城的保护与建设不能脱离经济社会的发展，如果结合得好可使保护与经济社会发展相得益彰、两全其美，反之则会相互对立，两败俱伤。

这次会上还有许多专家和代表做了很好的发言并提出意见。文化部文物局的代表郭旃同志（文物处副处长）在会上也做了《关于历史文化名城发展战略研究工作的几点意见》的报告，着重提出："要牢固确立文物必保和保护文物古迹同发展经济相统一的观点……把完善地保护优秀的文化遗产，实现城市生产、生活的现代化和繁荣社会主义经济，作为历史文化名城的目标。"牢固确立了这两个观点，历史文化名城就会在良性循环中健康地发展。

那么，怎样把文物保护和发展经济统一起来呢？郭旃同志说：

第一，要把文物古迹保护纳入城市发展总体规划，在摸清各项资源和基本条件的基础上，制订出全面、科学的总体规划来，合理地管理、开发和利用各项文物资源。对任何一个事物，如果没有宏观的认识，不能全面地分析与这一事物有关的纵、横各个方面，就不能有高水平的指导，也就不利于有效地把握这一事物的进程。目前把文物古迹保护作为名城的经济社会发展战略内容来讨论，并从规划的角度，针对历史文化名城的特点，论证保护文物古迹的重要性和合理有效的保护方法，提出实施的设想，这一切无疑都是很好的。这将可以逐步消除名城保护工作中头痛医头、脚痛医脚、就事论事、四处救火的被动现象。可以相信，有了文物必保的意识，把文物保护事业合理地纳入名城的总体规划，就不难走出一条协调发展的道路。

第二，各部门要更自觉地把文物事业作为全民族的共同大事来抓。过去文物保护事业往往只限于文物部门抓，甚至只限于对文物有兴趣的一些老先生来过问，别人很少关心。而目前，文物事业受到广泛的重视，特别是受到从中央到地方一大批从事经济发展、城市规划和设计以及环境保护的领导、专业人员的重视。这些人已经成了文物保护事业的坚强支柱。这是前所未有的现象，必将产生前所未有的巨大影响和作用。有的同志把上述活动称为文物保护事业的第三个里程碑。我想这主要指的是文物保护事业从点扩展到面，从个体文物扩展到全城内的文物，从一个部门、少数人热心文物事业发展到各个部门、全民族都热心。从某种意义上说，这是历史文化名城的发展迈出的坚实的一大步。这不但进一步明确了方向与途径，也增强了文物保护和经济工作者的信心，促进了保护文物与发展经济的完美统一。

第三，要正确看待文物事业的经济效益问题。从表面看，保护文物似乎是只花钱不赚钱的事。但是，我们说，人们的生活并不仅仅是吃、穿、住、用，精神文化生活和道德情操也是必不可少的。对于勤奋工作的广大人民群众来说，各具特色的文物名胜，无疑是他们认识国家和民族的历史、借鉴经验、继承传统、振奋信心、陶冶情操和欣赏享受的绝好实物与环境。对于不同国度的来宾，也是增进了解、互通友谊和认识全人类共同历史的无可替代的特殊媒介。文物事业在精神文明建设中的作用是十分显著的。从另一方面讲，保护文物也绝不是只花钱而毫无经济效益。看问题不能只看到其表面和一点，还应看到其内在的联系和整体。1985年，国家结算旅游外汇收入几个亿。这些钱几乎没有一分是文物单位上缴的，大都是民航、饭店、旅行社等部门的利润。但是，众所周知，绝大多数国外游客是慕名来看中国的文物古迹和风景名胜的，而不是为了别的。试想，如果我们的文物名胜被破坏得一塌糊涂，或因为舍不得花钱而任其损坏，那么，到中国来的游人是会越来越多还是越来越少？答案应当是明显的。从整体来看，从全局分析，文物事业不只是保护了文物，而且保护了旅游事业的主要资源，促进了旅游事业的开展，带动了交通、饮食、宾馆、轻工业和手工业的发展，并大大增加了这些行业的就业人数和利润。这怎么能说文物事业是个赔钱的事业呢？

更何况，文物的复制、文物出国展览以及其他一些安全使用文物的工作，每年还直接带来许多经济收入。所以，一些文物事业成绩较显著的省市，经济上都获益匪浅。现在文物部门不讲"以文物养文物"，是因为文物的首要功能还在于精神文明建设中的作用；同时考虑到全局分工的不同、职能的不同。文物部门的主要职责是保护和管理好文物古迹，文物工作者要有为此献身的精神。不能让为数不多的文物工作者把主要精力放在经商赚钱上，更不能杀鸡取卵，只利用文物赚钱，不花力量去保护文物。综上所述，文物事业对于全社会两个文明建设的积极作用是不可忽视的。

在郭旃同志的发言中还提出了"如何在历史文化的发展中保

护文物古迹""保护和发展名城需要各级政府和有关部门积极而又长期的支持"的意见，现在看来仍然是很重要的。

这次会议之后，由于种种原因，如机构调整、人事变动等，国务院经济技术社会发展研究中心未能继续关心、指导、支持历史文化名城的保护发展工作，特别是未能把经济社会的发展与历史名城的保护与建设统一协调起来，是一件很大的憾事。比如大的经济项目的安排、房地产的开发，甚至工农业、三产的规划布局等都掌握在经济社会发展部门的手里，如果他们关心历史文化名城的保护，予以合理的安排，一念之间比我们城建和文化文物部门费了天大的努力也难办到的事就可以很好地解决了，假如形成了对立，就更难解决了。二十多年来，我们常说的"屡战屡败"的事情太多了，甚至于惊动了最高领导也无法解决，造成文物的极大损失，如虎门炮台等。

二、历史的经验值得注意

历史的经验值得注意，保护文物古迹与经济社会密切结合，统一协调的例子也有不少。特别是在 20 世纪 50—60 年代初期，堪称典范。如 1953 年为了适应国家大规模经济发展基本建设的需要，中央人民政府政务院专门颁发了关于在基本建设工程中保护历史及革命文物的指示，并相继制定了"重点保护、重点发掘"和"既有利于基本建设，又有利于文物保护"的"两重两利"方针。为了配合在全国农业生产的高潮中保护文物的需要，1966 年国务院又发布了《国务院关于在农业生产建设中保护文物的通知》，通知中再次强调了"各级人民委员会必须既不影响生产建设，又使文物得到保护"的两利方针。

从现在的情况看来，"两重两利"的方针中的"两重"仍然是十分重要的。因为它是文物保护的规律。以大小古桥而论，不下数百万上千万座，只是选择其中有历史、艺术、科学价值的保存数千或更多一些而已。重点发掘也同样适合今天以至将来很长一段时间的需要，以帝王陵而言数量很多，绝不能把所有的帝王陵都发掘出来。

现谈谈我个人对历史文化名城的保护与建设和经济社会协调发展的认识和意见。

关于"两重两利"方针的认识，我曾经在一篇《有中国特色的文物建筑保护理论与实践科学》的文章中回顾了中华人民共和国成立以来的经过和实例，认为：

保证重点，分等分级、分别不同情况，采取不同措施是文物建筑保护管理的重要经验。世界上的事物总是千差万别的，完全一样的很少，或者根本找不到，这是客观的存在。对待不一样的事物，处理的方法也不同。根据这一客观的存在，四十多年来，我们积累了丰富的经验，尤其是在解决文物建筑保护与各种情况下所产生的矛盾时取得了很好的效果。

在中华人民共和国成立初期，针对文物被帝国主义分子勾结奸商大量盗运走私，古建筑被任意拆毁破坏的情况，曾提出了"坚决保护、严禁破坏"的方针，这是非常正确的。其后不久，随着经济建设高潮的到来，工农业生产、基本建设工程的开展，又提出了"两重两利"的方针，以正确处理生产建设与文物建筑保护的矛盾。"两重两利"方针的全称是"重点保护、重点发掘，既对生产建设有利又对文物保护有利"的二十四字方针。

要真正贯彻"两重两利"方针，最根本的一条就是要客观地权衡文物保护和新建设两者之间的轻重，合理地解决。有下列几种不同的解决办法：

（以下省略部分内容，见《有中国特色的文物建筑保护理论与实践科学》一文中"认真贯彻国家发布的文物古建筑保护法令、指示、方针、政策"，稍加改动）

三、文物、古建筑、古城镇保护史上的三个里程碑

我曾经在 1986 年由经济社会界发起，城乡建设、环保、文化、文物、科研单位、大专院校等部门的领导与专家们，在扬州共商历史文化名城的保护建设与经济社会发展研讨会上的发言中，把它称为文物、古建筑、古城镇保护史上的三个里程碑：

（一）第一阶段

第一个阶段是在 20 世纪的二三十年代，也就是首次把古建筑列入了文物保护的范畴。中国的文物保护有着上千年的悠久历史。文物从前称为古董、骨董，指的是金石、陶瓷、书画、雕塑、玉器、印章、书简等等，作为统治者和士大夫、文人墨客欣赏把玩之物。而古建筑即为工匠粗鲁之事，不入流者，也就是不能进入文物行列，因此也就不去加以保护了。在历史上，除了个别朝代的封建帝王在改朝换代的时代把前朝的皇宫作为物质加以利用之外（如清朝），大多数朝代都是把前朝的宫殿付之一炬。而对寺观、坛庙的保护，其目的则是保神保佛保教，而不是保建筑，与我们今天以历史唯物主义观点来保护古建筑的出发点是性质不同的。我们保的是历史的见证、劳动人民的创造。而在历史上有许多著名的古代寺观建筑，往往被善男信女们和僧道们在以重修庙宇再塑金身的名义下被改造得面目全非，把建筑和塑像的历史价值损坏了。这已经成为历史的过去，已经无法挽回了。

到了 19 世纪的后期和 20 世纪的初期，随着帝国主义和资本主义的入侵，一些资产阶级的学者来到中国，抱着各种各样的目的对中国的古建筑进行了调查研究，测绘、照相、出版书刊、举办展览，似乎他们是中国古老建筑文化的救世主一样。然而，就在这个时候，一些开明人士、专家学者挺身而出，认为中国的古建筑同其他文化遗产一样，同样是国粹，应该由我们自己来进行调查研究，整理出版，发扬光大。于是，由朱启钤等人发起成立了中国营造学社，并相继由梁思成、刘敦桢等人主持，用科学方法对中国古建筑进行"法式"（也就是形式和结构）和文献方面的实地调查研究和考证。经过了长期的努力才揭示了中国古建筑的历史、艺术、科学的价值，并广泛宣传，唤起了社会各界对古建筑的重视。更为重要的一点，即是对古建筑的保护维修工作，提出了要保持其历史原貌的原则，要按照古建筑的建造时代去维修或恢复，把过去那种善男信女、僧侣道士们修庙塑像的封建迷信目的彻底改变，使之成为以科学方法保护文物的目的。这一转变在古建筑保护史上可以说是开创之功，奠基之功。中华人民共和国成立以后，古建筑被列为文物保护中的一个重要项目，在历次公布的重点文物保护单位中，古建筑所占的比重最大，维修工作任务也特别繁重。追溯其历史，乃是古建筑跻身于文物之林的开始。

（二）第二阶段

第二个阶段，保护古建筑的重要发展即是首批国家级历史文化名城的确定与公布。从建筑学的广义范畴来说，城市、村镇本来也是属于这一范畴的。我国古代两千多年前的一部技术专书《考工记》上所说的"匠人营国"，指的就是规划作为王都的城市。在 1946 年清华大学建筑系创办之初叫"营建系"，就是把城市、

中国营造学社创办人 　　梁思成先生 　　　　　刘敦桢先生
朱启钤先生

1940 年，16 岁的罗哲文被
中国营造学社录取，从此
步入中国古代建筑圣殿的
大门

村镇包括在内的。"营"字就是为了突出城镇规划和大范围的规划设计。中华人民共和国成立前中共中央派人请梁思成先生等人编制，发到解放军中的《全国重要文物建筑简目》，要求在解放全国各地时，注意保护文物建筑。在这些项目中，就把当时的北平作为一个完整古城来保护。但是由于种种原因，把古城、古镇作为文物来全面加以保护，未能受到重视，以致引起了对大量古城风貌和文物古迹的破坏。绝大多数的城墙、城楼和街市公共建筑，如市楼、钟鼓楼、牌楼等被拆除。更为严重的是在极左路线的长期影响下，城市规划被废弃，文物古建筑遭到严重破坏，这种情况在十年"文化大革命"的浩劫中达到了顶点。

粉碎了"四人帮"以后，文物保护和城市规划重新走上了正轨。本国的传统和外国的经验受到了重视。我深深感到，要把文物古建筑保护好，必须要有文物保护与城市建设两方面的密切配合，才能两全其美、相得益彰、互为补益。不然会使保护与新建两者互相矛盾、两败俱伤，弄得城市建设受到妨碍，文物保护受到损害。

文物保护与城市建设必须同时考虑的一个重要前提是中国是一个世界著名的文明古国，历史悠久，文物宝藏丰富。这是中华民族的珍宝，这些珍贵的文物古建筑，包括历代城市规划的布局和丰富的文化传统在内，都不能废弃。但是同时又必须进行新的建设，这也是历史发展的必然趋势。如何才能使保护和建设两者都能同时得到圆满的解决呢？最好的办法就是把文物保护与建设结合起来，同时考虑，把古建筑文物、古城格局、传统风貌等作为新的城市规划与建设的组成部分。政协委员、有识之士、专家学者们经过调查研究，参考国外的经验，提出了把历史文化名城作为整体保护的意见。这一意见很快就被国家主管部门采纳，由原国家基本建设委员会、国家文物事业管理局、国家城市建设管理总局提出了报告和第一批国家级历史文化名城的名单，经国务院审定后公布了。首批国家级历史文化名城的公布，不仅使古建筑文物的保护能更好地纳入城市建设的范围，而且扩大了文物保护单位的界限，可以更好地考虑周围环境和彼此之间的联系，组成完整的历史文化名城风貌。保护历史文化名城的措施，在文物保护工作的发展史上，是又一次重大的发展，具有划阶段的意义，可以说是古建筑文物保护工作的第二个里程碑。

（三）第三阶段

第三个阶段，古建筑文物保护工作的第三次发展，就是最近以经济学界为主所倡导的，对历史文化名城的保护与经济社会发展研究进行的讨论。这是对历史文化名城（包括文物古建筑、文化传统）保护、规划、建设具有重大意义的飞跃发展。

经济是基础。历史文化名城形成和发展的主要因素虽然很多，有政治的、军事的、经济的、交通的、游乐的（如承德避暑山庄）等，但是其中由于经济发达而成为历史文化名城的，为数甚多。就是由于其他原因为主形成的历史文化名城，也离不开经济基础，也必须重视经济的发展。在第一批国家级历史文化名城中，无一是离开了经济基础而发展的。今天的首都北京，虽然性质是政治和文化中心，但同时也十分重视经济的开发。杭州、桂林、遵义、延安、西安、洛阳、昆明、成都等，虽然它们作为形成历史文化名城的条件有所不同，现在所赋予的城市性质也不完全一样，但它们都同样不能脱离经济基础而存在，不能离开经济而发展。

我记得在选择第一批国家级历史文化名城的时候，曾经考虑到历史文化名城所必须具备的四个条件：第一是要有悠久的历史或者有特殊重大的历史事件（包括革命史或其他重大历史事件）；第二是要有较多的历史文化遗存，也就是要有丰富的文物古迹或革命遗址和文物；第三是要有较多的文化传统内容，如诗歌、曲艺、戏剧、工艺美术、土特名产、风味食品、民俗风情、历史文化名人等；第四是这个城镇长期以来一直在使用和发展着，而且今后还要继续发展。这四个条件或者完全具备，或者大部分具备，才能构成历史文化名城。为什么要提出今天还在使用、今后还要发展这个条件呢？其原因是有许多古代曾经盛极一时、繁华一时，甚至相当长的一个时期兴盛的名城，现在已经成了废墟。如西周丰、镐，燕下都，辽中京、上京，明中都等。这些城市久已废弃，

福建南靖洪坑村土楼群

遗址埋藏地下，有的地面上已是一片农田。这就只能作为考古遗址来保存，不必作为历史文化名城来保护了。

　　正因为历史文化名城还是在使用着、发展着，那么它的经济和社会也必然同时在不断地运动和变化着。社会在前进，经济在发展，居民的生活要改善，这是不能阻止的历史潮流。而人民的生活要改善，没有经济的发展是不可能的。我们的文物保护和城市规划工作者，过去主要是从体形环境方面去考虑的，如文物本身的保护维修、城市传统格局、城市建筑风貌等；很少也很难从经济方面去考虑，因为分工不同，各有侧重。而经济和社会的发展，确是历史文化名城存在和发展的生命线，没有经济和社会的发展，历史文化名城也就不能继续存在和发展了。这次经济学界的专家学者们，发起了对历史文化名城经济与社会发展的讨论研究，正弥补了过去在历史文化名城保护与建设中的一个空缺。我认为这不仅在中国可以说是一个创举，就是在世界上对历史文化名城的保护与研究方面也是别开生面的大事。据我所知，世界上许多国家在文物保护和历史文化名城保护方面，也大都从体形环境方面考虑得多，从经济与社会的内涵方面考虑得少。把它称为文物古建筑保护的第三个飞跃或第三个里程碑，我看是不过分的。

可能有人要问，任何一个城市都要发展经济与社会，为什么要特别提出来对历史文化名城的经济与社会发展进行研究呢？我想这是由于历史文化名城的经济、社会发展与一般城市不一样。它们不像一般的近期兴起城市或者新建城市，原来没有基础或是一片空地荒滩，像新疆石河子那样，可以在白纸上画图，随心所欲，而是要在原有的基础上精心安排，仔细斟酌。因为这个基础是历史遗产、文化宝藏，不能破坏，在进行新的建设与发展时，要慎之又慎。也就是必须在保护原来的文物古迹、文化传统、城市规划的格局、城市建筑风貌、风景名胜等前提下去发展。控制那些不适合历史文化名城的经济建设项目，发展那些有利于历史文化名城保护的经济建设项目。使得保护与新建、继承与发展、体形和内容密切联系，两全其美，相得益彰。

我想只要把经济与社会发展的内容与历史文化名城的保护密切结合起来，经过周密的安排，合理部署，一定能达到两全其美，相得益彰的目的。至于如何限制，如何发展，是一个十分繁重的研究课题，还有待于经济与社会学界、有关专家学者以及从事实际工作的同志们共同研究。

我热切希望，通过一段时间的研究，能拟制出一个历史文化名城经济与社会发展的纲要来，那将会对历史文化名城的保护与建设做出更为重要的贡献。

四、历史文化名城的三大支柱中的经济基础及其发展

[省略内容见《国家历史文化名城——宜宾保护与建设之管见》一文中"三、历史文化名城的三大支柱"之"（三）传统的经济基础及其发展经济是基础"]

五、历史文化名城是建设有中国特色社会主义的强大支柱

在 20 世纪 90 年代初，我又以《历史文化名城是建设有中国特色社会主义的强大支柱》为题，再次重点发表了历史文化名城的传统经济基础及其发展的意见和协调保护与建设、经济社会和谐发展，解决矛盾的建议。

（省略部分内容，见《历史文化名城是建设有中国特色社会主义的强大支柱》一文中"三、发挥历史文化名城的优势，保护、建设好历史文化名城"之"（三）传统的经济基础及其发展"，"四、历史文化名城应在建设有中国特色社会主义中起作用"）

六、总结

我国的历史文化名城，不仅是历史文化最为集聚之处，而且是经济社会最为繁荣活跃之地。仅就现已公布的北京、天津、沈阳、上海、广州、重庆等一百零三处国家级历史文化名城而言，其国民经济总产值占了全国的百分之八以上，其重要性可想而知。把保护与发展的关系处理好至关重要，绝非建设部、文化部、国家文物局其中的少数工作人员所能做到的。

二十年来的经验证明，历史文化名城的保护没有得到经济社会发展部门、科技、旅游等部门的足够重视，甚至形成对立，损失之大难以估计。因为国家的总方针是以经济建设为中心，各级领导首先是听他们的意见的。为此建议国家发改委、旅游、环保、科教等部门都直接参与到历史文化名城的保护中来，在考虑经济社会发展的时候，把历史文化名城的保护同时考虑。经济学、社会学、科学技术、旅游等各方面的专家学者也直接参与到历史文化名城的保护与发展中来。

最近胡锦涛同志代表党中央、国务院一再提出建设和谐社会的目标，对历史文化名城来说尤为重要，各部门之间和谐合作、共同努力，我相信历史文化名城的保护与经济社会的和谐发展，"相辅相成、相得益彰、相互促进、协调发展"，一定能够做到。

说明：文中很多是二十多年前的情况，可供历史的回顾，个人意见不当之处敬请批评指教。

（原载《古建园林技术》2007 年第 2 期）

我国历史小城镇（包括村寨）的保护发展与建设之管见

——兼谈有中国特色的小城镇保护发展与建设问题

　　建设有中国特色的社会主义是我们各行各业、各个部门、全国人民共同的目标。离开了中国的特色就远离了目标，就会走弯路，或失败。因为中国特色就根源于农村，根源于小城镇（包括村寨）。悠久的历史文化也正是中国小城镇村寨的特色，因此把它们保护好、发展好、建设好是我们应该加以研究的重要课题。建设有中国特色的社会主义是我们各行各业、各个部门、全国人民共同的目标。离开了中国的特色就远离了目标，就会走弯路，或失败。因为中国特色就根源于农村，根源于小城镇（包括村寨）。悠久的历史文化也正是中国小城镇村寨的特色，因此把它们保护好、发展好、建设好是我们应该加以研究的重要课题。

一、小城镇（包括村寨）的重大历史文化价值和重要的现实意义

　　目前一些专家学者和领导都把国际大都市，城市化（大城市化）作为奋斗的目标来研究，来追求。这好像已是大势所趋，难

以逆转。而对小城镇、村寨的发展，特别是在发展中如何保护、保存其不可再生的历史文化、街道布局、古建文物、艺术珍品、生态环境等等问题，未能引起重视，排不到议程上来。我想主要是对小城镇的历史价值的重要性和今天以及将来经济社会发展、人民生活生存环境与小城镇密切关系的认识不够，甚至忽视了的缘故。

所谓国际大都市，在中国并不是现在才出现，其实两千多年前的秦、汉时期的咸阳、长安虽然与国际交往不多，但其规模之大，世界罕有。一千多年前的隋唐长安和后来的元大都等都城莫不外商云集，各国使节、僧侣、学人往来频频，旅居长久。还有如广州、泉州、宁波等，莫不是著名的通商港埠。泉州在宋代即已成为东方大港，闻名世界，早已是国际大都会了。目前有一种盲目追求大的所谓大都会、大城市的风潮，还有所谓城市化，实际上都是三百年来特别是近一百多年来资本主义发展的老路。现在不仅在西方发达的资本主义国家甚至一些发展中的国家，不断萌发着返璞归真、回到乡村小城镇安家的意念。小城镇的重大价值主要如下：

（一）小城镇是人类文明社会的发源始点

六七千年发展的历史见证我们的原始祖先从穴居野处，构木为巢，逐渐脱离原始状态时起，就开始了群居的聚落、村寨、城堡等原始的小城镇雏形。这种聚落的小城镇雏形，从"野蛮社会"（原始社会）发展进入了"文明社会"（奴隶社会）。如我国湖南澧县距今六千五百年的城头山古城遗址和西安半坡村距今五千多年的原始社会的村落遗址，都处在向"文明社会"的过渡之中。中心聚落的出现，产生了聚落之间的支配与被支配的地位，比如湖北郧县青龙泉遗址和文物证明，已经出现了权力机构抽调和组织石器制造工匠家庭独立居住，带有专业生产方式。出土的器物在数量和质量上都有了很大的发展。

进入"文明社会"后，小城镇逐渐发展成了保卫奴隶主、封建专制国家统治者的设防城堡、城市、都城、商埠。恩格斯在其《家庭私有制和国家的起源》一书中写道：

在新的设防城市的周围，屹立着高峻的墙壁并非无故。它们的壕沟，深陷为氏族制度的墓穴，而它们的城楼，已耸入文明时代了。……这是建筑艺术上的巨大进步，同时也是危险增加和防卫增加的标志。

恩格斯这一段话，主要是说明社会生产力发展的一个划时代的形象标志，在欧洲和中国虽然有所不同，但道理上也都是相通的。这里所说的文明时代的标志还不是后来的大都城、大都市，而是小城堡、小城邦，仍然属小城镇发展中的一个历程。

中国的小城镇、村寨从原始社会的中心聚落到设防城堡、城寨到专为保卫奴隶主和封建统治者的王城王都到各级官署城池、郡州府县、乡镇城市的历史文献记载和实物遗址遗存非常丰富，其脉络历历可寻。在《史记》上就有从原始社会的所谓"野蛮社会"进入奴隶社会的"夏有城郭""夏有万国"（万邦）的记载。那时的万国也就是设防的小城堡、小城寨。是否上万不得而知，历史文献记载只不过形容城堡、城寨数量之多而已。从考古发掘的一些资料来看，这时的设防城堡城市也有大小等级之分，具体的大小规模尚待进一步地发掘和研究。

自殷商、西周、春秋战国，秦、汉、隋、唐，迄于明清，各种等级的城市村镇遗址遗物和历史文献记载，浩如烟海，然而小城镇则是数量最多，文化内涵、城镇规划、建筑遗产最为丰富的一部分。小城镇的成长和发展贯穿着人类自原始社会后期以来六七千年的发展历程。是人类现代文明的发展的历史见证。

（二）小城镇是中华五千年文明的基础和缩影

城市城镇的出现标志着人类文明发展史上一个划时代的里程碑，各个国家、地区虽也有时间早晚的不同，形态的不同，但作为划时代意义这一点上是相通的。我国自夏有万国（这个国不是现在的国家而是城堡之意）开始五千多年来，历史文化一脉相承，绵延不断。

城市是一个地区，一个省、县，以至一个国家政治、经济、文化的中心。社会的进步、生产力的发展、文化的繁荣等，城市都起到巨大的作用。关于小城镇的定义和界限虽然在某一时间、某一地区或某种原因，历史上和现在都有过某些规定，但历史在发展，从前的小城堡、小村寨、小市镇现在可能发展成为大城市、大都会、"通都大邑"了。如明、清以来的四大名镇，除了河南朱仙镇之外，湖北汉口镇、广东佛山镇、江西景德镇均已是大城市了。本文所写的，我想暂把它界定为历史上的县城和以下的乡镇、村镇、村寨以及特殊的相当于县规模的镇，与现行的行政区划中的"镇"的编制不完全一样。

自秦始皇"废封建行郡县"以来，县作为我国行政区划建制的基础单位。所谓麻雀虽小，五脏俱全，各种行政机构都要齐备。因此县城虽小，它的规划布局、街道市井、衙署、文武庙、学、寺观、祠馆、民居、商肆以至管理阴曹地府的城隍庙也都要配套。它虽然不如王都帝京的规模气势，但也全面反映了中国古代文明史上的丰富内容。如1997年被联合国教科文组织列入《世界遗产名录》的平遥古城，就是以"作为汉民族城市明、清时期的范例，平遥

山西平遥古城墙

古城的城墙官衙、街市、民居、寺庙保存了其所有的特征，展示文化、社会、经济及宗教发展完整的画卷"的理由而列入的。

中国是一个多民族的国家，保存完好的少数民族统治时代的王朝帝京、王都已经无存，但县以下的城镇还保存不少，反映了我国丰富多彩的文化。已被联合国教科文组织世界遗产委员会列入世界文化遗产名录的云南丽江古城，是我国一个古老的少数民族羌人的后裔纳西族的故乡，也是纳西文化的中心，又是汉、藏、白族与纳西民族文化的交汇点。以象形文字、《东巴经》、东巴绘画、东巴音乐舞蹈等构成了独特的文化特色。以"丽江古城体现了地方历史文化和民族风俗风情，流动的城市空间，充满生命力的水系，风格统一的建筑群体，亲切宜人的空间环境等，使其有别于中国其他历史文化名城"的突出价值与普遍意义而列入世界文化遗产名录。县以下的城镇虽然规模稍小，但也是我国五千年文化发展的缩影。如已于2000年列入世界文化遗产名录的安徽古村落西递、宏村，它们也有近一千年的历史，以其丰富的文化传承，青石铺地、木构建筑、砖墙、木雕、石雕、砖雕丰富精美，街巷、溪流、建筑布局相宜，村落空间变化有致，色调朴素淡雅这些突出的价值列入世界文化遗产名录。像这样有突出价值和普遍意义的小城镇还不少，从不同的角度和内容反映了中华五千年文化传承不断的丰富内涵，其重大意义是不言而喻的。

二、小城镇的抢救和保护

小城镇伴随着人类从"野蛮社会"即原始社会后期进入了"文明社会"，走过了大约六七千年的历程，至今仍然大量存在着。六七千年的文明史，人类以惊人的速度在发展，满载着人类发展历程文明财富的小城镇如不注意保护，其在城市化、现代化的旗帜下正面临着"灭顶之灾"。说到过去的20世纪，人类在政治改革，科学、技术发展，社会进步，"征服自然"，人口增长等方面的确创造了奇迹。然而人类又自相残杀，至今仍然没有停息。更为重要的是，人类"征服自然"的能量在20世纪也得到空前的发展。盲目地建设，无知地开发，不加考虑盲目现代化所带来的对自然生态环境的破坏，对人类几百年、几千年，甚至上万年创造的文明环境的破坏、文化遗产的破坏。这一严峻的事实已给人类赖以生存的环境带来了巨大的创伤，天灾人祸愈演愈烈。人类破坏生存环境的行径，已经受到大自然的惩罚。特别值得注意的是在20世纪以前，人类对环境的破坏毕竟能量尚小，而20世纪开始以来，一百年间人口的剧增，科学技术的飞跃发展，破坏也呈几何级数增加。21世纪如果再继续盲目开发，其破坏速度之大，真是不可想象！

第一，抓住小城镇抢救保护的重要时期。目前正处在大开发、大改变的时候，这是不可失掉的机会。小城镇面临着20世纪50

年代开始到"文化大革命"，城墙全部拆除，街道城市的标志性历史建筑被拆毁，胡同、巷子拓展，古建筑、古民居的大量破坏的局面。到1982年国家决定保护历史文化名城的时候，保存完整的大城市已经很少了，为了加强保护，也公布了一批历史文化名城，从点、线、面、片各种方式加以保护。二十年来，大城市已无一处是完整的了，在申报世界文化遗产时，仅仅只选取了平遥和丽江两处小城。经过多方考察，要再申报，即使是县这一级的小城也已经很难寻找了。只能从更小的乡镇、村镇去选取。

第二，建议由建设部和文化部、国家文物局联合其他相关单位，如科学院、大专院校、学术社团等，对现存有历史文化价值的小城镇、村寨进行一次全面的普查。也可以发动社会力量、企业、开发部门等共同进行，然后从中选择有价值的加以保护。

由建设部、文化部、国家文物局将有重要价值的小城镇公布为受保护的历史文化名镇、名村。各地也可公布省、自治区、直辖市的历史文化名镇、名村。由于时间紧急，先由建设部、文化部、国家文物局公布，以后再报国务院。

第三，制定历史文化小城镇（村寨）保护的法规，这是非常重要的。小城镇的保护与文物保护单位的规定有一定的区别，要发展，要建设，不能如文物保护单位那样管理，要根据其特点具体制定。建议由建设部、文化部、国家文物局先行制定公布，然后由国务院制定公布，因属抢救，不能再晚了。

三、保护好、发展好、建设好有历史文化价值、有中国 特色的小城镇

历史文化小城镇对我们的国家民族既然有如此重要的价值，

应当保护，必须保护，那么就是如何去保护的问题。它和大的历史文化名城的保护理论、保护原则、保护措施基本上是相同的。和文物保护单位有相同之处，也有不同之处，不能按照文物保护单位那样完全不动，而是要不断发展的。我记得二十年前公布国家历史文化名城的时候就曾经研讨过，那些在中国历史上有重大历史文化价值的古城古都，如周朝丰、镐，邯郸赵王城，燕下都，汉魏洛阳古城，曹魏邺城，黑龙江渤海国上京龙泉府古城，辽上京，元上都等都不作为历史文化名城列入，因为它们都已死去，把它们公布为文物保护单位古遗址就行了。而历史文化名城则是现在还生活着的，还要继续发展的，这是其特点。在保护上也必须要适应这一特点的需要。既要保护，又要发展，这就是历史文化名城、历史文化小城镇保护的关键问题之所在，也是两者如何能达到相辅相成、相互促进、协调发展、相得益彰的重要问题。根据半个多世纪以来文物保护的经验教训和二十年来历史文化名城保护的经验教训，提出以下几点意见和建议：

（一）关于正确认识历史文化小城镇保护与发展建设关系的问题

这个问题是长期以来，至今还是一个十分重要而且认识不一致的问题，也是历史文化小城镇能否得到保护和能否建设得好，能否使小城镇的经济社会与现代化生活得到改善和满足的问题，首先需要解决。一种认识是历史文化城镇的保护与新建设新发展是绝对的矛盾，即要新建设、新发展，旧的东西就不能保存，要保存旧的东西，新的建设就不能进行。于是保存历史文化城镇、保护古建筑文物就成了阻碍新建设、新发展的障碍。这种认识在中华人民共和国成立之初曾经盛极一时，有些人士提出，就要以秋风扫落叶的做法来扫除北京古都的古建筑。个别文物保护的业内人士也提出过一些古建筑妨碍新建设的看法。这种极左思潮曾经使历史文化名城的保护受到很大的损失。如北京城墙的拆除，城内街道上古城标志性建筑牌楼、门坊、亭廊的拆除，等等，波及全国。同时还掀起了批判以梁思成为代表的"复古主义""大屋顶"的浪潮。

接着是"文化大革命""破四旧"运动，历史文化名城和小城镇的文物古迹、古建筑又遭受一次浩劫。直到粉碎"四人帮"，拨乱反正，这种极左思潮才得以纠正，特别是改革开放后，对保护中华民族悠久历史文化和发展经济、建设有中国特色的社会主义的关系的认识才有所改变。1982年国家历史文化名城的公布，可以说是一个重大的转折。但是随之而来的城市现代化，特别是房地产开发的大潮，不仅涉及大的历史文化名城，而且也扩展到小城镇。历史要发展，社会要前进，这的确是不以人们意志为转移的规律。这时虽然极左思潮已经不起主导作用了，但是又出现了一种"经济利益的驱动"，"片面现代化的理解"，有一部分人特别是少数当权者，为了发展经济，追求政绩，仍然把保护与发展认为是矛盾，甚至是绝对的矛盾。能够把历史文化小城镇保护好，正确的认识是关键。保护与发展，保护与现代化建设、现代化生活并不矛盾，更不是绝对的矛盾，有了矛盾也可以很好解决。

（二）解决历史文化小城镇保护与发展问题的几点建议

上面谈到的关于保护与发展的问题，我认为只要不把它们当作绝对的矛盾，甚至不可解决的矛盾来看，解决的办法很多。就我五十多年来所经历和目睹的一些情况，提出几点建议：

（1）保护古城镇，建设新城、新区、新镇、新村。

我记得在中华人民共和国成立之初，定都北京时，梁思成先生就曾经提出过另建新市区的建议。如果这一建议被采纳，北京这一世界著名的古都将会保护得更好，新市区也将会在一张白纸上绘出更加美好的图画，建设起更加合理更加现代化的新城。世界上许多历史文化名城、名镇，如法国的巴黎、意大利的罗马、瑞士的伯尔尼、美国的威廉斯堡等等，都采用的是这种办法。我国著名的历史文化名城苏州，被称为东方威尼斯的水城起初未采取开发新区的办法，在花园城内、小桥水流之间建设发展，越来越没有出路，就算把古城全拆了也解决不了新建设新发展的问题，于是不得不采取建设新区新科技园区的办法。就拿北京来说，现在的安贞里、亚运村、方庄等新区，不知比古城区大了多少倍。如果不建新区，把古城区全拆了也是不能满足的。我们考察一下历史，中国几千年来的古都、古郡、古州、古县、古镇，成千上万座，无不是在发展着、变化着。其中有不少也都是另建新城、另建新区的。其原因就是旧城已不适应城市发展的需要了。如三千多年前周朝的丰、镐以及秦咸阳、汉长安等等，大多数已另建新城，成了古遗址。近期的例子，自历史文化名城公布以来，有不少古城如山西平遥、云南丽江、陕西韩城、辽宁兴城等采取了另建新区的办法，效果很好。平遥和丽江已被列入了世界文化遗产名录，达到了既保护了古城，又发展了经济的效果，两者相辅相成，相得益彰。

（2）以点、线、面（片）的方式保护历史文化小城镇。

目前真正完整保存下来可以作为整体保护的小城镇，恐怕为数不多了。因还未做全面普查，具体情况不是很清楚，估计在偏远地方，可能会多一些。我认为不管是大部尚存，局部尚存，只要有重大历史文化价值的，都应该设法加以保护。可以参照历史名城保护的办法，采取点、线、面（片）保护的方式。

"点"是指比较独立的文物古迹，它们大多已公布为各级文物保护单位。有的虽未公布为文物保护单位，但还有价值尚待进行评估的。有的纵或将来也不一定公布为文物保护单位，对古城镇风貌起一定作用的，也在此列。其保护的办法，凡属文物保护单位者，均要按其级别依照文物法进行保护管理。

"线"指的是构不成大面积的面或片，而能有较多的保护点的。如苏州的七里山塘街，两岸有不少断续相连的文物古迹点，就山塘街来说，本身也有完整的保存价值。我这里指的线还包括一些虽缺乏部分文物实体，但还能从观感上连成一气，如视线走廊、天际视线等，总之使古城镇的历史文化更多地表现其整体性。

"面（片）"是指有较大面积的文物古迹、古街巷、古民居、古建筑，或大的重点文物保护单位所连成的面（片）。如北京最近公布的四十片历史文化保护区。较大的历史文化保护区的面（片）较多地反映了历史文化名城的内容，是保护的重点，而且很多文物保护单位都在其中，是保护工作的重点。历史文化小城镇虽然不如大的历史文化名城复杂，不一定点、线、面（片）都有，但这种方式还是值得参考的。

（3）历史文化村镇的现代化问题前面已经谈到，历史文化名城、历史文化村镇不仅有悠久的历史文化内涵和丰富的文物史迹，而且它们还是生活着的、发展着的城镇，有别于周丰、镐，汉长安，燕下都，元上都等古城遗址。既然

1996 年，罗哲文先生（前）在定州料敌塔维修工程脚手架上。料敌塔是我国现存最高之古塔，维修工程于 1993 年开工

是生活着的就必须现代化，以适应人们的现代化生活。要问历史文化小城镇需不需要现代化，能不能现代化？我的回答是历史文化小城镇必须现代化，而且一定能够现代化！关键是如何现代化的问题。

历史文化小城镇由于与新城镇有不同的特点，既要保护又要发展，所以其现代化也不一样，我认为首先对现代化要有一个正确的认识。

（1）高楼并不等于现代化。目前流行着一种说法，认为在一个城市之中没有几十层的高楼，好像这个城市就不算现代化的城市，这种说法看起来似乎有一些道理，因为建现代化的高楼确实要有一定的工程技术和经济实力。过去曾被称为"洋楼""大洋楼"，"洋"就是现代化。其实并不然，高楼在中国自古有之，在几千年前，中国就有过高达数十米、上百米的高楼。在春秋战国时期，各诸侯相互以高台榭、美宫室相夸耀。秦始皇的鸿台高达百米，秦二世的云阁高与南山齐。汉武帝时期的井干楼、神明台、凉风台、夙阙高数十米、百余米。唐武则天的明堂、天枢、天堂也都高数十米、百余米。佛教传入之后，在高层建筑中增加了新的品种，高达一百多米的塔不计其数。现在还保存着的千年古塔料敌塔，就有八十四米之高。可见高楼并非现代才有，也并非外国才有。因而它不能认为是现代化的标志。

现在高楼不仅在大城市，在小城镇也兴起，它不仅破坏历史文化大城市的风貌，也破坏历史文化小城镇的文化风貌。大城市毕竟稍好一点，如果在历史文化小城镇中盖几座高楼，就把它们毁掉了。故此在这里提请千万要注意！

（2）历史文化小城镇现代化的标志。我认为主要表现在两个方面：一是物质方面的，要为人们提供一个工作方便、生活舒适、环境优美、安全稳定的有形环境；二是精神方面的，要为人们提供一个安静和谐、文化生活丰富高尚的文明环境。绝不应该是工作东奔西跑、交通拥挤、环境嘈杂、污染严重、危机四伏、盗匪横行、尔虞我诈、道德败坏的精神环境。

（3）疏散人口。这是历史文化小城镇实现现代化的一个重要措施。几十年来，人口的自然增长和农村人口的涌入，使一些小城镇特别是旧城区拥挤不堪，居住条件已经到了难以忍受的程度。在这样的情况下，很难谈到现代化的问题。因此，人口必须疏散，在古城镇的中心既不能盖高楼又不能增添新建筑，要疏散人口就只能采取另建新区的办法。

（4）改善古城的基础设施。这是实现历史文化小城镇现代化的关键性环节。在我国古代大小城市和村镇中，虽然也有着良好的给排水设施和利用自然的通风、保暖以及卫生设备，但与现代化要求相差甚远，这是历史发展的规律。这种落后是客观的事实，世界上任何一个国家都如此，发达国家只是先行了一步而已。现在人们要求的现代化生活主要就在这一部分。

因此，历史文化小城镇包括大的历史文化名城古城区的现代化也重点在基础设施的改善。一个有上下水、电气、卫生设备、冷暖空调的四合院、低层建筑，被认为是最佳的居住选择。改善基础设施的重要前提还是要疏散人口，另建新区予以安置，新区新城新镇建设当然应考虑现代化的设施。

历史文化小城镇由于它们大小不同、环境不同、民族文化风俗习惯的不同，具有不同的特色。因而它们的现代化也应采取不同的方式，不能千篇一律，一个模式。特别是开始之初，不妨多一些试点，以后逐步完善。

现在，国家历史文化名城的保护条例尚未出台，小城镇保护尚无国家的专项法规可依，包括我在内的许多关心人士、专家学者们都多次呼吁国家的历史文化名城和小城镇保护的国家专项法律或条例能早日出台，以便保护抢救一批有重大价值的历史文化小城镇。目前有一些省、市的人大常委会公布了地方性的历史文化名城的保护条例，可以作为依据，这是非常好的形势。此外还有城市规划法、文物保护法等，也都是重要的依据。

四、更好地发挥历史文化小城镇在建设有中国特色的社会主义中的作用

文物、古建筑、历史文化名城、历史文化小城镇之所以需要保护，是因为它们有用。保护的目的在于用。几十年的经验证明，凡是保护得好的文物，它发挥的作用也就越大，凡是发挥作用越大的文物，越受到重视，也得到很好的保护。过去曾有保与用二者之争；有指责只保不用者，有强调保就是保，保就是用者。在保护法规中主要是保，未更多更好地谈用，世界各国也都如此。我认为二者不可分开，二者都要并重。我提出过，世间没有无目的做的事，并提出了"保是前提，用是目的"或"一保二用"的观点。特别是古建筑，如果修好之后不用，关起门来很快就坏了。

前些年，中央提出了"保护为主、抢救第一"的方针，紧接着提出了"有效保护、合理利用、加强管理"的原则，把保与用同时并重了。有人要问我们，保护了这许多历史文化名城和历史文化小城镇，如果不用，不很好地用，花如此大的人力、物力、财力值得吗？我们的回答是，保护它们很值得，因为它们有很大的用途，具体来说，就是它们能为今天的社会和将来的社会发挥作用。前几年新公布的文物法提出了"保护为主、抢救第一，合

理利用、加强管理"的方针，问题已得到了很好的解决。我想主要有三个方面的作用：一是历史文化名城名镇中所保存丰富的文物古迹、古建、园林、寺观庙宇、古老民居等等，可以作为爱国主义教育、科学研究、弘扬民族文化、增强民族凝聚力等的实物教材和例证，就是被称作社会效益的这一方面。二是发展旅游，旅游事业是我们国家的支柱产业之一，而且有着越来越大的发展优势。它不仅自身有很高的收入，而且还可带动其他产业的发展。这就是被称为经济效益的这一方面。旅游还有增长知识、锻炼身体等的作用。现在已出现了小城镇的古镇古村游的萌芽，将来还会有很大的发展。需要研究，加以引导，很好地发展。三是环境的效益，大多数小城镇都处于青山绿水之间，污染较少，高楼和工厂不多，不仅生态环境佳而且人文环境也好。保存一大批这样的小城镇，对整个环境来说，实在是太重要了。为了真正做到保护与发展的相辅相成、相得益彰、相互促进、协调发展，要做的工作很多，其中一个重要的工作是要做好保护与发展建设的规划和具体建设设计施工工作。

历史文化小城镇的价值十分重大，保护与抢救正逢其时，时机不可错过。至于如何进行，内容十分复杂，绝非只言片语所能说清，也非少数人之力所能为。

在此主要是呼吁广大社会、专家学者，特别是领导和主管部门的重视，把这一批珍贵的文化遗产保护下来，为了今天和明天发挥社会、经济和环境三方面的效益，造福子孙后代。

（原载《小城镇建设》2006 年第 9 期）

保护好、发展好、建设好有历史文化价值、有中国特色的村镇

一、《历史文化名城名镇名村保护条例》的出台

历史文化名城、街区、村镇，是文化遗产的重要组成部分，随着我国文化遗产保护事业的内涵不断丰富、外延不断拓展，历史文化名城、街区、村镇的保护也日益受到各级政府的重视和公众的关注。从1982年首批二十四个城市获得"历史文化名城"称号至今，建设部和国家文物局共公布了三批一百零九个"名城"；2003年，两部委又联合设立了"历史文化名镇"和"历史文化名村"制度，至2007年5月已有三批八十七个镇七十二个村获得"历史文化名镇""历史文化名村"的称号。与此同时，各级地方政府也陆续将一大批具有重要历史、文化、科学价值的古村镇公布为相应级别的历史文化名村名镇。

《历史文化名城名镇名村保护条例》（以下简称《条例》）作为国家专项行政法规，经过多年等待终于出台了。

二、保护和发展小城镇的几点意见和建议

《条例》的出台是我国文化遗产保护领域的一件大事，此次

《条例》把名镇名村的保护纳入其中对历史文化名城名镇名村的保护工作特别是对名村镇的保护和发展非常重要。对于《条例》的贯彻和落实，提几点意见和建议：

第一，各级政府和文物部门要认真抓好对《条例》的宣传、学习和贯彻，提高对保护工作的认识，要对保护区的广大群众宣传《条例》的重要性。对《条例》中的各项法律规章，要很好地、分项地加以贯彻和落实。贯彻《条例》过程中，应注意各部门之间的协调，因为历史文化名城是文化遗产，但其保护与发展同建设部门和其他一些相关部门都有关系，所以做好协调工作是很重要的。

第二，了解情况，做好深入的调查研究。根据《条例》要求，对申报地区要摸清家底，特别是一些还未被公布的名城、名镇、名村，要特别摸清它们的存在情况和保护情况。

第三，一定要制定保护规划。保护规划是基础，任何开发和建设都要根据保护规划，严格操作，避免乱开发乱发展，对历史文化名城名镇名村造成破坏。

第四，保护好、发展好、建设好有历史文化价值、有中国特色的村镇。

历史文化对我们的国家、民族既然有着如此重要的价值、应当保护、必须保护，那么，重要的是，如何做到既要保护，又要发展，这是历史文化名城名镇名村保护的关键问题。历史文化名城名镇名村保护还要与国家的经济社会发展相协调，纳入我们国家的经济发展当中，这样既能保护好文化遗产，又能促进经济社会发展。根据半个多世纪以来文物保护的经验教训和二十年来文化名城保护的经验教训，提出以下几点意见和建议：

（一）正确认识保护与发展建设的关系

这个问题也是历史文化小城镇能否得到保护和能否建设得好、能否使小城镇的经济社会与现代化生活得到改善和满足的问题。能否把历史文化小城镇保护好，正确的认识是关键。因此，必须要从理论上、从实践上，想出办法，拿出实例来，说明保护与发展，保护与现代化建设、现代化生活并不矛盾，至少不是绝对的矛盾，有了矛盾也可以很好地解决。

（二）历史文化名城名镇名村保护和发展的几点建议

历史文化名城名镇名村的情况很不一致，历史文化传统、文物古迹保存的情况，经济基础的情况等千差万别。所以，绝不能采取"一刀切"的保护办法。为了解决保护和发展之间的矛盾，主要采用两种不同的办法：一是把新的建设都安排在旧城以外，另建新区。这样可使旧城的格局，城内的古老街道，文物古迹得到有效保护。但是，具备这样条件的城市不多，只能是个别的村

罗哲文先生（胸前挎相机者）考察历史名村鲍屯

镇。二是没有新建可能的地区，可以按不同情况，分等级，多层次，多种方式来加以保护。

1. 历史文化名城名镇名村的保护

（1）点、线、面（片）的保护方式：许多历史文化名城名镇名村的完整面貌虽然早已改观，但是古街道、古住宅区、古建筑、文物古迹等等仍然保存了很多，要想尽办法把它们保存下来。点、线、面（片）的方法，就是按照分等分级、多层次的原则而采取的。就是说有大面积的就大面积保护，构不成面或片而能构成一条线的，就成条线地保护。不能成面成线而只能成一个点保护的就单点保护，甚至是一个小点也要想方设法保护下来，尽可能地多保存一些历史遗迹，以体现历史文化名城名镇名村的风貌。点是指比较独立的文物古迹，如一座寺庙、一座古塔、一座古桥、一所老宅等。线指的是构不成大面积的面或片，而能有较多的保护点的，如一条古街、古河岸等。如成片的民居群等。面、片是指有较大面积的文物古迹、古街巷、古民居、古建筑连成的面片，如成片的寺庙群、民居群等。

（2）按风貌分区保护的方式：体现历史文化名城名镇名村的风貌主要有两个方面，一是历史文化遗存，包括古城格局、古建筑、传统文化等。二是新建筑的风格，包括建筑形式等。二者虽然截然不同，一是保护，二是创新，但它们之间又是密不可分的，彼此要协调，共同体现历史文化名城名镇名村的历史风貌。风貌分区即是不同等级、不同层次的要求与处理办法。

（3）新建筑高度的控制：历史文化名城名镇名村中限制新建筑的高度，是一件十分重要的事情。不是说不许盖高楼，而是要有所限制，在什么地方盖要有规定，远离重点保护区是可以的。新建筑高度的控制也要按分等分级，分层次的原则。目前，不少城市对新建筑高度做了规定，这对历史风貌的保护会起到积极的作用。

2. 历史文化名城名镇名村的发展

历史文化名城名镇名村，不仅有悠久的历史文化内涵和丰富的文物古迹，而且它们还是活着的、发展着的城镇。既然是生活着的，就必须现代化，以适应人们的现代化生活。

历史文化名镇名村由于与新建城镇有不同的特点，既要保护又要发展，所以它的现代化也不一样。要对发展有正确的认识。建设历史文化名城名镇名村不意味着一定要兴建高楼大厦，这样做不仅破坏了历史文化大城市的风貌，也破坏了历史文化村镇的历史文化风貌。要从适合角度出发：一是物质方面，要为人们提供工作方便、生活舒适、环境优美、安全稳定的有形环境。二是精神方面，要为人们提供一个安静和谐、活泼快乐、礼让互助、文化生活丰富高尚的文明环境。

第五，新农村建设对历史文化名城名镇名村保护是挑战，更是机遇。

《条例》的出台与新农村建设并不矛盾，相反，是一种促进。如果保护规划有序，措施得当，新农村建设将大大促进历史名镇名村的保护工作。

城市化和新农村建设是社会发展的必然，新农村建设并不一定要破坏历史文化名镇名村。历史文化名镇名村的保护和新农村建设并不是对立的，它们可以协调发展，并相互依存。

中华文化的根基在村落，西安、洛阳和北京等都是从村落发展起来的。近年来，无序开发和保护不力导致中国历史文化名镇名村的破坏有加剧之势。因而，历史文化名镇名村的保护迫在眉睫。有数百年历史的古村落要破坏掉只需几天的工夫，一旦破坏了就不可恢复了。

历史文化名镇名村的保护与发展要和当地居民的利益结合起来，历史文化名镇名村的保护主体是生活在历史文化名镇名村的居民，没有当地居民的参与，历史文化名镇名村的各项保护措施不可能真正落到实处。所以要充分考虑当地居民的利益，让他们在保护活动中得到实惠，从而能主动配合，自愿保护。有的村镇需要异地另建新村。新建村镇的各项条件应比当地村民原有的生活和居住条件好。

第六，《条例》的出台，很好地发挥了历史文化名城名镇名村在建设有中国特色社会主义中的作用。

历史文化小城镇（村寨）的价值十分重大，保护与抢救正逢其时，时机不可错过。至于如何进行，内容十分复杂。各级领导和主管部门认真宣传、学习和贯彻《条例》，提高对历史文化名城名镇名村保护的理念和认识，把这一批珍贵的文化遗产保护下来，为了今天和明天发挥社会、经济和环境三方面的效益，子子孙孙永保永用。

第七，要重视非物质文化遗产的保护和挖掘。

此次出台的《条例》未将非物质文化遗产的保护纳入其中，应该说是一种缺憾。随着社会现代化的程度越来越高，一谈及历史文化名城、名镇、名村的保护，人们的眼光往往停留在物质层面，很容易忽视其精神层面的非物质文化遗产。我国历史文化名城名镇名村的非物质文化遗产资源丰富，表现形式多彩多姿。它们一方面传承着历史文化信息，另一方面与历史文化名城名镇名村的文物古迹、区域体形环境风貌相辅相成，构建出城市、村镇文化的深厚底蕴，体现一个历史文化名城、名镇、名村的"韵味"所在。因此，历史文化名城名镇名村保护的不仅仅是文物古迹、传统建筑，还包括蕴含其中的非物质文化遗产。

历史文化名城、名镇、名村的保护要形神兼备。形，就是在物质层面保护其原貌；神，就是保护其历史上形成的非物质文化遗产。非物质文化遗产的保护，其重要性并不亚于有形遗产的保护。

若将历史文化名城名镇名村的物质文化遗产比作人的躯体，那么非物质文化遗产就可比作人的精神。没有精神躯壳空乏无味，两者可见是相互依托，缺一不可的。我国由于历史悠久，物质与非物质文化相互交融，更是难以划分。就这种意义来说，当前非物质文化遗产的保护力度应该加大。

（原载《城乡建设》2008 年第 6 期）

有中国特色的文物建筑保护理论与实践科学

理论是实践经验的总结，因而它有指导实践的意义。实践的经验又回过头来不断丰富理论，因而理论也是不断发展的。理论虽然有普遍的意义，但是它不是千篇一律，一成不变，而是根据不同的客观条件而适应、而发展、而成熟的。这就是这一篇论文《有中国特色的文物建筑保护理论与实践科学》的理论基础。我这里特别提出要继承传统的问题，是因为我国确实有优秀的传统可以继承，需要继承。继承传统，这也正是有中国特色的文物建筑保护理论与实践科学的重要依据和内容。

一、光辉艰巨的历史

中国是世界著名的文明古国，有悠久的历史和光辉灿烂的文化，有四千年绵延不断的既有文字记载又有实物可考的历史，这是世界其他许多古国所难以比拟的。尤其是地上地下保存文物之丰富，更为世所少有。这是我们伟大祖国的光荣，中华民族的骄傲，也是我们发展国际交往，发展旅游事业的优势。

几千年、几万年甚至几十万年历史的精华，文明的结晶大都凝聚在各种类型的文物史迹之上，小至金石陶瓷、印章微刻，大至寺观坛庙、衙署宫殿，以至整个的古老村镇和城市，无不是中华古老文明的体现。其中城市更是人类文明集中的焦点，因而历史文化名城的保护应是文物保护工作的重要环节。但是对这一问题的认识，是逐步在我们的文物保护工作中明确和深化的。

回顾一下我国文物、古建筑、古城镇保护的历程，大约可分为三个阶段，也可以说是三个里程碑。

（以下省略部分内容，见《再论历史文化名城的保护与建设必须与国家经济社会的发展相协调，做到"两全其美、相得益彰"的意见——兼谈遗产保护的中国特色》一文中"三、文物、古建筑、古城镇保护史上的三个里程碑"）

二、丰富的经验与体会

四十二年为时不算短，而且处在政治、经济、思想、文化、科技等方面急剧变化的时代，文物建筑保护的经验可以说是非常之丰富，我想这是其他任何国家所少有。有些经验是其他国家难以得到的，这也正是中国特色之所在。我们不应妄自尊大，但也不要妄自菲薄，我认为在不少理论与实践方面我们已走在了世界的前头，这也是许多中国文物工作者半个世纪以来辛勤劳动的硕果。

1. 保护为主，抢救第一

随着历史的进程、社会变化，经济发展、生产建设、科学技术的发展，提出不同的对策，是确保文物建筑保护工作的重要环节。当前"保护为主，抢救第一"的方针是十分现实的，迫切的。

历史的发展是不以人们的意志为转移的客观规律，文物保护不能离开各个历史时期的客观条件。我们回顾历史，许多重要的古代建筑、文物珍宝都是在历史发展、社会变革、生产发展等重大变化中遭到破坏的。特别是战争烽火、政治变化破坏更大。我国历史上许多帝王的宫殿、坛庙、城池、园囿都是在改朝换代的烽火中化为灰烬的。许多规模宏大的梵宫宝刹也在"三武一宗"的劫难中消除殆尽。宋代金石学家、收藏家赵明诚，李清照的金石文物珍藏也随着宋王朝的颠沛流离，化为乌有。早期历史上的事情有的是对文物保护尚无认识，有的则是形势所迫，无法抗拒。这一客观的规律不仅中国如此，世界各国也都如此。由于历史的局限，过去没有认识到这一规律，也不可能掌握这一规律（当然还有自然灾祸的破坏，如雷电、水灾、火灾、地震等等，也是文物建筑遭受破坏的重要原因）。

近一个世纪来，人们逐步认识到文物保护的规律，要在文物遭受破坏的关键时期去进行保护工作，收效最大。比如在战争中，政治变化中进行文物保护工作。四十多年来，我们充分认识到这一规律，每当社会历史发生变革，政治、经济变革的关键时期都采取对策，制定措施去进行工作，因而使大量的珍贵文物得到保护，免遭大的损失。如上面所提到的在解放战争中、土地改革运动中所进行的保护工作，以后每当开展基本建设，每到农业生产高潮，以至"文化大革命"，等等，都由党中央、国务院和有关部门发布保护文物的指示、命令、通知，并采取具体的措施。今年5月在西安召开的全国文物工作会上提出的、又经中央正式作为文件通知的"保护为主，抢救第一"的方针，正是在改革开放大形势之下提出的。这一方针将会在今后相当一个时期内起到极大的作用。由于每一个历史时期，每一个发展阶段，每一个重大项目中所出现的情况不同，采取的方针政策和保护措施也就不一样。就是在今后的发展阶段也会出现不同的情况，但是我们认识到这一规律就可根据当时的情况来制定方针政策和具体措施了。

2.保证重点，分等分级、分别不同情况，采取不同措施

历史的经验值得注意，保护文物古迹与经济社会密切结合，统一协调的例子也有不少。特别是在 20 世纪五六十年代，堪称典范。如 1953 年为了适应国家大规模经济发展基本建设的需要，中央人民政府政务院专门颁发了关于在基本建设工程中保护历史及革命文物的指示，并相继制定了"重点保护、重点发掘"和"既有利于基本建设，又有利于文物保护"的两重两利方针。为了配合在全国农业生产的高潮中保护文物的需要，1966 年国务院又发布了《国务院关于在农业生产建设中保护文物的通知》，通知中再次强调了："地方各级人民委员会必须在既不影响生产建设、又使文物得到保护的原则下，采取紧急措施，大力宣传，在农业生产建设中开展群众性的文物保护工作"的两利方针。

从现在的情况看来，"两重两利"的方针中的两重仍然是十分重要的。因为它是文物保护的规律。以大小古桥而论，不下数百万上千万座，只是选择其中有历史、艺术、科学价值的保存数千或更多一些而已。重点发掘也同样适合今天以至将来很长一段时间的需要，以帝王陵而言数量很多，绝不能把所有的帝王陵都发掘出来。

现谈谈我个人对历史文化名城的保护与建设和经济社会协调发展的认识和意见：

关于两重两利方针的认识，我曾经在一篇《有中国特色的文物建筑保护理论与实践科学》的文章中回顾了新中国成立以来的经过和实例认为：

保证重点，分等分级、分别不同情况，采取不同措施是文物建筑保护管理的重要经验。世界上的事物总是千差万别的，完全

一样的很少，或是根本找不到，这是客观的存在。对待不一样的事物，处理的方法也不同。根据这一客观的存在，四十多年来，我们积累了丰富的经验，尤其是在解决文物建筑保护与各种情况下所产生的矛盾时取得了很好的效果。

在新中国成立初期，针对文物被帝国主义分子勾结奸商大量盗运出口，古建筑被任意拆毁破坏的情况，曾提出了"坚决保护、严禁破坏"的方针，这是非常正确的。其后不久，随着经济建设高潮的到来，工农业生产、基本建设工程的开展，又提出了"两重两利"的方针，以正确处理生产建设与文物建筑保护的矛盾。"两重两利"方针的全称是"重点保护、重点发掘，既对生产建设有利又对文物保护有利"二十四字方针。

要真正贯彻"两重两利"方针，最根本的一条就是要客观地权衡文物保护和新建设两者之间的轻重，给予合理的解决。有下列几种不同的解决办法。

（1）当某一古建筑和文物古迹十分重要而又不能搬动，如果与新的建设发生矛盾时，这一新的建设就要为保护这一重要文物古迹让路。新建工作就要另选地址，或是绕道而行。

（2）当某一新的建设工作十分重要而又必须在这一古建筑或文物古迹的位置上进行时，这一文物古迹就要为新建工程让路。如果这一文物古迹的价值不是很大，即在做详细的测绘、记录之后，予以拆除，把记录资料留作研究参考。如果这一文物古迹价值重大，即把它迁移他处重建保护。

（3）如果古建筑和文物古迹的价值重大，又不能搬迁他处，新建工程也必须在古建筑所在位置进行时，就要采取工程技术上的措施把文物古迹在原地保护起来。

以上三种不同的解决办法，在四十年的实践中对保护文物古迹，解决文物古迹保护与基本建设的矛盾，取得了很好的效果。敬爱的周总理亲自处理的几件文物保护与新建工程的矛盾，为我们作出了光辉的榜样。例如北京北海前面的团城，正位于北京内城中心东西交通的干道上，起初一些同志单纯从交通的观点出发，要把团城拆除或砍去一半。周总理亲自作了实地勘查研究，考虑到团城的重要价值，在权衡轻重之后决定要保护团城，让马路往南绕道而行。为了解决马路宽度，还把中南海国务院北面的围墙向南移，使路面的宽度满足了需要。又如北京建国门的古天文台，是一个不能迁移的重要古建筑，也是经周总理决定让新建地铁工程绕道行走，并增加了保护古台基础的措施，使这一重要的古代科技建筑物得以保存下来。又如北京街道上的牌楼，是按照第二种情况处理的。周总理经过深入的调查和细致的思考工作，决定将那些价值的确不大，已经近代改成了混凝土结构的西四牌楼和其他一些价值不大的牌楼，在取得充分的资料之后，予以拆除。

已被拆除的北京西四牌楼

而对一些价值较大的，如东、西长安街牌楼，帝王庙牌楼等，迁移到陶然亭公园内去保存。中南海的云绘楼也是以同样的方式，迁到陶然亭保存。在北京以外迁移保存的古建筑也很多。如山西永济县原来保存的有大量精美壁画的元代建筑群永乐宫，就是从黄河三门峡水库淹没区中搬迁到附近的芮城县境内高地上保存的。另一种情况是，古建筑文物本身的价值重大，无法搬迁，而建设工程也非常重要，也无法另选地址或绕道而行。这就只好按照第三种办法，采取工程技术的措施来解决，如像甘肃永靖的刘家峡水库淹没区内的炳灵寺石窟就是这样。石窟无法搬迁，水库是国家重点项目，又必须要建，彼此都不能相让，当时正在无产阶级文化大革命初期"破四旧"的阶段，一部分人受林彪、"四人帮"极左思潮的干扰，要把这处艺术宝库毁掉。也是周总理亲自批准，在水库岸边修建了防水堤坝，保存了炳灵寺。这样，水库建筑工作照样进行，文物也得到了保护。近年在长江三峡工程中还建了白鹤梁水下博物馆就更加发展了。

以上回顾了新中国成立四十多年来党和人民政府对文物保护所发布的法令、通知、指示、条例等，可以看出，在不同的政治经济情况和不同的建设阶段所采取的各种保护法，其目的就是要把文物保护好。四十多年来，我们取得了不小的成绩，取得了不少的经验，这些历史的经验对于今后古建筑文物保护都有着重要的现实意义。

"坚决保护、严禁破坏"和"重点保护、重点发掘，既对生产建设有利、又对文物保护有利"的两个方针，是相辅相成、密切联系、不可分割的。"两重两利"方针的前提在于"坚决保护、严禁破坏"，否则就不必谈两利了。但是如果没有两利，没有重点，坚决保护也难以进行，甚至行不通，反而造成更大的破坏。这两个方针正是多年实践工作经验的总结，对今后的文物保护工作，不仅有实际的意义，而且有理论上的指导意义。

3. 制定法规，科学管理

制定法律、法规、规章制度和规范，是进行依法保护和科学管理的首要工作。

文物保护管理工作是一项涉及面广，联系部门多，专业性和政策性很强的工作。在中华人民共和国成立初期就由中央人民政府政务院发布了许多带有法律性的命令、指示、通知等等，文化部、国家文物局又制定过法规性的文件。据初步统计，在文化部门所发布的法令、法规、规章条例、规范等文件，文物方面是最多的部门之一。

文物法令、法规、指示、命令等有三方面的特点。其一是涉及的部门多，面广，因此需要以中央政府的名义来发布才能生效。保护文物涉及工农业生产、城乡建设、工商、出口等部门，如果仅以文化部或国家文物局的名义发布是难以生效的。比如以古建筑来说，就涉及城市规划建设、水利、交通以及宗教、民族等部门。因此很多文件都需要由中央政府（政务院、国务院）或省市人民政府来发布，或者联合有关的部委共同发布。其二是专业性很强，要具体准确，比如文物出口的标准就要有具体的规定，古建筑的保护维修法令、规章也都是要求非常具体。其三是文物保护管理的法令、规章、制度、条例有很强的时间性和针对性。比如在解放战争中保护文物，在土地改革中保护文物的针对性主要是在这一变革过程中不要破坏，如攻打、拆毁等等，这一段时间完了也就告一段落。还有针对某一项具体任务所制定的规程、细则，如古建筑维修，"四有"工作的制作以及文物复制、摄影等等，都有具体的规章制度和办法。古建筑维修还有很详细的技术操作规范，经过几年的时间已完成了《古建筑木结构维修规范》，砖石结构维修规范正在编制之中。

中华人民共和国成立伊始，即非常重视法令、法规、条例、规章、办法等的拟制工作，因为深知这一工作对于文物保护管理工作来说是非常必要的。也正是由于抓了这一工作，使许多珍贵文物、古建筑得到了保护，为逐步走向法制和科学管理创造了条件。

4．落实文物保护单位保管的"四有"工作

落实文物保护单位保管的"四有"工作，是成功的经验。

古建筑经国家公布为文物保护单位之后，不等于得到了保护。这只是工作的开始，后面还有大量的工作要做。

文物遭受破坏的原因很多，但归纳起来不外乎人为的破坏和自然的破坏两个方面。

人为的破坏是一个非常重要的原因。古往今来不知有多少高楼杰阁、玉宇琼楼、雕栏玉砌、弥山别馆、跨谷离宫以及梵刹宫观、坛庙、陵园等，在人为破坏之下，顷刻之间化为乌有。

自然破坏是一个客观的规律，一切物质都在新陈代谢，文物的材料也因自然的侵蚀，不断老化。木材会被雨水、潮湿等侵蚀而糟烂，被虫蛀、蚁啮而空朽。砖石会风化，就是铜铁建筑也会锈蚀。还有难以为人们所控制的自然力量，如地震、风暴、雷电、洪水等破坏。但是自然的物质老化毕竟非常缓慢，只要我们采取科学的保护措施，是能够加以遏制的。佛光寺的唐代大殿已经有一千多年的历史，但木构唐殿仍然十分完整，如果维护得好，再过一千多年也还不会有多大变化。就是地震、风暴、雷电等也可以采取工程技术等措施，减少或防止其被破坏。因此，防止人为的破坏是保护古建筑的一项重要工作。而防止人为的破坏所要做

的工作很多，如普及文物知识，宣传文物保护政策法令，提高人民群众对保护古建筑的认识；严格执行国家文物保护法令，对蓄意破坏文物古迹的少数人绳之以法，以强制的手段禁止他们蓄意破坏国家财富，都是防止人为破坏的重要手段，在任何情况下都要首先做好。

但是仅仅如此是不够的，还必须采取具体的保管措施，把保管工作落实到每一个文物建筑上。

（以下省略部分内容，见"如何保护古建筑"一文中"二、采取具体的保护管理措施——'四有'原则"）

三、吸取经验，融化吸收

借鉴国外经验，吸收融化，成为自己的东西。

我国自古就重视引入外来的东西，但是绝不是生搬硬套一成不变，而是加以"华化"成为自己的东西。古建筑中很多都是外来之物。如塔这一建筑本是存放佛祖释迦牟尼舍利子的地方，它是随着佛教传入中国的。但经过能工巧匠的改革创造，完全成为中国式了。其他如佛寺、清真寺等等都是外来品，"华化"成为中国式的。

记得在 20 世纪 50 年代初期，我们拟制文物法令、通知、指示的时候，都参考了苏联、英、法、意、日等国家的文物建筑保护法规，结合我国具体情况而制定的。20 世纪 50 年代开始，专门派出文物考察团到苏联、捷克斯洛伐克、波兰等国家去考察，并派出留学生去波兰、捷克斯洛伐克、苏联等国留学，把许多国外经验学回来。

关于文物建筑维修的技术问题，我们虽然重视国外经验，但

1956 年，罗哲文先生（右二）与《人民画报》摄影师彭华士（右三）在山西永济元代永乐宫拍摄壁画

并不迷信。有一个例子是永乐宫的搬迁和壁画揭取。这是 20 世纪 50 年代中期的事情，那时曾有捷克斯洛伐克的专家要来担任此搬迁任务，揭取壁画采用的是过去英、法等国家用胶布（能溶胶布）黏取的办法。后来我国专家考虑到此种办法不适合我国永乐宫的具体情况，便自行设计自己施工，采取了分块截割揭取的办法，成功地创造了壁画揭取复原建筑搬迁的办法。

经纬照相测绘技术又称近景摄影测绘，用于文物建筑特别是立体雕塑文物有很大的优点，是目前世界各国文物建筑保护维修普遍使用的测绘仪器。在 20 世纪 60 年代中期，我国就开始准备从国外引进，用于文物建筑、石窟的保护维修工作，只是由于当时经济条件原因未能实现。至于邀请来访的国外专家学者、派出考察访问的专家学者、出国文物展览等，四十多年来可谓来自五大洲足迹遍全球。这些活动对我国文物的保护维修有很大的帮助,而且对促进国际文化交流,增进与各国间的友谊与合作都起到了很好的作用。

四、继承传统、弘扬发展

我国文物建筑保护有着悠久的传统。有两个方面。一是保护方面,过去封建王朝对保护虽目的不同,但保护的方法还有值得借鉴之处。保护要求严格这一点就非常重要,凡有令保护之物,有破坏违令者要严惩严罚。我们在 20 世纪 70 年代调查长城时,当地群众反映,大清皇帝有旨,如任意拆长城砖者,格杀勿论,所以没有人敢去拆长城砖用。还有许多群众自发性地保护某文物古迹的乡规民约,刻石立碑。由于是群众自己的公约,自觉遵守,

1990 年,罗哲文先生(右四)与郑孝燮(右六)在西藏布达拉宫修缮工程工地

1994 年维修竣工的西藏布达拉宫

十分有效，这都是值得继承和弘扬的。

第二个方面更为值得重视，是文物建筑维修的技术传统。今年西藏布达拉宫第三期工程通过了验收，其中最为艰巨，难度最大的就是五世达赖灵塔殿的加固工程。此殿殿堂高大，上面还压着金瓦殿顶，施工极其困难。原计划是要把上面许多结构连金瓦殿也要拆除的。然而藏汉工匠和技术人员发挥了聪明才智，继承传统技术并加以弘扬发展，采用了"抽梁换柱""打牮拨正"的传统技法，不动上层结构就把这一灵塔大殿加固拨正了。在布达拉宫第三期工程中还有许多处重点加固维修工程都是运用"抽梁换柱"的方法解决的。这种办法不仅节约了大量的时间和经费，更重要的是更多保存了原状，保存了原物。

五、注重人才的培训

任何工作都需要人去做才能完成，文物建筑的保护维修还需要专门的人才才行。而在中华人民共和国成立以前这方面的人才极少，也没有学校专门培养，只有从中国营造学社和一些专业部门培养出来的很少几个人而已。为了适应大规模文物建筑调查研究和保护维修工作的需要，于1952年开始与中国科学院、北京大学、文化部合办了考古工作人员训练班，同时也开办了古建筑工作人员训练班，其后继续不断开办。"文化大革命"以后不仅开办了短期培训班，还在清华大学、南京工学院（今东南大学）等院校开始年限不等的专业培训。此外还以师傅带徒弟和参加实地工作、参加大型维修项目等实践加以培训。文物局一直把培养干部作为中心工作来抓。国家文物局的领导曾经提出过文物局的工作"一是保、二是人"的方针，在机构和经费上都给予了极大的支持。

当然，由于多年来极左思想的干扰和客观条件的限制，文物建筑人才还是非常缺乏的，但是重视人才的培养这一条经验还是应当继承和弘扬的。

六、几点建议

中华人民共和国成立四十二年来，不管是在理论方面，还是实践方面，都取得了很大的成绩，积累了丰富的经验（也包括教训）。但是不能不认识到差距仍然很大，就是上面所谈到的经验之中，也还有不足之处，还有一些是过去忽略了的。为此提出以下几点建议，供作为当局执事者和专家学者同志们参考。

（1）加强理论研究，建立一个有中国特色的文物建筑保护理论体系与实践相结合的学科。四十多年来，虽然经验丰富，教训不少，也有一些很好的理论文章，但是毕竟没有进行系统的总结，很多很好的经验没有提升到理论的高度。四十多年来各种风风雨雨，难以为继，众所周知。现在政通人和，安定团结，百业俱兴，是时候了，过三五年、七八年时间，一个具有中国特色的文物建筑保护理论体系与实践相结合的学科一定会建立起来的。

（2）加强文物建筑保护与维修技术优秀传统的发掘整理、研究与弘扬，办好有中国特色的文物建筑事业。上面已经谈到我国文物建筑保护与维修技术的悠久历史和独到的加固维修技术。虽然也有不少的地方得到使用，发挥了作用，但是发掘整理，研究与弘扬工作仍然做得不多，甚至做得甚微。这是一笔巨大的遗产，也是建设有中国特色的文物事业的重要组成部分。比如古代至近代有许多保护文物古迹的碑刻布告、法令，特别是群众自己所立的乡规民约等等，需把它们收集起来，并加以整理研究。在文物建筑保护维修技术上的经验尤为珍贵，抽梁换柱、打牮拨正、墩接暗榫、拼镶挖补、易朽补贴等技术，有的已经失传，有的已经衰落，因此应该系统地加以整理进行研究。还有一些老匠师口传心授的经验，十分可贵，也应属于抢救的问题，晚了就难了。

（3)新的科学技术、新的理论、新的仪器设备的充实与应用。过去在这方面虽然也做了不少工作，但是由于各种客观的条件所限制，仍然十分薄弱。现在有国内的大好形势和改革开放的政策，引进技术与设备都有较好的条件，应该抓住这一大好时机，赶上去。

传统固然很重要，但必须要应用新科技、新理论、新设备。

因为历史在发展，科技在进步，如果不重视这一点，就会造成失误。

（4）完善法律、法规、规章制度、技术规范、操作规程。四十多年来，在制定法律、法规和各种规章制度方面虽然做了很多工作，但由于客观存在的原因，差距甚大。有些工作还仅在开始，如古建筑保护维修的技术规范、保管规章制度等。一些重要建筑群、石窟寺，如北京故宫、敦煌莫高窟等都还应该有本身的保管规章制度，使之便于管理，便于发挥作用。要施行按法律管理、科学化管理，这方面的工作非抓不可。

（5）抢救技术和人才。在文物建筑技术方面，有许多濒于失传的精绝技术，如石刻、砖雕、粉画、油漆、堆叠、镶嵌等等，如果不及时把它记录整理下来，将是一种不可挽回的损失。还有一些身怀绝技的工匠艺人也是非常重要的财富，在日本有"人间国宝"之称，也应该为之找接班人。把他们的技艺留下来传下去，应是属于抢救性的刻不容缓之事。

（6）加强维修前的科研工作和档案资料留存工作，并且还应该编辑出版。文物建筑维修前的科研工作非常重要，因它是保证维修工程质量的必要的前期准备工作。科研工作包括这一维修工程的历史情况、文物价值、残破情况、残破原因，以及治理的意见等，以供制定方案时参考。一个文物建筑的维修工程，特别是大型项目的重点维修工程，是了解这一建筑所有情况，尤其是内部结构情况的良好机会。大型维修工程项目本身也是这一建筑历史的重要历程，因此，应当把它的维修经过记录下来，作为历史档案资料加以保存。应当按照国家规定分送有关部门保存，而最好的办法是将其整理出版，这样可广泛流传，提供各方面参考。

（7）加强施工中的质量监督和验收。有了很好的前期科研和设计工作，但如果没有良好的施工，那也不能把维修工程做好，因此必须重视施工的监督检查。施工过程中的检查监督尤为重要，可以发现问题及时纠正，及时处理。如果等到工程已经完毕，验收时就算发现了问题，但木已成舟，为时已晚。更何况有些问题完工之后很难发现了。验收工作是对工程质量的审核，同时也是对工程的总结，要形成制度，定出规格。这两项工作过去做得不够，需要加强。

（8）重视维修工程中发现的文物、资料的收集与保存。在过去维修工程中，往往都能发现很多珍贵的文物与历史资料。许多过去对这一文物建筑弄不清的问题，常常通过维修工程发现的文物、资料弄清楚了。如河北正定隆兴寺摩尼殿的年代问题，梁思成、刘敦桢先生研究了多年，意见不一。此次落架维修时在斗栱内部发现了宋代题记，问题就解决了。很多大型维修工程发现了大批珍贵文物资料，应妥为保存。发现的文物丰富，而又有条件的单位，可办一个展览或陈列起来，以丰富这一文物单位的参观内容。无条件的也千万注意妥善保存，不要流失。

（9）重视经常的保养维修工作。经常的保养维修工作是文物建筑保护工作中最为重要的事情。木构建筑、砖石建筑也都如此，屋顶上出现了一个窟窿，立刻堵上就没事了。如果不堵，一场雨水说不定就导致房倒屋塌。就算不塌，久而久之木材糟朽，砖石松散，建筑也就难保了。有的人总说木材不经久，容易朽坏，其实不然。如果保养好了，像南禅寺、佛光寺那样一千多年的木构建筑仍然非常坚固，照此下去再过一千年、两千年也还是没事的。反之，有些明、清建筑，由于保养不好，已坏得非常厉害了。

我认为文物建筑的保护维修应该和医药卫生的方针一样，"预防为主，治疗为辅"。文物建筑应提以保养为主的方针，省钱、省事、省人力，更多更好地保存原状和原物。在中华人民共和国成立初期就提出过"以保养为主"的口号。我记得在中国营造学社与清华大学合办的中国建筑研究所编印的《全国重要建筑文物简目》之后，就附着一篇当时北京文物整理委员会编写的《古建筑保养须知》的资料，扼要介绍了古建筑保养维修的知识，并把它发给各省市军政委员会、人民政府，对当时的古建筑保养维修起了积极的作用。

我认为现在以至将来，文物建筑的经常性的保养维修仍然十分重要，需要大力提倡，应把它提到与医药卫生的"预防为主"方针的高度来认识。

几点建议只是就目前的情况以个人一孔之见提出的，不系统不全面，也可能有不准确之处，仅供参考。

最后我想对建立有中国特色的文物建筑工作理论体系的问题谈一下看法。总的是要结合中国的实际情况、继承中国的传统、适应中国的发展，并重视利用先进的科学技术和国外的经验。

文物建筑理论还必须全面考虑，即保护、管理、利用三个方面均要包括，才能构成完整的理论体系。

保护，为什么要保护？价值和作用。如何保护？防止人为的破坏和自然的破坏。提高对保护的认识，法制和科技。

管理，科学化管理，"四有"工作。

利用，发挥文物建筑哪些方面的作用？如何发挥作用？适当、适度的原则。

这样一个完整的理论体系，在我国已经有了基础，也有了丰富的实践经验。只要加以总结，是不难产生的。

（在全国文物建筑保护维修理论研讨会上的发言。

原载《文物工作》1993 年第 1 期）

文物建筑的科学复原重修
不能以"假古董"视之

——兼谈中国文物建筑保护维修的中国特色

近年来不断出现的一些仿古建筑，水平有高下，有的确是仿而不佳，损害了古建筑的形象，因而被斥为"假古董"，并进而导致一些真正有科学依据复原的古建筑也受到"误伤"，致使一些同志一谈到古建筑的复原重修时就望而生畏。

这里我想首先说明，文物建筑、古建筑的复原重修与仿古建筑是两回事。仿古建筑不属于文物保护的范畴，我不发表任何意见，只谈属于文物保护的古建筑（包括近现代建筑）的复原重修问题。

根据半个世纪来我所接触到的文物建筑的保护工程，大多要有保养维护、抢险加固、修理修复、复原重修、易地搬迁等不同程度的工程。所谓保养维护是指不动建筑物本身的日常维护工作，抢险加固则要增加一些工程技术的措施，修理修复便要对建筑物进行较大的"手术"，而复原重修则是重大的行动了，易地搬迁实际是一种在原地难以保存如水库淹没等不得已而为之的事。

从文物建筑保护来说，不管工程大小都要按照文物保护法的规定和文物建筑维修的原则来办。它不是仿古设计更不是创作设计。特别是复原重修，必须有科学的依据和其他必要的条件，如经费、技术力量等等。因而在目前的情况下并不提倡，但是从原则上讲，不是不允许的，有时甚至是必要的。

自中华人民共和国成立以后文物建筑复原重修的例子，易地搬迁的工程有不少。最早复原重修的例子是1952年文化部文物局对北京北海团城上衍祥门的复原重修工程。这时正当中华人民共和国成立初期，为了振奋民族精神，把被八国联军烧毁了的这座门楼按照与它对称，形制完全相同的昭景门的形式与结构复原重修起来了。它不仅起到了振奋民族精神、进行爱国主义教育的作用，而且使团城这一组只缺这一门楼的建筑群完整起来，收到了很好的效果。

改革开放以来，复原重修的文物建筑工程更多了。如北京明十三陵的昭陵，颐和园的景明楼、澹宁堂，北海公园的琼岛牌楼，居庸关的城墙、城楼、寺观、衙署，广州光孝寺的钟楼，苏州瑞光塔，辽宁朝阳北塔，等等。河北正定隆兴寺的大悲阁经过认真研究、评审和批准，也正在按宋代形制复原重修之中。这些有科学依据，经过认真评审和依法批准复原重修的重要古建筑，不仅再现了昔日的辉煌，而更重要的是这些历史上的建筑结构能够长留人间，以其完整的形象展现其历史风采。因此，像这些有科学依据复原重修的古建筑，绝不能以假古董视之、斥之。

我记得五十八年前，我一踏进中国营造学社，就被梁思成、林徽因、刘致平先生等所绘制的滕王阁、六和塔等科学复原重修方案图纸所吸引。1952年有关方面所提出的河北赵州桥修复方案，已经得到实施。不仅使这一世界上现存最古老的空腔式石拱桥恢复了它完整的形象，而且使它得以保存了下来。试想如果不经过那一次抢救修复，这一国之瑰宝可能已不存在了。

北京北海团城全景

　　这里我还要谈一下中国古建筑文物的保护维修需要有中国特色的问题。这是由于中国古建筑主要是以木材建造的客观事实所决定的，不能像欧洲古建筑那样以花岗石构造，可以在露天遗址保存，经久不坏。中国建筑的木柱梁架、土坯墙、泥土或砖铺地面，经不起雨水浸蚀，因而屋顶残坏漏雨必须修复，柱子、梁架、斗栱等残缺了的构件也必须补配，否则建筑物本身也就保不住了。

　　当然，我国古建筑中还有一些大理石甚至花岗石的建筑，如圆明园的西洋楼就可完全按欧洲建筑那样，保存残状，不必复原。就是对木构建筑的复原重修，在目前的情况下也必须考虑以下条件：其一是要资金自筹，因为目前国家拨款主要是支持抢救性的维修工程，很难对复原重修拨款。其二是要有充分的复原科学依据和复原重修的必要性。其三是要有经过专家充分论证的复原重

1952 年拍摄的居庸关
修复前的情景

修方案与设计。此外，还必须有高水平的施工队伍，以保证复原重修工程的质量。最后再重复一句，我并不是要大力提倡文物保护的古建筑的复原重修，只是说古建筑的科学复原重修不应以"假古董"视之、斥之。

（原载《文物世界》1999 年第 4 期）

关于建立有中国特色的文物建筑保护维修与合理利用理论与实践科学体系的意见

文物建筑一词，系指作为文物保护的建筑，习惯称作古建筑。文物一词有些国家如日本、韩国称作文化财（有形文化财）。过去曾经有人把以木结构为主的建筑称为东方建筑体系，把以砖石建筑结构为主的建筑称为西方建筑体系。其实也不能概括全部，在东方建筑中也有大量的砖石建筑，在西方建筑中也有许多木构建筑。在本文中所针对的主要是木结构建筑的保护和维修问题。

中国文物的保护，有三千多年悠久的历史，近百年来特别是中华人民共和国成立五十多年来，不断发展，已经逐步形成了一门科学的体系。2002 年新公布的文物法，更加完善，把这门学科提到更高的水平。"保护为主、抢救第一、合理利用、加强管理"的十六字方针，总结了五十多年的经验，不仅符合中国的国情，也符合中国的实际，在理论与实践的基础上建立起一个有中国特色的文物工作的科学体系，已经具备了条件。这是历史发展的必然，是我们当代文物工作者所肩负的、义不容辞的历史责任。

我在文物部门工作了五十多年，主要从事文物建筑的保护维修和研究工作，现仅从文物建筑方面谈一点意见。目的是抛砖引玉，希望能把玉引出来，促成这一历史责任的实现。

　　我记得十四年前国家文物局就曾专门召开过文物建筑保护维修的理论研讨会，许多专家学者和领导都或写文章或做报告发表了很好的意见，十四年中又有了很多理论与实践的经验，更有条件了，更加需要了。

一、问题提出的理论基础

（一）普遍的理论基础

　　人类世界、人类社会，由于地球上各个地方自然条件的差异，由于人们生存环境的差异、生活状况的差异等，产生了各种不同的差异，语言文字、风俗习惯、生活方式、宗教信仰、衣冠服饰以及不同的肤色人种等。世界上的建筑即是在不同的自然条件和文化环境中产生出来的，因而形成了各个国家、各个民族、各个地区不同形式、不同风格、丰富多彩的建筑艺术。在近代建筑史上，也曾经有过以"现代主义建筑"（Modernism in Architecture）为代表的所谓功能主义、世界主义的流派，企图抹杀建筑的民族、地区、国家的特色，否定建筑的文化传统。但也正因为它违反了事物存在的客观规律，在它存在了短短几十年后就被人们抛弃了。其原因也正是建筑不仅是装人的机器，建筑和世界上其他的事物一样都是千差万别的，不能强求一个模式。

　　理论是实践经验的总结，因而它有指导实践的意义。实践经验又回过头来不断丰富理论、完善理论、改进理论，因而理论也是不断发展的。理论虽然有普遍的意义，但它不是千篇一律、一成不变的，而是根据客观的情况而适应、而发展、而完善、而改进。这就是这篇文章的理论依据。

我这里谈到的中国建筑特色，只是从木构建筑出发，其他各种建筑材料结构的建筑，也应根据其各自的实际情况出发。就是以木结构为主的建筑，也有各自的实情和实际，以至在我国的各个地区各个民族也有各自的实情、各自的特色。

近一个多世纪以来，国际上许多文物古迹保护方面的专家学者在理论与实践方面都作出了重大的贡献，除了专门著述之外，还产生了如《雅典宪章》《威尼斯宪章》《佛罗伦萨宪章》《华盛顿宪章》《巴拉宪章》等国际性文件。联合国教科文组织及其《保护世界文化与自然遗产公约》和具体措施把这一人类崇高的伟大事业发展到一个新的科学水平。其中许多指导性原则和规定都是十分重要的。但是它并不排除根据本国、本地区、本民族的实际情况来进行工作，而且还特别强调保存各个国家、各个地区、各个民族文物建筑特色的重要性。

中国是一个历史悠久的文明古国，保存下来的文物古迹非常丰富。在文物保护发展史上，世界许多国家都一样，有着一个共同的发展规律。早在三千多年前的帝王、官府就有保护宫殿、坛庙陵墓、衙署等的规定。在中国民间还有一个优良的传统，对于保护公益建筑、公共工程、寺观、祠馆等以乡规民约方式立碑刻石共同遵守。到了近代随着社会与科学的发展，把文物保护提高到了历史科学、文化艺术价值的水平。1928年国民政府成立了"中央古物保管委员会"，并于1930年公布了《古物保存法》，把文物建筑保护列入了国家保护古物的事业之中。

中华人民共和国成立之后，我们在文物建筑保护的防止人为破坏和自然破坏方面，取得了丰硕的成果和宝贵的经验以及值得借鉴的教训。半个多世纪以来，特别是改革开放以来，学习与借鉴东西方文物保护维修的理论与经验也取得了很大的收获，已经具备了创立"具有中国特色的文物保护理论与实践科学体系"的条件。

（二）建设中国特色社会主义是一切工作的总目标，是文物工作重要的理论基础

（省略内容见"历史文化名城是建设中国特色社会主义的强大支柱"前言部分）

二、文物是经过人类创造、有价值的历史文化遗存

文物一词，过去曾称作古董、骨董、古玩、古物等。20 世纪50 年代初，称作物质文化的遗存。很早以前曾经有过礼仪典章制度的解释。《左传·桓公二年》上说：

夫德，俭而有度，登降有数，文物以纪之，声明以发之，以临照百官，百官于是乎戒惧而不敢易纪律。

《辞海》上解释为：

遗存在社会上或埋藏在地下的历史文化遗物。一般包括：（1）与重大历史事件，革命运动和重要人物有关的，具有纪念意义和历史价值的建筑物、遗址纪念物等；（2）具有历史、艺术、科学价值的古文化遗址、古墓葬、古建筑、石窟寺、石刻等；（3）各个时代有价值的艺术品、工艺美术品；（4）革命文献资料以及具有历史、艺术和科学价值的古旧图书资料；（5）反映各时代社会制度、社会生产、社会生活代表性的实物。（这五项内容实际是引自文物法）

在新的汉语词典中又把它简化为：

历代遗留下来的在文化发展史上有价值的东西，如建筑、碑刻、工具、武器、生活器皿和各种工艺品等。

还有许多不同角度的解释，从所引文物法的五项内容中就不难看出，文物是历史上的（包括近现代）遗物、遗存，而且是有价值的、有代表性的，要落在物身上。从各种类型的文物中我们还可看出，它们都是经过人类的创造，人的双手和脑子的创造，体力劳动和脑力劳动的创造。

原始的珍贵原料金银、珠宝、玉翠等有很高的经济价值，但是在经过人的劳动加工创作前，它们只有原材料的价值而没有文物的价值。同样，用来修建古建筑的原始树木和各种名贵树种、名贵山石、名贵金属、名贵建筑材料，在经过人的劳动制作之前，也只有原材料的价值，哪怕是十分昂贵的价值而没有文物的价值。我在多年前学习前人、总结经验的基础上，提出保护维修古建筑的"四保存"原则：（1）保存原形制（包括造型、平面布局等）；（2）保存原结构；（3）保存原材料；（4）保存原工艺技术。

其中的原材料指的是经过加工的构件，尤其是有艺术价值和题记等的构件。在保护维修时要想尽一切办法，运用高科技方法来保存它。当然要在安全第一的前提下，建筑能存在的前提下。否则只能用原来的同样木料予以更换了。有价值的构件保存于有条件的博物馆、库房之中。

三、文物建筑的最大价值在于它本身的存在

　　文物建筑的定义是当作文物保护的建筑物，在中国过去称之为古建筑，现在还如此称呼。目前文物建筑已扩大了古建筑的范围，在1996年国务院公布的第四批全国重点文物保护单位名单中，还包括了近现代重要史迹及代表建筑和纪念性建筑。

　　文物建筑被称为"历史的见证""实物的历史""石头的史书"等，它的价值就在于它是历史上形成的，反映了不同历史阶段、不同国家和地区、不同民族特色等的实物例证。很久以前俄国作家果戈理写道："建筑同时还是世界的年鉴，当歌曲和传说都已经缄默时，只有它还在说话哩。"中国有一句古话，"见了故物，如见故人"。说的都是实物表现的历史、文化与感情，是文字的记载，不能代替的。我不是说史书的记载、诗歌和传说等不重要，但它们不能代替实物的价值。当然，如果两者能结合起来就更为

山西芮城永乐宫大殿

完美了。这就是我们对文物所称的三大价值之一的历史价值。

文物建筑，除了它是历史的见证、石头的史书以外，它还有实用、观赏、创作借鉴等价值。建筑物被称为综合艺术的总体，除了建筑本身的布局与造型等艺术以外，还集雕塑、绘画、织绣、室内外装修、家具、陈设等于一身。甚至还包括了各种艺术珍藏（金石、陶瓷、书画等）。例如中国的北京明清故宫，中国的山东曲阜孔庙、孔府、孔林，日本的法隆寺、二条城，韩国的景福宫，等。在欧洲，如巴黎的罗浮宫、凡尔赛宫，梵蒂冈大教堂，英国白金汉宫，俄罗斯冬宫，等，莫不是建筑艺术的精品和艺术的宝藏。文物建筑的艺术，成了人们观摩、欣赏、创作借鉴和美的陶冶、学习的重要场所，是人类最为巨大、最为丰富的文化艺术遗产。在中国近年来（第四批全国重点文物保护单位）扩展的文物建筑中，还增加了上海、北京、青岛、大连、哈尔滨、广州等地的近现代代表建筑，反映了百余年来中国近代历史和外国建筑艺术的情况。这就是我们对文物所称的三大价值之一的艺术价值。

建筑不仅是集建筑规划布局、艺术造型和雕塑、绘画、室内外装饰、陈设于一体的艺术综合体，而且也是集建筑材料、结构、工程力学、物理（声、光、电）、化工、金属等科学技术于一身的科学技术成果。我们通过对古代建筑工程技术的研究，不难看出那些宏伟的建筑物，莫不是把当代最先进的科学技术成果都用上了。不仅古代建筑如此，近现代的新建筑也是如此。如中国四十多年前建成的人民大会堂，美国七十多年前建成的帝国大厦，其后建成的世贸大厦，日本东京的东京铁塔，近年建成的马来西亚的石油双塔，等，莫不纷纷把近现代科学技术的成果用于建筑之上，以表现当代的科学水平。许多古老的建筑，虽然已成为历史的遗物，被现代科技超越了，但其当年的高度成就仍然令人惊叹。如埃及的金字塔当年是如何兴建的，英国的巨石建设围圈的科学内容，至今仍然未完全理解。古代建筑中许多科学技术的法则、理论、技法等仍然值得今天借鉴。这就是我们对文物所称的三大价值之一的科学价值。

以上所说文物的历史、艺术、科学三大价值，以及其他各方面的价值，都要通过实物的本身来体现，如果文物建筑本身不存在了，那就一切都谈不上了。再者文物的一个最大的特点就是它们是历史的产物，不能再生产、再建造，毁一个就少一个。所以我们必须想尽一切办法，运用各种传统的、现代的、先进的科学技术来保护它们。

四、关于文物建筑的原地保护和特殊情况的保护措施

在中国，文物的存在形态习惯分为地上、地下和散存三种形式。地上的有古建筑、石窟寺和古墓葬的地面部分、古遗址的地面遗存和大型摩崖石刻等；地下的是指古墓葬、古遗址等埋藏于地下的部分。概括而言，地上、地下大多属于建筑的遗存。散存的文物，也称作流散文物，指的是社会流传或地下出土的文物，它们大多保存在博物馆、文物保管所、科研单位、院校或其他文物保存机构之中。若按其存在和保管的情况，则可归为两大类。其一是不可移动的文物，其二是可移动的文物（本文不谈可移动文物的问题）。

文物建筑属于不可移动的文物的范畴。从保护管理手段来说，在中国即是采取公布为文物保护单位的办法，在原地加以保护。因而对文物保护单位实行"四有"的保管方式：（1）划定保护范围，根据该建筑的情况，可划出重点保护范围（也称绝对保护

范围）、一般保护范围和建设控制地带（主要控制新的建设）。
（2）设立保护标志和说明。（3）建立保护管理机构，根据该单位的范围大小和建筑情况，设立文物保管所、研究所、研究院、博物馆或委托专门机构、专人管理，把保管的责任落到实处。（4）建立科学记录档案，将该文物建筑保护单位的历史沿革，文物价值，建筑的形制、结构、艺术特点，等，详细用文字记录、测绘图纸、拍照片和拍电影、录像以及制成模型等形式记录下来。要求达到这一建筑如果受到不可抗力损毁时，可以照原样恢复起来。

文物建筑为什么必须原地保护，不能任意搬迁呢？主要的原因有：（1）不少文物建筑占地面积大，建筑物的基础深固，结构复杂无法搬迁，如中国北京故宫、日本法隆寺、韩国首尔朝鲜王宫等。（2）有的文物建筑遗址在其本身结构上就无法搬迁，如早期遗址全为松土、软土或泥沙做成，面积又大，不搬动还在自身毁坏，一搬迁就全散碎了。（3）更为重要的是文物建筑不能脱离它原来产生的历史根源、社会文化背景、地理位置和自然环境。例如一些历史事件的发生地、名人故居、特殊科学观测点（如古观象台）等，一旦搬迁移位就损害了它的价值。这就是不可移动文物必须在原地保护的原因所在。

然而，世界上没有完全绝对的事情。不可移动的文物保护单位，也可能遇到无法避免的问题，不能不搬迁。如大型水库的淹没区，重点建设工程的重点位置以及其他难以回避的项目。根据新中国成立后五十多年来的实践，得出了四种保护措施：第一是重点工程改变设计方案，为文物建筑让路，增加投资和工程量，这是上策。如北京北海团城和建国门古观象台，马路和地铁增加投资绕道而行。第二种是无法避开的项目，如水库的淹没等，只好采用搬迁的办法，如20世纪50年代因黄河三门峡水库的建设把一组有精美壁画的永乐宫建筑群从原址迁到了附近的高地。新近修建的长江三峡水库也将把处于淹没区的张飞庙和古民居等迁移到高处。据了解，其他国家也采用了这种办法，如埃及兴建阿斯旺水坝时，也将淹没区的神庙、石窟石刻迁于高处。第三种办法是将不能迁移的文物采取工程技术措施设防，原地保护，如中国甘肃炳灵寺石窟就是采取围堤挡水，长江三峡水库区的白鹤梁修建水下博物馆的措施，等。第四种办法是价值不十分重大而又无法搬迁者，在进行认真的考古发掘详细测绘记录，取得科学资料后，将有价值的构件和文物取出保存，如水库淹没区的古遗址、墓葬等。

　　总之，不可移动的文物保护单位，必须想尽一切办法在原地保存，不应轻易采取搬迁易地保存的办法。

1966 年，罗哲文先生在"文革"逆境中上书周恩来总理保护北京古观象台

五、关于中国文物建筑保护维修工作中的几个特色问题

文物建筑保护维修的理论与实践在西方有较多的论著，他们出于他们的国情，出于砖石为主的结构方式和民族文化传统。我们可以借鉴，但不能完全照搬。我们是以木结构为主的建筑体系再加上我们的国情和民族文化传统，因此，必须有我们的特色。需要探讨的问题尚多，现在谈以下几个问题。

（一）关于遗址和残迹的保存与修复问题

关于古建筑遗址和残存建筑的保存，在西方砖石特别是石构建筑中，从理论和实践上都实行残状遗址和残状构件的现状保存。在意大利罗马我曾经参观过许多遗址现场，残存的台阶、柱础，甚至还保存倒塌跌落的情况。一些毁坏了的宫殿、教堂、公共建筑，几根柱子或排排柱子立着，甚至有些石构件还悬挑着。使人发思古之幽情，意味深长。原来建筑的形象、艺术美凭你去想象。正是因为这些遗址、残迹是花岗石做成的，能经久不坏。

然而以木材为主的东方建筑体系则有所不同。由木材（还有竹材等）所形成的大屋顶，除了避雨遮阳之外，就是为了使建筑内部木结构和地面台基等得以长存的需要而产生的。木材结构最怕雨水和干湿的变化，绝不能按西方希腊、罗马、英法等的露天柱子保存的办法。再有木结构残缺的梁柱、斗栱、椽头等也不能缺了不补配，因为关系到这一古建筑的存在问题。木柱子、梁架在露天，很快就会腐朽，不能存在了。就是不露天的木构件，如果缺损了一根柱子、一个梁、一个枋，甚至缺了一个斗栱也不能长期让它缺着，必须配上，就算临时措施也要支顶上，否则这个建筑就不安全，就有倒塌的危险。这也正是木构建筑的特点。

再说木构建筑的地面大多是砖铺，条石阶条，渗水严重，如

果没有地面建筑保护，极易毁坏。有些建筑的台基地面连砖铺也没有，仅是夯土。夯土这种东西一见水就湿，踩上去变成了稀泥。这种建筑遗址也不能仿照西方的方法在露天保存。因而有许多遗址经过发掘之后，只好覆盖了。

在遗址保存方面，日本创造了一种方法，即是经过发掘的遗址仍然将其覆盖，而在其上复制一个与地下埋存遗址相同的复制品，既解决了保护的问题，又满足了地面参观的需要，我认为这是具有东方特色的。

（二）关于维修工程中的落架维修问题

落架维修是木构建筑保护手段维修工程中大型的项目，是指这一个建筑的"病情"比较严重或者有特殊的原因不能"医治"非要把它拆卸重装的情况下所采取的措施。在日本称之为解体，意思都差不多。说通俗一点就是拆了重装，该修补的修补、该换的换、该加固补强的予以加固补强。这种方法，是多年一直在重点维修工程中所采用的办法。它也是传统的维修木构建筑的方法，也是木构建筑较之砖石建筑更为优越的特点。一座木构建筑要将其落架或解体维修，较之要将一座砖石建筑解体维修方便得多。据日本专家介绍，大约两百年日本的古建筑几乎都要解体大修一次，以补充其生命力。这个传统在日本一直继承下来。

目前在中国古建筑维修工程中，一部分同人把落架维修视为畏途，不主张落架，一听落架就害怕。其原因是出于好意，因为在落架时一不小心就容易损害构件和附属文物。再者近来一些设计施工单位为了片面追求经济效益，缺乏文物意识，不愿花功夫去保存原构件，增加了新换构件数量以提高工程造价，造成文物建筑原物价值的损失。这种担心是可以理解的。其实木构建筑维修落架不落架不是原则问题，而是方法和技术问题。需要落架才能解决的就应该落架，不落架就可以解决的就不必落架。在中国传统的维修技术中不落架已有很多"抽梁换柱、打牮拨正"的经验可以采用。

（三）保存建筑的原物构件问题

在这里我们必须强调保存木构建筑原材料原构件的重要意义。在落架过程中要像保护陶瓷、书画那样来保护古建筑的原构件和附属艺术品，残损的构件能修补用的都要加以修补用回去。据日本专家介绍，原来他们是有残损的大都加以更换以求坚固。近些年来受西方和中国提倡保存原构件的影响，也采取了尽可能加以修补利用原构件的办法，可见在彼此借鉴上的作用。

西方的维修理论和方法也不断发展。我前几年到巴黎去特别参观了巴黎圣母院的维修工程。该建筑的一些石刻构件的精美雕刻已逐渐风化损坏，如果不趁现在还比较清楚完整的时候加以保护，以后就会完全看不见了。而目前防止石刻风化还没有办法，于是经过周密的考虑只好用原石料，最大限度准确地按原雕刻复制将原石料抽换下来。这样可使之"生命更生"，保存下去。据说也是受到东方木构古建筑更换构件的启示。也说明了彼此借鉴的作用。

（四）关于复原和重建问题

对一座著名的古建筑的原复与重建，使中国历代保护文物古迹、寺观庙宇的传统得以流传了下来。但其中有一个重大的缺点，即是过去往往把它推倒重建，在重建时并不根据原样恢复，而是按照当时的建筑结构与形式新创作新施建。但仍然具有重大的价值。如湖南岳阳楼，相传为三国时鲁肃的练兵台，后来唐朝重修改为岳阳楼，宋朝时又重建并有范仲淹一篇《岳阳楼记》而驰名天下。现存之岳阳楼系清代所重建，完全是清代建筑，但它仍然流传了名楼的历史，传递了历史文化的信息，有着重大的价值，因而被列为全国重点文物保护单位。

目前由于经济、技术和"保护为主、抢救第一"的方针等原因，我们不提倡复原和重建工程，但从理论上说是应当允许的。我认为复原、重建工程只要具备了以下条件，是可以允许的。

1. 要自筹资金

在目前，我们国家的文物保护经费主要是用在保护抢救一些重要的古建筑上，很难拨款恢复或重建已经毁掉的古建筑，因而资金需要自筹。在改革开放的大好形势下，一些著名古迹古建筑的恢复和重建，近于公益事业的性质，有较大的社会效益，甚至还有经济效益。因此有可能筹到资金。还有一些效益较好的文物单位，也可能有结余用来科学复原一些有价值的文物建筑，如故宫、北海、颐和园、居庸关等。对于这些建筑群的完整，使之永远长存并显示其价值都有着积极的意义。最近经国务院批准正在重建的故宫建福宫花园就是一个例子。

1953 年拍摄的北京西直门城楼与箭楼

正在拆除的安定门城楼

2．要有复原的依据

筹集到资金之后，一个十分重要的问题就是要对准备恢复的古建筑找到复原的科学依据。这一问题十分重要，有时甚至比资金还重要，因为如果作为文物建筑的恢复，没有充分的科学依据就不能进行。

复原的依据来自几个方面：（1）原建筑的实物遗存。这是最直接的依据。如建筑的遗址、残存的墙垣、柱础和留下的砖瓦木石等构件。（2）测绘图纸和照片。有些重要古建筑在近代曾经有专家学者或旅行家摄影师们进行科学的测绘和摄影，这类资料虽然不是直接的实物依据，但其科学性强，是进行复原重建的可靠依据。（3）文字记述和图画。我国古代对一处重要的文物古迹、名胜或古建筑常常有生动详细的文字或图画形象，有些建筑还有具体的尺寸，是进行复原的重要参考。但对这些资料要作认真的分析研究，特别是诗词歌赋和写意画、文人画之类往往有艺术加工的成分。经过科学的分析比较，其中也可能有不少非常珍贵的参考资料，所以对这部分资料也不能忽视，尤其对早期毁坏了的重要古建筑更为重要。（4）参照相应对称或多座相同的古建筑。我国古建筑群，特别是礼制建筑和整齐对称布局的建筑，其对应的门、楼、亭、阁等，往往在形制与结构上都是相同的，甚至是同时制作两套构件分别安装修建的。因此如果毁去一个另一个尚存，就可以加以依照复建。如北京北海团城上的两个门楼，一为昭景门、一为衍祥门，尺寸大小形式结构完全一样。其中的一个门楼为八国联军侵略时所毁。为了保护团城这一重要建筑群的完整，振奋民族精神，1952年中央文化部文物局将其恢复，成为中华人民共和国第一个复原的古建筑。这样的依据，应该说是可靠的。但在对称建筑的仿建中还有需要注意的问题。有的建筑完全对称而功用不同，如钟、鼓楼，外形和主要结构都一样，但内部为了钟、鼓不同的安放，也有所区别，需要予以注意。

3. 要有合格的设计施工力量

既然是恢复已经毁去了的古建筑，当然应当是有重要价值或有特殊意义的（如北海团城衍祥门），就一定要把它修好，保证其质量。为了保证工程质量，必须有一个合格的而且是高水平的设计单位。复原工程设计事先要进行深入调查研究，收集资料，整理分析，实际是一项科研工作。方案和设计均需要经过专家论证和相应的主管部门批准。施工更是保证质量的关键，除按图施工以外，一些工艺技术很强的内容如彩图、雕塑、壁画等都需要有经验的老匠师、老艺人操作指导，才能使质量得到可靠保证。

4. 关于修复部分的随色做旧问题

对文物建筑修复或修补部分在色彩上如何处理的问题，东西方一直存在着两种不同的观点。东方建筑体系，也就是说木结构建筑体系，包括中国和日本、韩国、越南等的传统，都是要随色做旧，要与原来的建筑的色调相一致。甚至要把它的花纹彩画等做得与原来的相同。如我国多年来所采用的"随旧油饰断白"的做法。永乐宫壁画揭取时切割损坏之处完全修补如初，一点看不出痕迹。中国传统的金石书画修复也主张随旧"乱真"的。日本古建筑修复的传统方法更是按原制补配整齐，色调随旧，所以不少飞鸟、奈良（相当于中国隋、唐）时期的木构古建筑以原状流传了下来。

西方建筑体系（主要指砖石结构体系）修复的外观处理问题，其理论是修复的部分要与原来的有鲜明的对比，一眼就能看出哪些是原来的，哪些是后来修的。不仅在色彩上，而且在材料上也用完全不同的材料。我在罗马看到残缺、断损的白色花岗石用红砖水泥砌缝照原石柱的形式墩砌或补砌起来。色调和质地完全是强烈鲜明的对比。东方人看了总有点不舒服或不习惯。我认为在这个问题上我们应有我们的特色，不能照搬，因为西方有他们产生的原因，他们的建筑材料和结构不同，文化传统不同，审美观点也不同。他们新与旧有所区别可以参考，故意强调对比，让人看了不舒服就大可不必了。我的意见是修复部分"乍看起来不刺眼，仔细一看有区别"就可以了，不必故意强调其强烈的对比。

5. 经常性的保养维护工程

经常性的保养维护工程对于老建筑物非常重要，对木构建筑尤为重要。一座欧洲的花岗石教堂，如果质量较好，不受特殊强大外力的冲击，多少年也不坏。而木构建筑、砖土基础，如果不注意经常的保养维护工作，屋顶稍一漏雨，内部椽子望板、梁架就会糟朽腐烂。地面排水不畅，稍一积水，基础就会软化崩塌，上层建筑难保。因此古建筑经常性的保养维护工程十分重要，"所费不多，收效很大"。这也是特色之一。

六、发挥文物建筑的作用，"合理利用"与保护好文物建筑是密不可分的，两者相辅相成、相得益彰

党的改革开放政策对我们文物工作来说，我认为有双重意义。第一是我们要为改革开放做贡献，第二是我们文物工作本身也要改革开放。我今天着重谈一下文物发挥作用这个问题，我认为这是文物工作改革开放的关键问题。

（一）"保"和"用"的认识问题

文物要保护，这是完全正确的。因为文物是以文物本身和对它研究的成果或形象的资料来发挥作用的，如果物之不存，一切作用也都无从谈起。但是如果只谈保护，不谈作用，那也是不对的，至少是不全面的。世间任何一件事情都不是没有目的的，比如我们吃完了饭说是无目的地出去散散步，实际上也并非没有目的，而是要帮助消化、散散心，对身体有好处。保护文物绝不是一点目的也没有。过去的收藏家收藏文物或为名或为利或为鉴赏或为风雅或为保存国粹，如此等等，都是有目的的。从来没有一个收藏家说是花了很多钱无目的地去收藏文物。

我们是唯物论者，保护文物的目的非常明确，就是要发挥它的作用。发挥文物的爱国主义教育作用、革命传统教育作用、科学研究作用、历史例证作用、参观欣赏作用、创作参考借鉴作用、文化娱乐作用、旅游观览作用等。其实中华人民共和国成立五十多年来，文物无时无刻不在发挥自己的作用，只是我们对它们如何能更好地发挥作用研究得不够而已。

因此，我想是否可下这样一个结论：文物工作的全部内容应该是保护和用两个方面，缺少了任何一方面将是不足的。再简单一些说就是"一保二用"或称"保是前提，用是目的"，二者缺

一或偏废均不可。新的文物法的十六字方针"保护为主、抢救第一、合理利用、加强管理"，把文物的利用写入了大法的总原则之中，这也是重要的中国特色。

（二）只有更好地"用"，才能"保"得更好

文物工作的"保"和"用"两者是相辅相成，相互促进的，只有保护得好，才能更好地发挥作用。但是同样也只有更好地发挥了作用，才能使文物得到更好的保护。前者是人所共知之事，不用我赘言，我只举例子说明一下只有更好地发挥了文物的作用才能得到更好地保护的问题。

我是搞古建筑工作的，就以古建筑为例。拿古建筑的经费来说，在十一届三中全会以前，三十年来文化部文物局分到的常年维修费一直是一百多万到两百万元，但在改革开放以后，由于旅游事业的发展和国内外经济、文化交流的开展，古建筑在改革开放中发挥了很大的作用。长城、故宫、颐和园、避暑山庄、苏州园林和各地陵墓、坛庙、古寺、古塔等成了参观游览的重点，特别是国际友人，国外旅游者来我国主要是游览名胜古迹和独特的文化艺术与自然风光。古建筑受到了重视，国家才拨出较多的经费来保护维修，最近几年较之改革开放以前的经费增加了十多倍到几十倍。各个地区和各个部门也都拨出了大量的经费来维修当地和该部门所管理的古建筑。

由于古建筑发挥了作用，对人为破坏的情况也得到了重视。过去有些县市把古建筑认为是包袱，有的领导居然认为：这破玩意儿没有用，把它拆了卖木料，或者把它租赁或拨给生产部门开发工厂。而现在发现它还有用，争相申请拨款或自筹经费加以保护维修了。假如不是改革开放，不是古建筑发挥了作用，这样的大好形势是很难出现的。

再有，就是有许多文物是不能长期封存起来的，长期封存不加利用就会变质变坏。以古建筑为例，如果把它关闭起来，不加利用，它会坏得更快些。如我国现存的两座最早的木构建筑，唐代的南禅寺和佛光寺，因为它们过去就是经常开放的，中华人民共和国成立以后也一直开放着，所以一千多年来仍然保存了原貌。而有一些古建筑把它关闭上几年、几十年很快就坏了。道理很简单，房子漏雨了如果有人住着就能很快发现，及时修理就不会酿成大灾。有人住着经常开放的古建筑，鸟、兽、虫等也不敢来危害了，还有那些有意破坏之人也就不敢为所欲为了。

总之，文物如果更好地发挥了它的作用，就能提高它的价值，提高人们对它的重视，加强它防范自然和人为损坏的能力。可见发挥文物的作用对文物的保护是具有十分重大意义的。也就是只有更好的"用"，才能"保"得更好。

（三）发挥文物什么样的作用

文物是人类在历史上劳动创造（包括体力与脑力劳动）的成果，凝聚保存于物质者。过去曾称之为物质文化的遗存。文物包含的范围很广，举凡政治、经济、军事、科学技术、工农业生产、文化艺术的遗物都在其内。大多数文物都是在该历史阶段实际使用的东西，像生产工具、生活用品等。有些东西现在还能使用，如陶瓷、丝绸、古建筑等。

罗哲文先生考察北京卢沟桥

但是作为文物，它们的用途就有了根本的转变，主要的用途不是作为原有的实际用途，而主要是把它作为历史的遗物来看待了。比如说一件西周时期的青铜鼎，它本来是用来煮肉、煮食物的，今天未尝不可以照样煮肉、煮东西。宋朝的瓷碗今天也可以用来盛饭、盛菜、喝水，古建筑照样也可以住人，古桥照样可以通车，但是这种用法已经不属于作为文物"用"的范畴了。由于过去对文物"用"的问题研究得不多，宣传得不够，以致一些同志还不很清楚。以北京的卢沟桥为例，前几年曾经一直在它身上加码，要它负担超过它从前几倍、几十倍的交通流量和重量。当有的同志提出来要让它"退役"的时候，有的同志还理直气壮地说：桥就是通车的，过的车越多，载的重量越大，文物不是越起作用了吗？我们一些做文物工作的同志就难以回答。后来经过全国政协文化组与北京市文化组多次组织勘查、多次呼吁，反复讲道理，才算把这一闻名中外的古桥，从原来的以通车载重为主要用途的功能上退了下来，作为一件文物来用了。因为，我认为文物作何用的问题首先要讨论，要明确。

我认为文物的用途，主要是发挥它本身具有的价值，起到它应起的作用。文物有哪些价值和作用呢？归纳起来主要有三大价值和六大作用。

三大价值是：历史价值、艺术价值和科学价值。必须有其中的一个、两个或三个价值才能算文物。其中首先是要有历史价值，不然就不称其为文物了。

六大作用：文物的作用即是根据其价值，使之得到更大的发挥，正确的发挥。初步归纳了一下，大约有如下六点。

1. 历史的例证

这是作为文物首先要发挥的作用。文物不仅可以证明历史，而且可以补充历史、修正历史，甚至可以成为一部实物的历史。包括各种历史的例证，如社会发展史、科学技术史、文化艺术史和各门专史。我国是一个历史悠久的国家，文物保存丰富是一个很大的优势，文物在这方面能起到很大的作用。

2. 科学研究的参考

在我国许多文物身上蕴藏着许多科学技术的成果，有些东西今天还有重大的现实价值，如天文、冶炼、化学、水利等，都是值得研究加以发扬和应用的。

3. 生动的实物教材

中华民族是一个勤劳勇敢而又富有革命传统的民族，在许多文物上凝聚着先辈艰苦奋斗、不怕牺牲、克服困难、争取胜利的精神和高度的聪明智慧。这些文物正是进行爱国主义教育、革命传统教育、历史唯物主义教育、科普教育等的生动教材。由于文物是实物例证，形象化教学，收效更大。

4. 借鉴创新

在借鉴的基础上改革创新，这是历史发展的必然规律，从历代留有的文物身上也证明了这一点。但是凭空的创新也是没有的，是无源之水、无本之木。各种科学技术都是在前人的基础上发展的，特别是文化艺术，凭空更难创造。文物在这方面可为改革创新提供实物的、形象的借鉴。

5. 文娱欣赏

有许多文物本身就是一种精美的艺术品，它能给人们以美的享受，陶冶情操，提高人们的文化素质。

6. 旅游参观

文物古迹是旅游参观的重要对象，是发展中国式旅游的优势。万里长城、故宫、明十三陵、云冈石窟、龙门石窟、敦煌莫高窟、秦始皇陵兵马俑等都是旅游的热点。如果没有众多的文物古迹，恐怕不仅国外游人减少，国内旅游也将会大为减色。

除此之外，有些文物还可以发挥其他方面的作用，如国际交换赠送、古建筑利用等。

（四）发挥作用的方式

文物的"用"与保护同样复杂，不是一说就行，而是在理论上与方式上都要认真研究，具体探讨。根据国内外的研究和我们几十年来工作的经验，情况虽然复杂，但只要加以重视了也不难解决。

1. 分等分级、分别情况、分别利用的原则

中华人民共和国成立以来我们就执行着"两重两利"的方针，就是重点保护、重点发掘，既对文物保护有利，又对建设有利的方针。这是完全正确的，是文物保护的客观规律，世界各国也都相同。对文物的用途来说，我认为这一原则也同样适合。具体地说就是把文物根据它们的价值大小分为不同的等级，然后根据各种各项文物的不同情况、不同特点，分别利用的原则。仍以古建筑为例，有些重要的古建筑如故宫、天坛、曲阜孔庙、佛光寺、南禅寺等，只能作为参观、研究之用，还有其他一些本身就是艺术品如敦煌莫高窟、云冈石窟、龙门石窟等也只能作为参观、欣赏、研究等之用。这些重点单位必须保持其原状，还要力求恢复它的原状，包括内外陈设，做原状陈列展出。当然，在这种单位中，一些范围特别大的也要分等分级、分别情况、分别利用。以故宫为例，有些建筑如三大殿、东西六宫、乾隆花园等必须作为原状陈列展出之用，而有些价值稍次，内部陈设已无法复原的建筑，则可在不改变建筑原貌的情况下做其他展览用，但也只能做文物、文化艺术等的展览，不应做工农业生产或其他不合适的展

览。一些价值更小的建筑，可作为保护管理必需的办公、储藏文物、保卫消防等的场所。而有些为了保护或其他的原因不适宜大批人进入的地点，则应有限制地开放，如故宫中的乾隆花园、漱芳斋，敦煌莫高窟中的某些窟，只能允许少数游人或研究人员参观，有的用票价控制，有的用人数控制，有的用特许方法控制，像日本的桂离宫、修学院等。总之在不损坏文物的情况下，根据分等分级、分别情况、分别利用的原则，可以做到"两利"，既能保护文物又可更好地利用。至于一些不能限制的部分，如故宫的中路三大殿部分，则应采取科学技术的措施加强地面砖石的保护，使之不受损坏。

至于一些馆藏文物（即博物馆或有关部门收藏的文物）也应采取分等分级、分别情况、分别利用的原则。有些特殊珍贵或易损的文物如书画、丝麻、漆木器等，则可采用限定时间短期展出

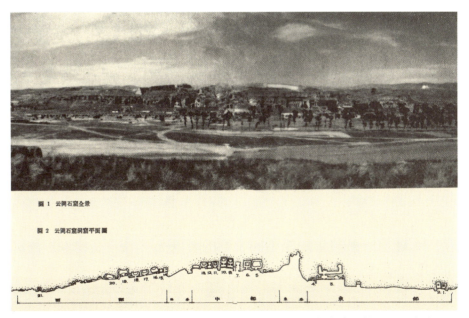

图 1　云冈石窟全景

图 2　云冈石窟洞窟平面图

1957 年 9 月文物出版社出版的《云冈石窟》一书中，罗哲文先生所拍云冈石窟全景及所绘云冈石窟洞窟平面图

或用复制品展出的办法。藏品多的博物馆还应有计划地将文物经常轮换，让文物见世面，也有利于吸引更多的观众，发挥文物的作用。"藏之名山、束之高阁"的办法，不是上策。

2. 整理研究、出版图书、提供影视等资料

文物除了以它本身的实物直接展示、陈列的方式发挥其作用之外，还应采取各种间接手段加以介绍以发挥其作用。这种方式有时比直接展示还能收到效果。比如研究历史问题，如果只是对某一文物短暂参观一下，很难得其要领，而且有些文物本身也不能全部展览。如展览在陈列柜里的《清明上河图》不可能让你舒卷细看，故宫的建筑也不是一座一座殿堂都能让你走遍的。就是让你走遍了，它的全貌、内涵也是难以详察的。因此间接的文字资料、图片资料和影视资料对于研究者来说是十分重要的。有了这些资料，可以反复推敲，认真琢磨，解决所需。对欣赏、借鉴、教学者来说，可以借助于文物的文字或图像资料，随时随手翻阅观看。对于旅游者来说，这些文字、图片、影视资料可以作为导游，也可作为留念和回忆。在这方面的工作我们虽然也做了不少，但是还很不够。特别是在分等分级、分别情况，按照不同的需要来提供这方面还做得不够。也就是说提供的出版物、影视的品种不全，不能满足各种不同目的的人的要求。例如一个历史、学术的研究者所要的是详细的文字介绍、考证。艺术家、欣赏者，要的是精美、清晰的图像资料和简单的介绍。旅游者更需要的则是导游、纪念之类的地图、画册、画片等。

古建筑、石窟等的模型和文物的复制品，也是文物保护与提供资料发挥文物作用的一种形式，应该大力提倡。

七、几点建议

为了使文物工作适应改革开放政策之需要，为改革开放做一点贡献，同时也为把文物保护得更好，特提出如下几点建议：

（1）开放文物和加强管理市场，"藏物于民"，使文物得到更多更好的保护。

文物市场自古有之，国外有之，我们现在也有之。为什么还要提开放？由于现在的文物市场还存在问题。藏文物于民，这是我国保护文物的优良传统，历代许多文物收藏家为文物保护立下了丰功伟绩，许多传世的珍贵文物，如商周铜器、宋元版本都是他们精心保存下来的。我对此问题不了解，不作多的论述。

附带声明，我本人很爱好文物，但从未收买过文物，今后也不拟收买文物。

（2）更加开放文物的摄影、宣传、报道。

对文物的摄影、宣传、报道，是文物保护工作的重要一环，同时也是发挥文物作用的重要方式之一。但是现在有些地方限制太严，卡得过死。有不少摄影师来找我反映，他们要进行摄影创作，宣传文物，但很多地方不让照。我起初不相信，后来发现的确是如此，我有一次在一个寺庙里面，想照一张殿堂的外景，都不让我照。现在各地限制的土政策也很多。这对于文物的保护和发挥作用都是不利的。我认为对文物有损害的拍照应当坚决制止，无损害的应更加开放。

（3）利用古建筑大办各种类型的博物馆。

博物馆是一种文化事业、科普事业，也是教育事业。在一些发达国家，博物馆很多，不仅是数量多，品种也多。这对于提高人民的文化素养，丰富人民的知识内容都是非常必要的。

有些古建筑本身就是一个博物馆，有些古建筑则可以利用它的建筑来办博物馆，既可多保存一些古建筑，又可使古建筑多发挥作用，是一举两得之事，何乐而不为。当然一定要分别情况，分别利用。必须原状保存、原状陈列的，就不要毁掉而办其他博物馆。

在我们今天财政困难之际，又不能拿出更多的钱来新修博物馆，而博物馆事业又要大发展，利用一座古建筑稍加修整就可办一个博物馆了，我认为这是一个好办法。

（4）利用古民居兴办文化旅游事业。

古代民居，是我国古建筑中数量最多的一类，不可能全部保护下来，也不可能列很多的文物保护单位。但是这确是一笔古建筑宝贵财富。现在正处于大量要更换拆除新建之际，是历史发展的趋势。如何才能更多地保存呢？我想是有办法的，就是利用它，发挥它的作用。如果利用它们来兴办文化旅游事业，不仅有社会效益，而且还有很大的经济效益。这也要分等分级，分别情况，分别利用。作为文物保护单位当然要按文物法和规章制度办事。有的也可不列为文物保护单位，可以更充分地利用它，比如开办旅游宾馆，只保存其外表，内部完全现代化，改造内部花费不大。据我接触到的一些外宾，他们不愿住长城饭店、香格里拉等，花同样的房钱他愿住中国式的四合院。这样一来，北京大片的四合院，全国各地大量的民居就可多保存了。同时也解决了花大价钱建旅游饭店的问题。一举两得。

（5）加强文物的科学研究、文物档案资料工作和文物专业人才的培训工作。

文物发挥的作用，首先要通过科学研究阐发其意义才能很好利用。文物档案资料不仅是保护工作的基础，也是文物发挥作用的基础，因此，这两项工作必须加强。而要加强这两方面的工作则缺少了专业人才不行，所以培养文物专业人才更是当务之急，希望能引起注意。

（原载《中国文物科学研究》2006 年第 2 期）

文物古迹也"有形有神""有声有韵"

——兼谈文物保护的中国特色

二十多年前，我曾经在历史文化名城的三大支柱中，提出其中的一大支柱历史文化传统，包括语言文字、诗词歌赋、音乐戏剧、曲艺说唱、相声杂技、民俗风情、衣冠服饰、营造技艺、工艺美术、中医中药、宗教信仰以及土特名产、风味饮食……钱伟长先生曾把它们与历史文化名城的城墙、古街坊巷、古建筑等硬件相对应称为历史文化名城的"软件"。也即是我们今天提倡的口述与非物质文化遗产。特别是最近听到了马凯同志所咏房山石经《采桑子》：

> 一锤一錾沧桑送。不是愚公，
> 恰似愚公。六代千年旷世功。
> 经石万块绵延列，不是长城，
> 恰似长城，一样丰碑寰宇中。

由此想到曾被称为"物质文化遗存"的"文物"，也是"有形有神""有声有韵"的。因为文物是中国特有的历史文化所形成的，有非常浓厚的中国特色。兹以不可移动的文物古迹、古建筑为例来论述它们也"有形有神""有声有韵"。

一、文物古迹、古建筑本身就由诗歌、音乐、书画的声韵所构成

建筑被称为凝固的音乐、交响的乐章，正是因为它们在设计、建造的时候就是由许多不同的音符、节拍和韵律所组成的，七十多年前梁思成先生就以北京天宁寺塔为题材，谱成了音乐的韵律。20 世纪 90 年代我曾参加了一次别开生面的以建筑为题材的建筑音乐会，雅俗共赏，十分引人入胜。曾有小诗一首：

建筑
（以古建筑为题）

凝固的音乐，交响的乐章。

瓦兽橼望，斗栱梁枋。

阶台柱壁，础石门窗。

亭台楼阁，曲槛回廊。

宫殿衙署，府第民房。

寺观坛庙，堰坝桥梁。

城市郊埛，田野村庄。

天人合一，和谐交响。

数不清的音符，谱不完的建筑乐章。让凝固的音乐，散发出和谐的交响，把锦绣河山、人间生活演奏得更加绚丽悠扬吧！

在我国现存的不少古建筑中，保存了极为奇特的音响音韵的奇迹，如北京天坛皇穹宇的回音壁、三音石、五音石，圜丘坛上

的太极石，其传声、回声的音乐作用，经过多次科学研讨，其神韵还在深入揭示之中。在山西永济因《西厢记·莺莺传》而闻名的普救寺中的莺莺塔的蛙鸣也成了一处奇观。还有甘肃嘉峪关关门外的墙角的一块保留的奇石，击之如燕鸣，因而被称作嘉峪关八景中的"击石燕鸣"一景。可见古代哲匠先贤们对在建筑上与音乐声韵相融合规划设计巧安排，是十分重视的。

天坛、莺莺塔、嘉峪关的音响音韵效应，是设计之初的有意创造还是后来产生的效果尚待进一步的论证。但是在两千五百年前，苏州吴王夫差为西施所修的馆娃宫中的"响屐廊"确是预先特意设计的。在廊子木地板之下，安设了大小深浅不同的空缸，让西施在廊内行走起舞发出不同的音响，成了音乐伴奏。现在还保存着的许多园林中还利用水流击石等造成钟磬、琴瑟之音的效果，都是有意设计创造的。无锡寄畅园内有一条著名的"八音涧"，就是有意安排流水穿行于山石起伏间的涧谷，流水淙淙，声音变幻，有如天然音乐，且与周围的花草树木、山石相结合，一曲有声有韵的人与自然共同创造的乐章，巧妙天成。扬州个园中冬景内的二十四个风音洞，还制造成了冬天北风呼啸的效果。正应了造园手法"虽由人作，宛自天开"的效果。

在一些风景名胜、园林古迹之中，还精心设计了寻诗经、看画廊、流水音、弹琴峡等诗情画意的景点，如北京北海公园琼华岛北侧的看画廊上下曲折迂回，一侧墙上景框如画，一面廊外风景如画。至于始创于绍兴兰亭的曲水流觞文人雅集，历代相承，宫殿王府、风景园林之中现在还保存了不少遗迹，四川宜宾流杯池就是一处宋代保存下来的兰亭遗风的实物。

像以上所举文物古迹、古建筑本身就包括了"有形有神""有声有韵"的成分的例子之多，不胜枚举。

二、文物古迹、古建筑与诗词书画、匾额楹联、音乐辞章的交融结合，相得益彰密不可分

文物古迹、古建筑，它们不只是物质艺术的实体，而且与非物质文化文学艺术交融结合在一起，难解难分，产生一种巨大的魅力，古往今来不知有多少骚人墨客、显赫名流、将相帝王为之留下了不朽的华章。不知多少人的心弦为之扣动，不知引发了多少人的沉思遐想。"发思古之幽情"有时不仅会使人感叹于昔日之兴亡往事，而且能从中获得教益，更能陶冶高雅情怀。

三国时期，魏、蜀、吴赤壁大战，孙刘联盟，以少胜多击败了曹操的八十三万大军。这一重大的历史事件，凝聚在赤壁古迹之上，被历代相传了下来。多少诗人词家为之讴歌咏唱，泼墨挥毫，留下了动人的诗赋辞章、书画精品，增添了文物古迹的光彩。唐朝诗人杜牧的一首七绝《赤壁》，广为传唱了一千多年：

折戟沉沙铁未销，自将磨洗认前朝。

东风不与周郎便，铜雀春深锁二乔。

这首怀古咏史的诗，从沉沙的兵器说起，写到人和战争的胜负，寓言英雄人物的成败和客观偶然因素的影响，以曲折的语言咏叹这件历史上以少胜多伟大战役的结果。而苏东坡的词《念奴娇·赤壁怀古》和《前、后赤壁赋》，则更以脍炙人口的语言生动地描写了赤壁的江山景色。尤其是《念奴娇·赤壁怀古》，以万马奔腾的气势描绘了壮丽的河山，咏叹古代英雄人物在这场战役中的经历，咏叹历史事件，抒发诗人的感慨和情思，成为千古绝唱：

大江东去，浪淘尽，千古风流人物。故垒西边，人道是，三国周郎赤壁。乱石崩云（穿空），惊涛拍岸，卷起千堆雪。江山如画，一时多少豪杰。

遥想公瑾当年，小乔初嫁了，雄姿英发。羽扇纶巾，谈笑间，樯橹灰飞烟灭。故国神游，多情应笑我，早生华发。人生如梦，一尊还酹江月。

现在这些古建筑、古石壁遗址，已经成了国家级重点文物保护单位，它们为这些不朽的诗赋辞章提供创作基础，它们也借这些不朽的诗赋辞章而彰显流传。物质与非物质文化遗产，水乳交融，密不可分，不仅有形有神也有声有韵。也是"形神兼备"。

古塔，是外来文化在我国原有传统建筑基础上创造出的具有中国特色的艺术奇葩。它原非我国古代建筑所有，是随着佛教的传入才出现的一种新建筑类型。两千多年来又不断传承发展，成

罗哲文先生（左三）与单士元、郑孝燮"三驾马车"考察西安古城

了代表中国建筑艺术的杰作类型之一。它们甚至成了风景名胜区、历史名城的标志。西安的大雁塔、小雁塔，一千多年来就是西安（长安）古城的标志性建筑，雁塔题名成了长安一景与文学艺术结合在一起。历史文化名城扬州的一座栖灵寺塔，不知与多少著名诗人词家结下了诗情画意的情缘。唐代的两位著名诗人白居易和刘禹锡有幸在扬州（广陵）相遇，同登栖灵寺塔，写下了与古塔情景交融的不朽诗篇。

白居易的七绝《与梦得同登栖灵塔》：

半月腾腾在广陵，何楼何塔不同登。
共怜筋骨犹堪任，上到栖灵第九层。

刘禹锡也有诗《同乐天登栖灵寺塔》：

步步相携不觉难，九层云外倚栏杆。
忽然笑语半天上，无数游人举眼看。

这两位年老的诗人，把愉快的心情与塔结合在一起，描写非常生动。不仅与塔而且把游人也结合在一起，成了历史文化名城扬州历史上的一段佳话。

最有代表性的古建筑与诗赋辞章音韵相融汇的要数亭台楼阁。虽然楼阁不断兴衰更替，但与它们共同咏唱的诗赋辞章，千百年来不断传唱，成了重兴复建这些建筑的动力。在我国现存被称古代四大名楼的岳阳楼、黄鹤楼、滕王阁、鹳雀楼，堪称建筑与诗赋辞章音韵相融的杰作。

岳阳楼，位于湖南岳阳西城墙之上，洞庭湖之滨，是这四大名楼中历史较早的一个。相传始建于东汉时期东吴鲁肃之阅兵台。此后屡坏屡修，现存建筑为清光绪六年（1880）所重修。由于它历史、艺术特别是文化内涵之丰富，早已列为全国重点文物保护单位。岳阳楼之所以出名，除了李白、杜甫等著名诗人之外，要算得益于范仲淹的《岳阳楼记》了。记中最为突出的"先天下之忧而忧，后天下之乐而乐"，唱出了这一融入建筑的最强音，为历代以及今天人们高尚情操的追求。记的开头说重修岳阳楼是缘于"政通人和，百废俱兴"，也是经济文化兴旺的表现。

　　黄鹤楼，位于武昌长江之滨，相传也建于三国东吴时期，也是屡毁屡修，现存建筑为"文化大革命"之后政通人和之际的1984年重修的。黄鹤楼之所以出名并且屡毁屡修，也正因为其历史文化内涵之丰富，诗歌音韵之嘹亮，令人不能无此物与此情的缘故。崔颢的七律《黄鹤楼》中有"晴川历历汉阳树，芳草萋萋鹦鹉洲"的佳句，李白有一首《黄鹤楼送孟浩然之广陵》：

故人西辞黄鹤楼，烟花三月下扬州。
孤帆远影碧空尽，唯见长江天际流。

　　诗的磅礴气势、情景交融的音韵一千多年来被广泛传诵。这样优美的诗篇凝聚在楼的建筑之上的不下数百，楼就不能不重建了。

　　滕王阁，位于江西南昌赣江之滨，始建于唐高宗永徽四年（653），也是由于其文学艺术内涵之丰富，历史上曾有二十多次重修重建。现在之滕王阁亦是"文化大革命"之后拨乱反正，政通人和之际重建的。

　　滕王阁之所以如此历劫再兴，除了其建筑本身的价值和所处环境之外，正由于有了唐初文坛四杰之一的王勃一篇《滕王阁序》。序文不仅内容丰富文采横溢，而且音韵抑扬把阁的建筑艺术，壮丽江山景色描绘得淋漓尽致。特别是最后所赋的一首"一言均赋，四韵俱成"的七律：

中国特色 文化遗产
保护理论与实践体系探索

144

> 滕王高阁临江渚，佩玉鸣鸾罢歌舞。
> 画栋朝飞南浦云，珠帘暮卷西山雨。
> 闲云潭影日悠悠，物换星移几度秋。
> 阁中帝子今何在，槛外长江空自流。

滕王阁现在已成了南昌故郡传承一千多年的历史文脉，是有形有神、有声有韵的胜迹。

鹳雀楼位于山西永济黄河之滨，以唐王之涣的一首五言绝句《登鹳雀楼》而闻名：

> 白日依山尽，黄河入海流。
> 欲穷千里目，更上一层楼。

此楼由于黄河河道变更，岁月沧桑，在八百年前已经消失，正是由于这一首千古绝唱的诗句，在这政通人和百废俱兴的盛世，又把它按唐代的风格重新建起来了。

还有较晚的昆明滇池大观楼，以一副长联把楼与五百里滇池、三千年往事融汇于建筑与湖山景色和历史长河之中：

> 五百里滇池，奔来眼底，披襟岸帻。喜茫茫空阔无边。看东骧神骏，西翥灵仪，北走蜿蜒，南翔缟素。高人韵士，何妨选胜登临。

趁蟹屿螺洲，梳裹就风环雾鬓。更苹天草地，点缀些翠羽丹霞。莫辜负四围香稻、万顷晴沙、九夏芙蓉、三春杨柳

三千年往事，注到心头。把酒凌虚，叹滚滚英雄安在，想汉习楼船、唐标铁柱、宋挥玉斧、元跨革囊，伟业丰绩，费尽移山心力。尽珠帘画栋，卷不尽幕雨朝云。便断碣残碑，都付与荒烟落照。只赢得几杵疏钟，半江渔火、两行秋雁、一枕清霜

古建筑除了亭台楼阁、古塔之外，宫殿、坛庙、寺观、桥梁等莫不有丰富的内涵与文化。诗赋辞章交融结合，可歌可咏。如帝王宫殿坛庙的内外莫不有各种乐器，在上朝、祭祀时与建筑物和人的活动融为一体，呈现出壮观、严肃和谐的气氛。如唐大明宫上朝时，击鼓鸣钟，香烟缭绕，有声有韵。唐代诗人岑参的七律《和贾至舍人早朝大明宫之作》：

鸡鸣紫陌曙光寒，莺啭皇州春色阑。

金阙晓钟开万户，玉阶仙仗拥千官。

花迎剑佩星初落，柳拂旌旗露未干。

独有凤凰池上客，阳春一曲和皆难。

王维的七律《和贾至舍人早朝大明宫》：

绛帻鸡人报晓筹，尚衣方进翠云裘。

九天阊阖开宫殿，万国衣冠拜冕旒。

日色才临仙掌动，香烟欲傍衮龙浮。

朝罢须裁五色诏，佩声归到凤池头。

许多祠堂庙宇把纪念人物的建筑与文学艺术、诗词楹联融为一体，相互增辉，相得益彰，世代流传。最为著名的要算四川成都的武侯祠了。杜甫的一首七律《蜀相》：

丞相祠堂何处寻，锦官城外柏森森。

映阶碧草自春色，隔叶黄鹂空好音。

三顾频烦天下计，两朝开济老臣心。

出师未捷身先死，长使英雄泪满襟。

现在祠内依然古柏森森、绿草如茵。祠宇建筑虽经历代重修仍然庭院深深，环境幽静。令人回想起当年刘备三顾茅庐，诸葛亮鞠躬尽瘁为三分天下兴盛巴蜀的往事。

在此祠内的诸葛亮殿上，还有一副年代虽晚但富有深刻意义的楹联：

能攻心，则反侧自消，从古知兵非好战

不审势，即宽严皆误，后来治蜀要深思

这副对联不仅高度评价了诸葛亮在用兵、理政、治理巴蜀西南少数民族地区的高超政策水平，同时也为后人在用兵、理政方面提供了启示和借鉴。听说毛泽东主席在成都会议期间专门看了此对联，并给予了很高的评价。可见祠宇建筑与诗词楹联等文学艺术是密不可分的。

在近代的祠庙建筑中，有一副林则徐为在鸦片战争中壮烈牺牲的民族英雄关天培写的对联，不能不提：

六载固金汤，问何人忽毁长城，孤注空教躬尽瘁

双忠同坎，闻异类亦钦伟节，归魂相送面如生

此联给烈士与祠宇建筑赋予了生命和精神。

城市是各种建筑最为集中之点，不仅有起伏昂扬的建筑音符，而且有点、线、面组成的建筑篇章，可以称得上是最豪华庞大的交响乐章。我国古代城市的规划充分考虑到了各种建筑点、线、面群体的韵律安排。北京7.8千米中轴线上标志性建筑的高低错落，两旁建筑群的布置充分吹唱奏出起伏而又和谐的韵律。唐代诗人杜牧的《阿房宫赋》，把秦始皇营造的阿房宫再次生动地展示在人们的眼前。

许许多多的千年古都莫不有生动而又形象的诗赋辞章彰显于当代，留传于后世，不胜枚举，而六大古都（或七大古都）之一的第一批国家历史文化名城杭州，北宋时期柳永的一首《望海潮》，可以说把杭州九百多年前的繁华景象、壮丽湖山、文采风流吹唱得淋漓尽致。就连以后南宋时期欲要南侵的金主完颜亮听到"三秋桂子，十里荷花"等词句时，因羡慕钱塘风光，助长了他侵吞南宋的野心，于1161年大举南犯。

望海潮
柳永

东南形胜，三吴都会，钱塘自古繁华。烟柳画桥，风帘翠幕，参差十万人家。云树绕堤沙，怒涛卷霜雪，天堑无涯。市列珠玑，户盈罗绮，竞豪奢。

重湖叠清嘉。有三秋桂子，十里荷花。羌管弄晴，菱歌泛夜，嬉嬉钓叟莲娃。千骑拥高牙，乘醉听箫鼓，吟赏烟霞。异日图将

好景，归去凤池夸。

至于咏叹古迹抒发情怀，评赏名胜风光的诗赋辞章不可胜计，它们大都成了托物寄情的载体，难以分割。毛泽东同志在这方面的造诣尤高。如《菩萨蛮·黄鹤楼》《浪淘沙·北戴河》《七律·登庐山》等。《七律·登庐山》是一首描写了风景名胜，抒发革命情怀的浪漫主义的佳作：

> 一山飞峙大江边，跃上葱茏四百旋。
> 冷眼向洋看世界，热风吹雨洒江天。
> 云横九派浮黄鹤，浪下三吴起白烟。
> 陶令不知何处去，桃花源里可耕田。

这首诗可称得上与这一天下名山（现已列入《世界遗产名录》）情景交融，可歌可咏。在他原来的小序中说："一九五九年六月廿九日登庐山望鄱阳湖、扬子江，千峦竞秀、万壑争流、红日方升，成诗八句。"既描绘了大江、大湖、名山的壮丽景色，又把自己共产主义的理想情怀与之交融在一起，堪称佳作。

三、其他

这里我想顺便谈一下，除了不可移动的文物古迹、古建筑之外，有些可移动的文物也是有声有韵的。如钟、鼓、琴、瑟、箫、笛、笙等，它们本身就是按照音响音韵的要求而设计制作的，1978 年在湖北随州出土的战国时期的编钟，还被演奏了《东方红》的乐曲随我国自己发射的卫星而遨游太空。其他的书画、陶瓷、善本图书等也都莫不具有可歌可咏、可读可赏的文化内涵。善本图书本身就是可读、可咏、可鉴赏的载体，如此等等，尚待有关专家学者、广大同人进一步专题研讨。

文物是有形固化的，但它包含或承载的内容是活生生的。在评价一件器物或艺术品时，中国有一句老话，往往称之为"形神兼备"，至哉斯言。也就是说不仅有形式，还要有精神的内容。

我想再谈一下"文物"二字原来的含义和发展过程，按照古典文献、辞书字典上的解释，早期文物并不仅指物质，而首先是非物质。《辞源》《辞海》上均说文物：旧为礼乐、典章制度的统称。公元前 684 年，《左传·桓公二年》：

夫德，俭而有度，登降有数，文物以纪之，声明以发之，以临照百官，百官于是乎戒惧而不敢易纪律。

汉、唐以后文物一词又逐步发展，直到今天的"物质文化遗存"。我认为应还我们悠久历史文化"文物"的早期意义。至少不能把它丰富的内容完全丧失了。

（原载《文化月刊》2007 年第 3 期）

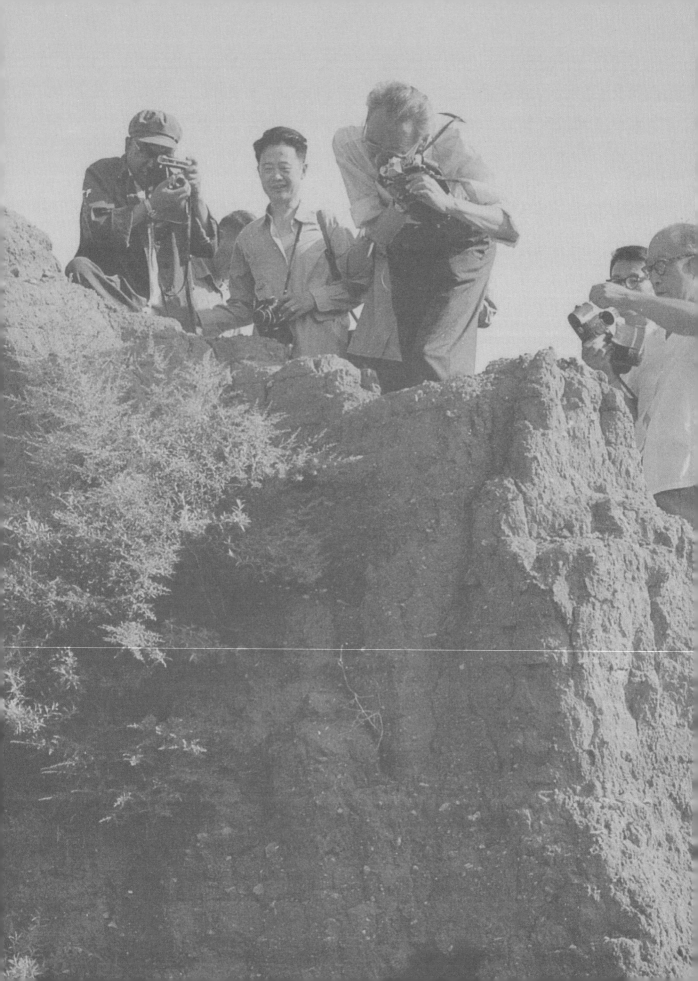

关于发挥文物保护单位作用的
几点意见

中华人民共和国成立以来，在党的正确领导下，我国文物工作的面貌已为之一新，有力地促进了革命传统教育、爱国主义教育和历史科学教育。十年来我们修整了许多重要的革命纪念物和古代建筑，像瑞金、延安等都已建成了革命纪念馆，敦煌、龙门、云冈等已得到了初步的整理修缮，隋代赵州桥已全部修复完工，其他许多文物保护单位，根据损坏的情况和重要性，也都做了必要的整修。1956 年全国展开了一个历史上从未有过的文物普查工作，把从原始社会到最近的文物古迹，做了一次全面的清点，各省在这个基础上公布了第一批、第二批保护单位名单，为有计划、有步骤、有重点的保护文物古迹打下了基础。如何进一步做好文物保护工作，使文物古迹更好地为广大群众服务，是很重要的一项任务，现就个人所见，对如何发挥文物保护单位作用的问题提出一些意见。

过去几年，文物工作的主要方面是放在保护上的，至于如何使它发挥作用，则较保护工作做得少一些。比如以宣传工作来说，从保护上宣传得多，从文物古迹本身的革命、历史、艺术、科学研究意义上则宣传得较少，过去这样做是正确的，是符合实际的。今天我们已经基本上完成了保护工作上重大的任务，建立了保护单位，制止了破坏（指人为的破坏、自然的破坏，仍将是今后文物保护工作的重大任务），而如何更进一步发挥文物保护单位的作用，随着人民物质文化生活提高的需要，这一工作将逐渐成为今后文物工作中极为重要的一方面。

如何发挥文物古迹的作用呢？我认为把文物保护单位陈列展览化和园林化，是最重要的方式。文物保护单位将来的发展，大致有如下几种形式：

（1）"博物馆式"的，包括遗址纪念馆、纪念地点、古建筑、石窟，以及个别的塔、石柱、经幢、雕像等。

（2）文物古迹公园，如北京北海、颐和园，苏州拙政园、留园，曲阜孔庙等。

（3）研究机构，如敦煌文物研究所。

（4）融合到别的整体中，如融合到新的建筑、新的公园、名胜区中。

（5）其他方式。

不管是发展成为哪一种形式的文物保护单位，要发挥其作用，都必须将本身的意义显示出来，因为文物是要通过具体实物来完成爱国主义、革命传统教育，历史、艺术、科学研究以及为人们文化享受的作用的，因此最好的方法是将文物本身展示出来。苏联在都市建设规划中处理历史古迹的办法分两种，一种叫"博物馆陈列式"的，即把历史古迹与周围建筑划分开来。但它特别突出，其目的是要充分显露它，以便更好地观赏它、保护它。另一种方式叫"都市建筑式"的，即把历史古迹包括到都市的全面建筑中去，但应该是一个独立的场所，与所有邻近市区有机联系起来。这两种办法都是值得参考的。在把文物保护单位展示化的工作中，还要特别注意下列几个问题：

一、保存历史原貌问题

正因为文物古迹的特点是要通过具体实物来反映革命斗争、阶级斗争和自然斗争的史实，反映文化艺术、科学成就的历史发展，如果把文物古迹的历史面貌改变了，就会丧失它的意义，甚至还可以造成对历史的歪曲。

特别是革命遗址、遗迹，只有保持历史原貌，才能起到革命传统教育的作用。譬如我们到延安参观了当时党中央所在地，毛主席住的窑洞，可以回想起党中央、毛主席是在怎样艰苦的情况下领导全国人民进行抗日战争和解放战争的。又如湖南韶山冲毛主席故居，那里保存了毛主席幼年劳动、学习、生活的一切原物和当时的布置。在书房低矮的夹层顶棚上，只有能容一个人爬上去的入口，平时不设梯子，毛主席从青年时起，就在这里进行领导革命的活动。这些当时的遗址、遗物，使我们受到深刻的教育。但是现在还有小部分同志，认为我们已经胜利了，过去艰苦斗争时期的革命遗址、遗迹，应该大加修饰，整旧如新，甚或新添增建，求其辉煌宏大的气魄。这些同志用意不能说不好，但是其结果将使革命遗址、遗迹遭到很大的破坏，歪曲了革命史实，有损它的教育作用，其危害性之大，可想而知。

古代建筑也要注意保存历史原貌。作为博物馆性质开放和公园一部分的文物古迹，绝大多数是贯彻了这一原则的。如北京颐和园就是较好的例子，在修缮布置上都保存了历史的原貌，像昆明湖东岸戊戌变法时，慈禧太后囚禁光绪皇帝的玉澜堂，把为防止光绪逃跑及与外界联系所砌的隔断墙保存下来；赵州桥的修复也比较好，不仅解除了原来有危险的情况，而且恢复了原来的历史、艺术面貌，达到了展示化的效果。但是在整理文物古迹时，也有把原貌改变了的，如洛阳龙门奉先寺右侧的阿难像，头部裂了一块，为了保障安全，本来加以保固就可以，但负责这一工作的同志把整个头部都涂上了洋灰，弄得面目全非；又如浙江宁波在修缮天封塔时，将塔身斗栱、腰檐、平座等都用水泥涂抹，群众批评说天封塔变成洋楼了。像这样的例子还有一些，把整理名胜古迹这件好事变成了破坏古迹的坏事，是值得我们注意的。

二、文物古迹的导游与说明问题

导游与说明问题，是发挥文物保护单位作用与满足参观群众需要的重要环节。游览者到一个游览地点，总是希望不虚此行，对之能有个深入的了解，能得到应有的教育或文化享受、休息等，我们有责任满足群众这一合理要求。因此，安排一套既能以最经济的时间又能收到最大效果的游览计划，是非常重要的工作。首先是游览路线问题，它涉及如何将一处游览地点作为陈列品介绍给观众的问题，游人如何按顺序前进，重点地方如何突出，以及休息站等都要妥为安排设计。特别是范围比较大的地方更为重要，我曾经参观过一处文物古迹，因为那里没有很好的游览路线，有一件很重要的东西没看到，至今仍引以为戒。

文物保护单位的问题，是如何揭示文物保护单位意义的关键性问题，正确地介绍文物古迹的意义，在今天来说是迫切需要的。最近几年来，许多文物古迹地区都编出了游览手册，给游览者提供了不少帮助，对普及文物知识和宣传保护方面都起了很大作用，但这些说明在文字或图片方面还不是完善的，尤其在联系革命事件、历史事件、分析科学价值以及文字表现形式等方面还不够。我觉得在编写文物古迹说明时，至少应注意以下几点：

（一）思想性

编写说明，首先要有思想性，特别是具有革命传统教育、爱国主义教育价值的文物保护单位，这一点尤为重要。例如介绍太平天国运动的遗迹，必须通过王府建筑、壁画、碑刻、文献等来具体形象地说明太平天国运动的意义、性质和深远影响。又如新民主主义革命时期的遗迹，更有十分深刻的思想内容和许多震天撼地、可歌可泣的事迹，因此必须根据毛泽东思想，结合革命阶段、革命发展和以后革命时期的关系等，加以说明。历史文物古迹的说明，也应具有丰富的思想内容，必须结合历史发展，用唯物主义观点说明劳动人民同统治阶级斗争，同自然斗争的事迹。

（二）科学性

文物保护单位中有许多是表现我国古代科学上、工程技术上伟大成就的，因此在说明介绍时，必须揭示文物古迹原来的科学价值。首先要对文物古迹本身的科学意义做深入的探讨分析，掌握科学的资料，如说明一个古建筑时，必须掌握实际测量的正确尺度、高低、长阔、平面布局、构造方式、材料等。根据文献资料与现存遗物的一部分来推断原来情况，也应有科学的依据。

（三）要联系事件、人物

一处文物保护单位，特别是革命遗迹，如果不联系事件、人物，将使人参观之后一无所获。在联系事件时要注意事件发生发展的指导思想，和这次事件的作用，联系人物时要注意人物当时对革命所作的贡献，而不是强调个人的细节。

（四）历史真实性与生动活泼性结合

文物古迹的说明，首先应该注意历史的真实性，但还要注意内容的生动活泼、感人有力。在我国革命遗迹中，包含了许多可歌可泣、惊天动地的英雄事迹，孕育着光芒万丈、气势磅礴的共产主义思想。在历史文物古迹中，也有许多优美的传说、动人的事迹，过去诗人、旅行家为它们写了不少生动优美的游记和诗篇。因此，要有力发挥它们的作用，在编写说明的时候，还需力求生动活泼。

三、整饬环境和便利参观问题

在把文物古迹展示化，使之起到教育作用的同时，还必须为游览者提供一个整洁舒适的环境，使之又能起到解除疲劳的作用。许多名胜地区的文物古迹、园圃、园林，本身即是人们游览休息的地方。人们在一天紧张工作之后，很自然地希望到这些地区去游览，如果名胜古迹地区乱七八糟的，对游览者来说，将非常失望。因此要把文物古迹整理得井井有条，清洁不乱，使游览者能得到充分的享受和休息。同时这也是对群众进行宣传保护文物的具体方法，大凡环境很整洁的文物古迹，群众绝不会任意损坏，而乱七八糟、紊乱不堪的地方常是招致破坏的对象。使文物古迹保持清洁整齐，还会延长建筑物、雕刻品、壁画等的寿命，对防火、防盗、防霉、防潮都有极大的好处。

为了进一步满足游览群众的需要，作为展示化开放的文物古迹，还须添设一些服务性设施，如（1）要有饮水的地方；（2）要有卖点心的地方；（3）距离城市较远，内容又很丰富的名胜古迹区（如云冈、龙门石窟），最好开设一个整洁简单的旅馆；（4）其他服务项目，如存放自行车，小件行李，寄发信件，发售应急药品等。总之要根据实际需要和可能，千方百计满足游览者的需要。

福建武夷山自然风景区

四、其他

　　文物保护单位展示开放，除上述几点之外，需要做的事还很多，如保养修复就是很根本的问题，这需另行讨论。应特别提出的是安全问题，如古建筑或山岩不安全，必须停止或局部停止开放，立即加固，必须保证游览者和文物古迹本身的安全。此外还要经常向群众进行义务保护古迹的宣传，防止不合参观规则的活动和破坏文物古迹，如在文物古迹上涂字等情形。

　　关于文物古迹展示化的问题，就谈到这里。虽然意见还不成熟，但我认为这一问题值得考虑，因此提出来，请批评指正。

（原载《文物》1959 年第 11 期）

科学修复再现辉煌

—— 一个有中国特色的建筑文物保护维修工程的实例

浙江杭州的胡雪岩旧居，是中国民族资产阶级发展过程中的实物例证之一，具有很高的历史价值。这一建筑被称为近代豪宅，其建筑与园林艺术之精湛，自不待言。我这里仅谈一些对这一工程和修复研究报告的意见。

一、胡雪岩旧居的修复工程是一项十分成功的建筑文物抢救性修复工程

这一建筑文物修复工程的实现，来自两个方面：其一是领导的决策，其二是工程技术人员、文物工作者的具体操作实施。在专家学者们的呼吁与建议下，在马时雍常务副市长和其他省市领导的重视下，胡雪岩旧居这一重要的历史文化遗产被保护下来了。当时所见的胡雪岩旧居已是断壁残垣，行将消失，被少数人认为是破破烂烂，没有保护的必要了，其修复工程正如修复研究报告中所说的是"抢救遗产，起死回生"。试想假如没有这次的修复，这一重要古建筑文物将会永远从人间消失，对杭州这座历史文化名城来说，将是无法挽回的损失。这一抢救性的修复工程也正是

国家"保护为主，抢救第一"文物保护方针的具体体现。

我在这里还要阐述一个观点，文物的最大价值就在于物本身的存在，如果物本身不存在了，就没有什么价值可言，因为文物的各种价值都是要以实物的存在来体现的。假如胡雪岩旧居不存在了，它的历史价值、艺术价值、科学价值也就无从说起了。尤其是古建筑，要以它的具体形象（建筑布局、建筑造型、内外空间、建筑装饰，以及园林的叠石堆山、理水、花木等等）来体现其自身的文化内涵，这是其他历史文献、考古资料、文字描写等所不能代替的。胡雪岩旧居的修复是在杭州市领导的正确决策下，在文物工作者、工程技术人员的共同努力之下，把一个濒临毁灭的历史建筑以起死回生之术挽救了回来。

二、科学修复，再现辉煌

古建筑文物的保护，也包括其他各种类型的文物保护，都是为了防止人为和自然两方面的破坏。防止人为的破坏主要依靠法制、宣传、管理等手段，防止自然的破坏则主要依靠科学技术进行保护维修。古建筑的保护和馆藏文物、散存文物不一样，它们不能储存进密室，装入囊匣，而是曝露在光天化日之下，长期经受着风霜雨露、冷暖寒热、水火雷电等的侵袭，其保护的办法，自古以来都是采用保养维修的手段。在特殊的情况下，还可以采取复原重建的方式，古今中外莫不如此。于是古建筑文物才得以永世长存，相传不息。历史上由于未能把古建筑作为历史科学的遗存，即当作文物来看待，在维修时往往失去了它的历史原状，但重要的历史信息仍然流传下来了。今天我们把古建筑作为历史文物来看待，就必须以科学的态度，按照文物保护的法规来进行维修。我曾经写过一篇名为《文物建筑的科学复原重修不能以假古董视之——兼谈中国文物建筑保护维修的中国特色》的文章，我认为只要有充足的材料，充分的科学复原依据，经过认真评审和依法批准复原重修的重要古建筑，不仅可以再现昔日的辉煌，而且更重要的是可以使这些历史上的建筑杰作长留人间，以它完整的形象展现其历史的风采，展现中华民族悠久灿烂的文明。

胡雪岩旧居的修复，即是一处有充分科学依据的修复工程。它不仅整个建筑基础完整地保存着，而且大部分建筑构架、装修都还存在，复原依据的第二手资料如遗址、遗物、构件等都还存在，而且还有现代化的科学检测资料、测绘图纸、历史照片等等。主持维修的单位经过认真的勘查测绘，制订出详细的修复方案与技术设计，这些方案与设计经过专家评审，然后按规定程序依法批准以后才进行施工，堪称精心设计、精心施工的优质工程。

三、一个有中国特色的建筑文物修复工程的典范实例

中国是一个多民族组成的国家，历史文化之所以辉煌灿烂，也正是由于各民族丰富多彩的文化和彼此之间的交流、融会与创造。中华民族有一个特点，就是从来不拒绝外来的文化，并且把外来文化作为创造的营养基础，加以改造吸收，成为中国文化的新成果。在古建筑中最为突出的一个例子就是古塔，它本是印度佛教之祖释迦牟尼的舍利坟冢，两千年前随着佛教传入，就在中国传统文化的基础上创造出了楼阁式、亭阁式、密檐式、过街门楼式等各种类型的塔。古塔已经成了中国古建筑中的一种重要类型，可以说是吸收外来文化创造成为有中国特色的建筑的最佳典范。

在这次胡雪岩旧居的抢救修复工程中，十分强调修复工程的中国特色，没有采用古希腊、古罗马那种残址保存、残柱露天、红砖接柱的方式。因为它不仅不适合于中国木结构建筑的保护，而且也不适合于中华民族的审美观念和习尚。在修复研究报告中高念华提出了对《威尼斯宪章》质疑的问题，我认为这是一个非常重要的理论性问题，提得好。我一贯非常尊重这一宪章所起的积极作用，但是制定它的历史背景主要是针对以砖石（主要是石）结构为主的西方建筑的，当时并没有中国代表参加制定此宪章，也没有以木结构建筑体系为主的东方国家参加。对修复以木结构为主的中国建筑和东方建筑，是不能照搬的。因此我认为，应该吸收其合理部分，作为创造有中国特色的古建筑文物保护维修理论的借鉴。何况该宪章已出台多年，欧洲也已经发生了很大的变化，理论与实践都已有了新的发展。

最后，我还想谈一下科学修复的古建筑是否是文物或是假古董的问题。我肯定地回答，科学修复的古建筑是文物，不是假古董。理由是文物之名在于它的价值，没有文物价值就不是文物，有了文物价值才能算是文物。当黄金、玉翠、珠宝还是原始材料的时候，可能有很高的经济价值，但没有文物价值，同样，木材、石料还未加工制作成建筑构件或雕刻器件的时候，也没有文物价值。我们所称的文物的历史、艺术、科学三大价值，都是经过人工的创造加工才具有的。因此，我认为经过科学修复或复原重建的古建筑，都是文物的建筑或建筑的文物。我多年前就提出过古建筑保护维修的"四项基本原则"：（1）保存原来的形制，包括原来的布局、原来的形式等等。（2）保存原来的结构。（3）保存原来的材料，包括砖、瓦、木、石等等。（4）保存原来的工艺，包括原来的工艺程序、工艺技术、表现方法等等。

修复后的北京八达岭长城

1953 年维修后的山海关"天下第一关"城楼

如果都做到了，它就能体现出文物的三大价值了。在近几十年来经过部分修复、大部分修复、落架重修或者全部搬迁的古建筑，如山西南禅寺、晋祠圣母殿、朔州崇福寺，广州光孝寺，天津独乐寺观音阁，北京居庸关八达岭、慕田峪，河北山海关、金山岭，甘肃嘉峪关长城，等，还有北京的天安门、故宫、颐和园、北海和天坛等，都仍然是重点文物和世界文化遗产。就是在欧洲和其他许多国家的世界文化遗产，也有不少是修复重建的。故宫中正在复原重建的建福宫花园，也绝非假古董，而是真正的建筑文物。据此，经过科学修复的杭州胡雪岩旧居，也应是真正的文物建筑，而不是假古董，也不是模型，它正是一个有中国特色的建筑文物保护维修工程的典型实例。

（原载《古建园林技术》2002 年第 4 期）

"康乾盛世"是紫禁城宫殿建筑最辉煌的一段历史时期

——兼谈有中国特色的文物建筑保护维修的理论与实践问题

二十年前，笔者曾经写过一首小诗，以紫禁城为例说明文物古迹、古建筑所具有的作为历史的实物见证的重要意义。诗云：

> 五百余年多少事，风云变幻日纷争。
>
> 繁华梦散笙歌静，宫阙巍峨紫禁城。

明、清两代王朝风云翻滚的五百多年历史如今都已烟消云散，如大江之东去，然而昔日的巍峨宫阙、紫禁城高墙却还存留于人间，向人们诉说着多少兴衰往事，把历史的信息传递给我们，传递给子孙后代。

不仅紫禁城如此，其他任何一处文物古迹、古建筑，甚至近代的建筑物、文物史迹也莫不如此。有人说：建筑本身就是一本刻画着岁月的书，在它身上记载着许多历史的往事。俄国著名作家果戈理曾经写道：建筑同时还是世界的年鉴，当歌曲和传说都已缄默时，它还在说话。文物、古建筑的一个重要价值就是历史的见证，以实物来诉说历史，这种作用是语言文字所不能代替的，也是任何考古资料、历史文献所不能代替的。

明、清两代王朝政治、经济、文化的兴衰成败同样反映在紫禁城建筑的创建、维修、复原重建、增扩等工程上（包括室内外装修陈设）。大的修建几度高潮，小的不计其数。

根据历史文献记载和现存紫禁城建筑的情况研究，小的保养维护工程年年岁岁都在不断进行，较大的修缮翻新、油饰彩画等则根据庆典活动、节日安排等按需要进行，或一年一次，或数年一次，或十数年一次，从未停止过。而这些工程，特别是几次重大的创建、重修、增扩工程都必须建立在政治相对稳定，经济基础雄厚，材料、技术力量充实的基础上才得以实现。

一、古建筑的兴修创建需要政治安定、经济基础雄厚

马克思主义最基本的原理唯物论认为，经济是基础，没有钱（包括其他物质），什么事也办不成。恩格斯说：人们首先必须吃、喝、住、穿，然后才能从事政治、经济、科学、艺术、宗教等活动。

建筑既是经济基础，又是上层建筑。这里主要说的是宫殿类的建筑，它既是帝王之居，又是皇权的象征，它的金碧辉煌、雄伟壮观不仅是为了帝王后妃们享受的需要，也是政权统治的需要。萧何在营建未央宫时所称的"非壮丽亡（无）以重威"，明确地说出了帝王宫殿的作用。

诗词歌赋、书画文章、歌舞说唱等等杰出的作品，可以在太平盛世、优越的环境中产生，但也可以在艰难困苦的条件下产生。而古建筑是有形的，不同于诗词歌赋、书画文章，其兴修需要安定的政治环境和雄厚的经济基础，这也正是文学艺术杰作与建筑

这种物质实体的不同之处。如紫禁城这样的宏伟建筑，没有较长时间安定的政治，没有丰厚的物质经济基础是不可能建成的。康乾盛世这一段时期相对稳定了一百多年时间，又积累了相当丰富的物质财富，才将紫禁城保存和增扩成现有的面貌。

二、紫禁城宫殿建筑发展的几个重要阶段

回顾紫禁城宫殿建筑发展的几个重要阶段，都是在王朝政治比较安定、经济实力比较雄厚的时期。第一阶段是明朝永乐创建时期。明成祖朱棣在发动"靖难之役"夺得皇位之际，在南京已经营了十多年的时间，加上朱元璋洪武王朝三十一年的积蓄，经济实力已经相当雄厚，有了营建北京宫殿的政治、经济基础。故宫中现存较为完整的明代建筑钦安殿就是在明朝初期永乐年间修建的。第二个阶段是明中期的嘉靖、万历时期。明王朝自永乐以后并无多大的盛世，嘉靖、万历一是由于在位时间长，政权相对稳定，二是其时宫殿建筑本身也到了需要发展的时候，因此对宫殿建筑进行了较大的整修增扩。第三个阶段是清代初期，顺治入关后采取了英明的决策，改换紫禁城建筑物的名称，如大明门换上了大清门的匾额等。同时还重修了一些重要的建筑，如紫禁城最重要的建筑之一午门就是在这时重修的。但毕竟是王朝初建，财力有限，尚无大规模的整修和增扩。

紫禁城建筑发展的最重要的阶段就是清康熙、乾隆时期。这时平定了三藩，收复台湾，平定准噶尔、大小金川，达赖、班禅来朝，全国大一统的局面形成。国力增强，经济力量充实。近一百年基本稳定的政治局面和经济文化的发展形成了康乾盛世，为紫禁城建筑的大整修、大扩建、大增修提供了政治和物质的基础。除此

之外，不可忽视的是技术力量也已经不断成长壮大，自蒯祥以后，梁九、雷发达、张涟、张然等大木、山石名门供奉宫廷，培养了大批营造匠师，为紫禁城建筑的兴修提供了技术力量。我们如果考察一下现存故宫建筑可以看出，其中大部分是康、乾时期大修过或重修、重建的，太和殿重建于康熙三十四年（1695），中轴线上各主要建筑大都经康、乾时期大修、重修过。建福宫、宁寿宫及花园（乾隆花园）以及文渊阁、畅音阁等重要建筑都为乾隆时期所新建或彻底改建。所以说现存紫禁城建筑的总体布局和大多数重要建筑为康乾盛世时期的原状是可以成立的。

三、以紫禁城为例谈谈古建筑的原状问题

古建筑的原状是一个学术研讨的理论问题，又是一个现实的

中轴线上的皇城

文物保护的实际问题，十分复杂。理论问题可以百家争鸣，各抒己见，实际问题就必须解决，在我国半个多世纪的文物保护、古建维修中已有不少成功或有争议的例子，值得总结。

十年前紫禁城宫殿建成五百七十五周年、故宫博物院建院七十周年的时候，笔者曾经写过一篇《祝紫禁城宫阙和故宫博物院再现辉煌，更加辉煌，永远辉煌》的文章，文章中以故宫为例谈到了保存历史原貌的问题。十年的时间过去了，情况在不断地发展，历史在不断地前进，认识也在不断地提高。根据十年来学习和研究的体会，这里再发表一点个人的意见，以就教于方家。

古建筑的原貌或原状十分复杂，因为它处于大自然各种因素长年的侵蚀之中，加之不断地保养维修，过去维修时甚至有破坏了原状的现象。单体建筑较好处理，小组群建筑就难以处理，像紫禁城这样特大组群的建筑就特别难处理。我认为必须根据不同的情况分别对待，不同的问题具体研究，不能一概而论。然而也不能没有一个一般的原则。要做到文物法中规定的不改变文物原状，首先就要认识什么是原状的问题。

（一）创建时期的原状

我认为原则上说，原状应该是建筑物创建时期的原状。因为古建筑（包括其他文物）的特点就是其在整个历史进程中某一时期的产物，反映的是当时的建筑材料、工程技术、科学成就、社会经济发展、文化艺术、宗教信仰、风俗习惯等方面的情况，否则它就没有价值了。如故宫中的镏金宝座、金镶玉砌的床椅，达到了当时最高的享受水平，但较之今天的设备显然落后了。又如粗笨的梁柱构架、沉重的屋顶，较之现代铜合金和新材料结构当然落后了，然而它的价值就在于它反映了当时科学技术的水平，因而极有价值。世界遗产要求的"原真性"，我认为应该包括文物创建时的原状。

（二）不同时期的原状

上面已谈到，古建筑经过不同历史时期的维修、改造、增扩，产生了各个时期不同的情况，有的原创建时期的面貌已无从查考。特别是大型建筑群，如何对待它的原状问题更为复杂。以故宫为例，单体建筑比较好办，而紫禁城这一特大建筑群就特别困难了。我曾经把它分为几个时期的原状。一是永乐十八年（1420）建成时期的原貌，有现存布局可寻，有蒯祥所呈的竣工图（明《宫城图》）可参考。这应该是最有价值的原真原状。二是许多时期变化的原状，不能考虑每一次细小的变化，只能集中于变化较大的阶段。康、雍、乾三朝应该是一个重要时期的原状。三是溥仪出宫时期的原状，这是作为封建帝王皇权象征的皇宫功能的彻底结束。此外还可以考虑把它被公布为文物保护单位时作为一个重要时期的原状。

我也曾考虑过像故宫这样特大建筑群的总体原状无法考虑，也不必考虑，但是这样文物法上不改变原状的规定就无法落实，故宫总体保护的方案也就难以制订。因此在以上所提的四个时期的原状中，我认为康、乾时期应为历史上最佳的原状。因为永乐创建时期的原状建筑物大部不存或改观，也无法恢复。溥仪出宫后及公布其为文物保护单位时期，故宫建筑已极度损毁破烂，难以以之作为原状来保护。我还要说明：康、雍、乾时期只是紫禁城几个历史阶段之一，不代替其他时期的原状。

这里要特别强调，像紫禁城这样的特大建筑群的原状要具体问题具体分析，哪一个建筑、哪一组建筑是明朝的就按明朝的原状，哪一个建筑、哪一组建筑是清初的或嘉庆以后的就按当时的原状来对待，不能一刀切。

（三）单体建筑的原状

单体建筑的原状虽然较组群建筑简单得多，但也存在历代维修改造、破坏原状的问题。特别是时间较早的建筑。单体建筑最佳的原状，我认为仍应是创建时的原状，因为它反映了当时的建筑材料、功能需要、工程技术、科学进步的水平、文化艺术、风俗习尚和社会生活的情况。在维修过程中，改变原状的原因主要有以下几种：一种是为了安全的需要，如屋檐翼角下垂的支顶，梁枋拔榫、榫子糟朽劈裂的支顶帮撑，附柱、附梁等等。还有各种形式的拉扯、支顶等等。一种是为了使用的需要，为扩大使用面积将廊子推出，把檐柱的门窗槛墙推出到廊柱之上。还有一种是为了室内采光，在山墙、后墙上开辟窗户等等。在北京乃至全国都不乏其例，在故宫中也有不少这种情况。我认为不应该作为原状来看待，因为它是根据当时不得已的情况而采取的措施，且有损于建筑的历史、艺术、科学价值。但它们之中有的已存在多年，如何处理也要具体问题具体分析。

（四）关于原真性和原状、历史信息、历史可读性的理解问题

这个问题是在古建筑保护维修中经常碰到而又发生争议的问题。我国文物法称之为不改变原状，世界遗产称之为原真性。原状和原真是古建筑也是其他文物最核心的问题。因为它们的价值就在于它们反映了所产生时代的各种情况。所谓原就原在这里，真也真在这里。从理论上讲，原则上讲，一座建筑、一件文物的初创是原真或原状，但是历史的前进，环境的变迁，在它们的身上又打上了时代的烙印，这些历史痕迹又成了它们不可分离的一部分，它们也传递着历史的信息，又称之为历史可读信息。有些古建筑的残缺部分往往激发起人们许多情怀和遐想。五十多年来，我往往为古建筑和许多古迹的历史沧桑感而陶醉。但是为了使更

多的人能认识古建筑的原真、原状价值，更重要的是让这些无价之宝能够存在，不从地球上永远消失，必须保存它、维护它、修复它。为此谈一下故宫建福宫花园的重修问题。

四、重修建福宫花园是中国文物建筑保护特色的体现

经过专家论证，国家文物局同意并报国务院批准，故宫内西北角的建福宫花园正在重建之中。第一期工程经过了六年的时间即将完工，闻之不胜之喜。关于建福宫花园重修的情况，可能尚有其他更为详细的论述和介绍，在此不再赘述，仅结合中国文物建筑保护的传统与特色谈一谈个人的看法。

（一）古建筑的最大价值在于其本身的存在

古建筑文物的最大价值在于"物"本身的存在。如果物之不存，价值从何谈起。在 20 世纪 50 年代之初，在文物古建界中少数专家之间对古建筑如何保存、保存什么的问题曾发生过理论上的争鸣研讨。有个别专家认为古建筑本身不可能长期保存，终将消失，不如详细测绘，详细记录，可以永久保存其资料，提供各种用途。这似乎也有一定的道理。但是经过几番研讨辩论之后就停息下来了。的确，古建筑以及其他一些文物难免遭遇各种劫难，政治变革、战火硝烟、雷击电火、人为纵火、有意拆除等，还有日晒雨淋、糟朽风化等，木料、石头甚至铜铁都不可能永远不坏。石刻风化，彩画、壁画变色至今还是世界上文物保护没有解决的问题。如何处理实在应该共同努力。

文物、古建筑与历史文献、档案图书、考古报告等是水乳交融、密不可分的。历史文献、考古报告、档案资料等十分重要，价值很高，但是从性质上来说，它们与文物有本质上的差别，文

物是以物来发挥作用，历史文献、档案图书则以其内容发挥作用。当然文物部门也可设档案资料、图书机构，但仍然以保护文物本身为主，图书档案资料是为文物保护、管理、利用服务的。

文物建筑保护主要是防止自然和人为两方面的破坏。保护的方法自古以来就有经常保养、局部维修加固、重大的修缮和复原重建等方法，使许多重要的建筑得以传承下来。以湖南岳阳楼为例，如果不是历代重修，早已不存在了。著名的一次重修是宋庆历四年（1044）范仲淹的重修，一篇《岳阳楼记》千古传颂。现存之岳阳楼虽为清代重修，但仍传承了一千多年久远的历史信息。试观现存的古建筑，百分之九十以上都是经过维修加固或重大修缮或重修复建的。故宫如果不重修重建许多重要建筑，也绝不可能被称为现存最大、最完整的古建筑群了。

建福宫花园在八十多年前被一把无名之火烧毁之后，残址杂草丛生，日晒雨淋，石刻风化，基台碎裂，日趋严重。如果不加以修复，势必使故宫内这一精美的建筑群逐渐消失。这里我想结合中国文物建筑保护的特色与西方不同之处略谈一下。希腊、罗马、巴黎等地的花岗岩地面和残垣、孤柱可以露天保存，而中国的木结构和砖石、泥土地面在露天是难以保存的，必须有屋宇覆盖才能长久保存，这是从物质上说。还有文化意识上也有不同之处，中国人喜欢和谐、完美，对于如此完整的故宫格局，如缺了这精美的一隅总觉是个遗憾，因此在许多专家学者和广大社会人士的呼吁下，在爱国人士的经济支援下，经故宫和国家文物局报请国务院批准，使紫禁城这一缺陷得以弥补。这就是中国的特色。我认为也是世界遗产原真性、完整性的体现。

我作为故宫保护的积极支持者之一，对此盛举十分高兴，记得在十年前的再现辉煌的文章中就提出修复建福宫花园的建议，不久果然实现了。在 2001 年 4 月 3 日一期工程主要建筑延春阁上梁庆典之际，我还写了一首庆贺的小诗《新千年·新世纪》：

> 建福精构，御苑煌煌。华堂丽屋，稀世珍藏。
>
> 遽遭祝厄，殿阁罹殃。霎时焦土，玉石俱亡。
>
> 百年残址，行将沦丧。欣逢盛世，纲目同张。
>
> 士人学子，协力齐倡。输资献智，再造辉煌。
>
> 鸠工遴材，斧凿锵锵。上梁之日，共献华章。
>
> 大安大吉，钟鸣鼓响。书以纪盛，万世流芳。

为第一期工程捐资四百万美元者为香港中国文物基金会。

我相信建福宫花园的重修完工，必将为紫禁城宫殿布局的完整，为康乾盛世这一最佳历史阶段的原状补上一缺。

（二）科学修复的建福宫花园还是不是文物

几年前我曾经写了一篇文章谈过我的意见，凭科学依据所修复的古建筑不能以假古董视之、斥之，为古建筑的保护维修申辩。的确曾经有过一阵明清城、宋元城、唐城、唐宋一条街、明清一条街等旅游项目，那不是文物，斥之为假古董是可以的。但有一些不了解情况者，连古建筑维修也被殃及池鱼就不对了。我明确地表示了有科学依据地维修的古建筑，包括复原重建的都应称之为文物的观点。不久前有新闻媒体采访我问复建的北京永定门算不算文物，我也明确表示是文物，因为它是在原位置照科学依据修复的。

我曾经在学习前人、总结经验的基础上提出过维修古建筑"四保存"的原则，即保存原形制、保存原结构、保存原材料、保存原工艺技术。如果这"四保存"做到了，就是保存了原来古建筑的文物价值，该古建筑就应该是文物。

这里还要说明我的一个看法，文物是经过人的创造加工的，它的价值不在于原始的材料。金银、珠宝、钻石、翠玉等有很高的原材料价值，但未经过加工就没有文物价值。同样，原木材、原山石、原金属材料没有经过加工也没有文物价值。各个时期的古建筑的价值就体现在它的形制、结构、材料（加工过的）和工艺技术上。

因此，修复的建福宫花园是文物，而且是世界文化遗产的重要组成部分，因为它有科学依据，符合"四保存"的原则。

如果说重修重建的都不算文物，紫禁城可能大部分不是文物了。

（三）传统与现代科技的结合、国家与社会参与的结合

我一直认为我国的文物保护要走有中国特色的道路，这一道路不仅要高度重视传统的工艺技术，而且要十分重视现代的科学技术。这一道路还表现在国家保护文物的方针政策上。建福宫花园的复建正反映了国家为主社会参与的这一中国特色。

建福宫花园的恢复，虽然专家学者呼吁多年，但是由于当时国家财政困难，难以解决。正当国家文物保护的方针政策实行以国家为主社会参与之时，以香港爱国人士陈启宗先生为董事长的香港中国文物基金会慨然捐款四百万美元用于建福宫花园修复的第一期工程，使这一当时最高档次的文物古建复建工程得以启动。在修复工程技术方面，不仅按照文物法规和古建筑维修原则精心设计，拟制传统的施工方案，还邀请了国际知名文物保护专家宋德先生（Mr. John Sandy）参与用新的科学技术保护石质柱础和石雕艺术构件。建福宫花园的复建充分体现了传统与新技术、中外专家相结合的有中国特色的文物建筑保护的道路。

五、关于被改变了原状的文物建筑在维修中如何处理的问题

上面已经谈到故宫整体建筑分时期的原状和单体建筑的原状、原真，在谈到被改变了原状的文物建筑在维修中如何处理之前，还要进一步谈一下对历史信息、历史可读性的理解和如何处理历史信息的问题。

（一）我们要保存的是有价值的重点的历史信息

在紫禁城中每年每月、每时每刻都在发生变化，信息之多不可胜数。反映在建筑上的也不少，如增添或拆除一些建筑，对建筑改换门窗，油饰彩画，等等。二十多年前，关于故宫原状的问题曾经发生过一场争论，那是唐山大地震以后，故宫搭了很多抗震棚，有许多建筑物被震坏，某负责人认为这是一个时期的历史原状信息，要保存，而某专家认为抗震棚必须拆除，震坏的建筑必须修复。我当时认为这一历史信息也有一定价值，保存一点建筑被地震损害的痕迹也可以，但总的来说我还是同意那位专家的意见。现在看来我当时的认识也不一定对，唐山大地震应该保留历史信息，但应在唐山，故宫不是重点。北京其他很多地方如北海、颐和园以及清东陵、山海关等（我都参加了震害调查）都不必保存现场的信息了，用文字、图像资料记录下来即可。如果一个古建筑把许多不重要的历史信息都保留下来就成了满面伤痕，对古建筑来说很不好看，而且也根本不可能保存，就是用文字、图像资料记录也只能是记录有价值的。

（二）改变了原状的历史遗存应根据具体情况加以拆除或保留

前面已经谈到改变文物建筑原状的许多原因，为了安全加固

北京颐和园万寿山与玉泉山

支顶，为了防晒防雨增添腰檐、遮板，为了采光在山墙开窗，为了交通开门，为了增加使用面积推出门窗槛墙，等等，情况比较复杂。恢复原状时必须根据具体情况具体分析，多方考察论证。至于像康乾时重建和增建的太和殿、宁寿宫及花园、建福宫、文渊阁、文华殿、武英殿等等，已成为最佳历史时期的原状，就只能以之为原状的依据来加以保护和复原了。这里要说的是没有价值的，甚至是破坏后的遗存。

解放初期不仅北京，在全国各地都利用古建筑作为机关、学校办公办学之用。政务院还专门发布了利用寺庙办学的规定。利用者为了使用方便，对古建筑进行了普遍的改造，或多或少地改变了原状。近几十年来，重要的古建筑都在不断恢复之中。还有一些为工厂企业使用、被彻底改造或拆毁了的就难以复原了。在故宫中为了安全增加支顶抱框、抱柱、支柱等构件，为了采光在山墙后墙开窗，为了增加使用面积把前檐门窗、槛墙推出的例子很多，为了光线更好把菱花槅扇门窗改为玻璃格子的也不少。为了使用倒也无可厚非，但为了参观开放就不大好了。按照文物法的规定是不允许的，这是破坏了原状，应当把它复原。在最近武英殿的重点维修工程中，经过认真研究、多方论证，就把原来推出的廊子、山墙的开窗、支顶柱子等恢复了原状，我认为这是正确的。在故宫中现在还有一部分为了使用而增添或改变了原状的建筑（非主要建筑），如果条件成熟加以复原也是必要的。总之要根据具体的情况具体解决。

　　兹举两个改变了原状、时间较长、已成了历史信息的一部分古建筑保存和拆除的例子。

　　一是河北正定隆兴寺的宋代建筑转轮藏，很久以前为了防止雨水冲刷二层的墙体，在二层墙体上加了一圈短檐，称之为腰檐，对建筑的优美造型破坏很大。在20世纪50年代进行重点维修的时候，经过设计人员的认真研究和专家论证，认为这一圈腰檐对防止雨水冲刷的作用不大，而对这一形象优美的宋代建筑破坏太大，于是决定把它拆除了，还转轮藏以庐山真面目。梁思成先生在20世纪30年代为杭州六和塔做设计复原的时候，对现存的六和塔的形象十分不满，认为应恢复到宋代创建时的原状。现存六和塔的形象是被后人歪曲了的，他说："如六和塔有知，也应自惭其形垢。"梁思成先生所说的旧，我认为就是最初的旧，而不是丑陋的旧。去掉转轮藏的腰檐也是思成先生极力主张的。

第二个例子是天津蓟县独乐寺观音阁。在 20 世纪 90 年代进行大修的时候，设计人员对乾隆时期在其四个角檐（翼角）之下所加的支柱是否拆除复原的问题也进行了多次研究。有的专家认为这四根支柱大大破坏了唐、辽建筑斗栱雄大、出檐深远的风貌特色，应该趁此机会利用现代科技补强加固其角梁、翼角斗栱等部分，使之复显唐、辽建筑的雄风。至于它已存在两百多年的历史信息可以用文字、图像甚至模型的方式记录下来。后来经过多方考虑，主要是安全的原因，这四根支柱已两百多年，对于出檐过大的翼角栱来说起着非常重要的作用。何况两百多年来四个翼角甚至整个结构都已经磨合平衡，突然撤去，影响很大，新的加固补强构件也难保险。关键问题是，保证安全是第一位的，形象外观在这里居第二位，是次要的，于是决定把它们保存了下来。

总之，均应根据具体情况具体分析，对故宫中的相似情况，亦可供参考。

六、金碧辉煌才是紫禁城宫殿鼎盛时期的原真和完整的面貌

六十年来，我目睹了紫禁城宫殿和故宫博物院的历史沧桑，从荒芜破败逐步走向雄伟壮丽，管理有序，被列入全国重点文物保护单位，被列入世界文化遗产名录。

康乾盛世，金碧辉煌，这不是个人的希望，也不是文学的夸张，而是客观的存在，是真正的原状、原真，符合中国文物法，符合世界文化遗产的观念，符合中国的特色。下面就此谈几个主要的具体问题。

（一）油饰彩画

油饰彩画是展现故宫建筑金碧辉煌的重要成分之一，它既是中国建筑艺术的重要特色，又是木结构保护的功能需要。以木材为主的结构体系决定了建筑的造型与艺术，油饰彩画也就由此而产生。木材最怕风雨侵蚀、虫咬鼠伤和外界的侵袭，油饰彩画既能起到保护木结构的作用，又能美化建筑，形成了中国建筑金碧辉煌的特色。由于木材越来越缺乏，高大完整之木材日渐减少，在清代又出现了拼镶包镶梁柱的工艺，就更需要油饰彩画来保护与装饰了。明清以后的宫殿、坛庙、陵墓、寺观彩画越来越走向程式化、规制化，后来的苏式彩画虽然内容形式有所变化，但也有一定的规范，这就使这一木结构的保护性艺术在陈旧、残损、破坏之后可以重新绘制，有章可循。

关于油饰彩画恢复原状的问题，也要具体问题具体分析，不能一刀切，原则上什么时期的建筑就应该用什么时期的彩画。康乾盛世指的是总体风貌，不是具体到每一个建筑。比如在20世纪曾经做过午门的彩画，当时午门外檐的彩画已经破烂不堪，是袁氏称帝时草草而成，既无历史意义又乏艺术价值，就采用了从内檐翻出的具有地方特色的彩画，因午门是清顺治四年（1647）重建的，内檐彩画翻出我认为是较好的。洪宪的草草彩画留作历史记录即可。几十年过去了，现在又到重做的时候，又当具体分析，具体决策。

故宫中还有少量的壁画，特别是后宫中晚期采用透视方法的廊庑壁画也有价值，应当保护和研究。

（二）琉璃瓦饰

琉璃瓦饰与油饰彩画同为展现故宫建筑辉煌面貌的重要成分。以金光灿灿的黄琉璃瓦为主和各色琉璃瓦饰相结合的屋顶、墙面的组合构成了故宫建筑的艺术辉煌。琉璃瓦饰与彩画一样有着时代的特点，它们的形状、花饰、质地、色泽都有所不同，在保护维修工作中也都要具体情况具体分析。在琉璃构件饰件中保存了明代和清代早期的彩画和花饰的作品，是研究故宫建筑艺术发展的重要实物例证。

（三）砖石木雕艺术

故宫建筑的雄伟庄严，辉煌壮丽，如果没有坚固的砖石基础，高大的白玉栏杆基座，是难以构成的。保和殿后的雕龙大石陛，钦安殿、断虹桥石栏杆的精雕细刻，各个宫殿、斋堂、轩馆、亭阁中的柜橱、帐罩、桌椅等的木漆雕刻，其雕工之精，装修之美，充分显示了帝王之居的豪华富丽。

油饰彩画、琉璃瓦饰、砖石木雕三者是构成紫禁城宫殿雄伟庄严、金碧辉煌的建筑艺术的主要部分，缺一不可。当然还有其他景致如假山、水池、露陈、花木、仪仗等等，也都是不可缺少的。它们共同构成了紫禁城宫殿最辉煌时期的原真性和完整性。

匆匆十年，弹指一挥间。当紫禁城宫殿建成五百八十五年，故宫博物院建院八十周年大庆之际，我写成此文为之祝贺，再次祝紫禁城建筑及故宫博物院再现辉煌，更加辉煌，永远辉煌！

附记：在文章中关于文物古建保护维修的观点纯属个人看法，不代表任何部门和其他专家的意见，不当之处敬请批评指正。

（原载《故宫博物院院刊》2005 年第 5 期）

祝紫禁城宫阙和故宫博物院
再现辉煌，更加辉煌，永远辉煌

正当改革开放进一步深入发展，国民经济稳步增长，政通人和，国泰民安之际，迎来了紫禁城宫阙建成五百七十五周年和故宫博物院成立七十周年之庆。又值中国紫禁城学会正式成立，应该说是三喜临门。

我有幸欣逢三喜，并被邀参加三喜庆典盛会，幸何如之！我曾经写过一首七绝《紫禁城》小诗，借此机会表达一些感想和祝愿。

宫阙巍峨紫禁城

五百余年多少事，风云变幻日纷争。

繁华梦散笙歌静，宫阙巍峨紫禁城。

这是说，明、清两代王朝几十个皇帝和他们的王公大臣、后妃宦官等等，五百多年间在这被称作紫禁城的北京宫殿里所演出的一幕幕兴衰史剧，已随着历史的推移，风流云散，一去不返。然而，由能工巧匠和艺术家们所建造的巍峨宫阙、紫禁高墙、御苑玉台却依然屹立，长留人间，诉说着五百多年的兴亡往事。几乎每一座宫殿、每一座院落、每一处山石，甚至一步台基、一口水井、一床一案都在向人们诉说着它们不同的经历，引人入胜，发人深思。俄罗斯伟大作家果戈理曾经说过，建筑是石头的书，当所有的诗歌和音乐已经缄默的时候而建筑还在说话哩！的确，建筑作为一类独特的大型文物和历史的见证，有着单凭文字记载所不能代替的作用。建筑所反映的一个时代的科学技术水平和文化艺术风貌也是非常突出显赫的。

北京明、清故宫——紫禁城，是我国现存规模最大、保存最完整的古建筑群，建筑规制最高，内容也最为丰富，是世界上现存宫殿建筑中的佼佼者。它早已被列为全国重点文物保护单位，并列入了联合国世界文化遗产的名录，而故宫博物院又以其规模庞大、历史悠久、藏品丰富著称于世。这两者的结合更增加了这一宫殿的辉煌和文化遗产的丰富内涵。特此三祝辉煌。

一、祝紫禁城宫阙再现辉煌

现在的紫禁城宫阙可说是已经辉煌，何云再现？我的意见是如何对这一宏伟古建筑群保存和恢复原貌的问题。故宫这一古建筑群自明永乐十八年（1420）正式宣告建成之后五百七十五年来，随着历史的更迭、皇权的需要、天灾人祸的发生，已有过许多次重修增改。这是历史的事实，不能改变。不仅是故宫如此，所有的古建筑特别是多年经营、长期使用的古建筑群莫不如此。然而这也正是这一宫殿建筑群历史价值中的一个重要组成部分。

再现紫禁城北京宫殿辉煌的问题很多，内容也很丰富，我想谈谈两个问题。

（一）保存历史原貌的问题

在《中华人民共和国文物保护法》中规定了在古建筑进行维修时，要严格遵守不改变文物原状的原则，其目的也就是要保存历史的原貌，因为古建筑的价值就在于历史的原貌。其理由我想是众所周知的，毋庸赘言。而什么是原貌这一问题曾有不同的认识，也有过争论的意见。一种意见认为，一座古建筑只有创建当时是原貌，以后的添建增改就不是原貌了。另一种意见则认为现存的现状就是原貌。我认为具体问题要具体分析。就拿故宫来说，有人主张五百七十五年前北京宫殿建成时是原貌，而有人却反驳说，那么故宫维修就得"掘地三尺"了。而反对现状就是原貌的人则说，那么故宫维修就什么也不能动了。我认为这两种意见各有见地，但都不能绝对化。五百七十五年前的北京宫殿建成启用，把那时的规模称为原状当然有其道理，无可非议。但作为故宫这一经过五百多年连续使用不断增修改建的宫殿建筑来说，每一座新添的宫殿都有它的历史和艺术价值，且已存在多年，有些建筑的历史艺术价值还很高。乾隆改建的皇极殿和兴修的乾隆花园，即宁寿宫花园，都有重大的历史艺术价值。直到清末，历代增添的建筑都有大小不同的价值，应该都属于历史的原貌，不能任意加以改变。正因为故宫五百多年来连续作为皇宫在使用，每一个时期的增修改建都记录了当时的历史，反映了当时的建筑技术与艺术情况，成了五百多年来宫廷中风云变幻的实物史书，价值非常重大。如果任意改变，价值就损失了。

关于长期连续使用，不断进行维修增建的大型古建筑群的历史原貌问题，我曾经提出过以它的最兴盛时期的状况为最好的原貌，并举故宫应以乾隆时期为例。现在看来也不甚恰当。如果科学一点，应分期来说：一是最初的原貌，即五百七十五年前永乐十八年（1420）北京宫殿建成的原貌；二是乾隆时期现有规模基本形成时期的面貌；三是故宫作为文物保护单位开始时期留下来的历史原貌。是否还可再分？总之不能仅以1420年为故宫历史的原貌，当然更不能掘地多少尺去寻找。

作为科研工作，像故宫这种情况特殊的古建筑群的文物保护单位，可以分成多个历史阶段去研究其每一个历史时期的面貌。但作为文物保护来说，我的看法是则是应以作为文物保护单位开始时的面貌为好。这里还应该补充一下的是，有保存价值的东西，才能算原貌。那些没有保存价值，甚至有损文物价值，有碍文物安全的新添构筑物和设施，非但不能视为原貌加以保存，而且应列为非文物加以清除。

（二）恢复紫禁城的一些重点古建筑和它的环境风貌

这是再现紫禁城明、清宫殿辉煌的一项重要具体措施。我之所以提出这个建议，是我认为目前恢复紫禁城中过去失去了的一些重点建筑和治理它周围的环境，已经具备了条件，而且机不可失。

首先谈一下有无必要的问题。目前对古建筑的恢复问题存在着一种观点，认为已经不存在的古建筑绝对不能重建，保存遗址就可以了，重建的就是"假古董"了。这种观点与欧洲和其他一些国家的文物保护理论有一致之点，并有其道理。我也不提倡在我国目前的经济条件下大力恢复古建筑。"保护为主，抢救第一"的方针和我国《文物保护法》上对复建项目的严格控制，我认为都是非常正确的。但是从理论上讲，在经济条件允许、技术力量可靠和恢复的历史文献资料充分等情况下，恢复一些重点的古建筑是有必要的。我一直主张要建立有中国特色的文物建筑保护维修的理论。因为中国古建筑有其特点，它是以木结构为主的体系，与西方以砖石结构为主的体系不一样。西方建筑花岗石悬挑的梁枋残件，如果不失去力学上的中心平衡，完全可以在那里矗立着。而中国木构建筑的斗栱梁檩、柱枋，如果缺了或糟朽了，就必须更换补齐或增强加固，否则就存在不下去了。希腊罗马的许多古建筑遗址，完全可以残迹形式存在，经久不坏。而中国木构建筑的地基大多是灰土和砖墁地面，有的甚至仅为黄土地基，上面的木构部分不存，就很难保住了。此外，中国古代建筑的一个重要的特点是以建筑组群的整体布局来表现它的艺术风貌，与西方建筑多以个体建筑的造型和装饰来表现其艺术风貌有所差异，因而也不能完全按照西方的办法来处理。所以，一些大型建筑群中如果失去了少部分的重点建筑，我认为是可以恢复的，以保持这一建筑群体的完整艺术风貌。如北京的故宫、北海、颐和园，河北承德避暑山庄、外八庙等基本完整，缺损较少，其总体布局价值很高，这些建筑群是有必要恢复其完整性的。这里我介绍一个情况。去年我去法国巴黎时，专门考察了巴黎圣母院的维修情况，他们也采取了局部复原、重新替换雕刻的办法。如果不采取这种措施，这些古建构件就有可能永远消失了。当然，必须有复原依据、设计施工能力、资金来源等条件。为什么说恢复紫禁城一些重点古建筑的条件已经具备且机不可失？首先，经费有了保证。故宫每年门票和其他收入都有较多的结余，此外还可从国内外争取赞助，一般不需从国家抢救维修经费中拨付。其次，目前还有一批有经验的老专家，包括老师傅、老工匠、老艺人。最后，目前的建筑基础还保存较多，原始资料也较容易收集。而后两者更为重要。时间越久，基础遗址损坏更大，复原依据更难寻找，特别是有经验的专家更难寻找。所以我说维修紫禁城机不可失。

环境风貌的治理也应属于再现辉煌之列。紫禁城内外一些后来增添的建筑物和设施，不仅影响了艺术风貌，而且对古建筑保护不利。如紫禁城的城墙，是现存规制最高、保存最完整、质量最好、历史艺术价值极大的城墙，但是在它的东西城墙下后建了排排工房，杂乱不堪，对城墙也有损害，绝不能视作正常，而应视作破坏原状的东西，予以清除。还有贴近城墙的高大树木也非原状，也对城墙有害，均应在清除之列。

至于究竟恢复哪些、清除哪些，都需要进行认真的考察研究，制定周密的规划和科学的设计工作。我在此具体建议，是否先考虑西花园的修复和紫禁城城墙与护城河的治理？

二、祝紫禁城宫阙更加辉煌

紫禁城宫阙五百七十五年的历史，昔日皇权的尊严、帝王的威风，已随历史前进的步伐如大江之东去，不再复返。如果说像那种鸡鸣紫陌、莺啭皇州、万国衣冠拜冕旒的昔日辉煌，能够以模拟手法创作影视作品得以再现的话，那也只能是为了今天的辉煌服务而已。今天的辉煌，具体的形象仍然是那人民创造的巍峨宫阙、紫禁高墙。我这里说的紫禁城宫阙的更加辉煌，是指这一宏伟的古建筑所赋予的新内容，如何更好地发挥它的作用，为中国人民、为世界人民做贡献的问题。

紫禁城宫阙的今日辉煌、更加辉煌已是事实。首先是这一宫殿建筑性质的转变。它从前是封建帝王发号施令之处，今天已成了向全国、全世界人民开放参观游览的场所；从前只有少数人才能进入的禁地，今天任何人都可进入了。它已列入国家重点文物保护单位和世界文化遗产名录，受到全世界人民的保护与关注。

故宫博物院是紫禁城宫阙今日更加辉煌的一个重要内容。自1925 年 10 月故宫博物院正式开放以来，已过了七十五个年头。在这七十五年中苦心经营，不断成长壮大，保管收集，藏品已达百万件之多，为全国博物馆收藏文物之冠，稀世珍品、国宝重器世所罕有。故宫博物院的珍宝除了在本院分别陈列展出之外，还经常组织到国内外展出，同时也在院内经常接待国内外宾客的鉴赏，发挥了重要的作用。我想，紫禁城和故宫博物院若要更好地发挥作用，使之更加辉煌，还需从以下两个方面去考虑：

第一，紫禁城宫殿建筑群的更好展现。这是故宫博物院的物质基础，凡来参观故宫者多是冲着金銮宝殿和帝王之居而来的，在这方面还要多做文章。一是要把这一宫殿建筑群保养维修好，环境保护好，一些不相称的东西、紊乱嘈杂的小摊要做妥善的处理，使人进入故宫之后有一种帝王宫阙的庄严肃穆之感。二是要再现一些历史上紫禁城宫阙中的生活场面，使人能回到历史中去，有身临其境之感。三是紫禁城参观路线的安排还要再做研究，根据不同层次、不同要求的观众为之设计好时间和路线，让不同的参观者都能满足从不同角度了解紫禁城的需要。建议紫禁城中的各区均能加以整修开放。开放的方法可按不同参观者的需要予以安排，使参观紫禁城的内容更加丰富，使紫禁城宫殿发挥的作用更加充分，使整个紫禁城的各部分建筑得到全面的保护与维修。巴黎罗浮宫和其他一些国家的大型古建筑群的开放办法值得参考。

第二，故宫博物院展览陈列应更加丰富。故宫博物院因紫禁城而设，其主体展品即是明、清宫殿建筑群及其内部陈设与活动的内容。从博物院的性质来说，这一部分的展现还做得不够，也就是说原状陈列这一展现方式还应多加考虑一些，建筑物的内部原有陈设尽量保存不动，有的绝对不能动，还有那些王子皇孙、后妃宫女、宦官执事和为帝王上朝议政以及生活服务的宫女们使用的建筑与内部陈设，也都十分重要。不然，偌大一个紫禁城当年是如何使用的，就令人不晓了。作为博物院的职能，这一部分内容并非古建筑保护维修的单纯任务，而应是博物院本身的陈列展览的十分重要的主题，希望进一步引起重视。

故宫博物院的藏品，不仅原来的几十万件是珍贵文物，还包括后来收藏的很多原来是宫中旧藏流失的几十万件，也是珍贵文物，达百万件之多。这一批无价之宝，要充分发挥其作用，确是非常重大而复杂的问题，是故宫博物院的又一个重要职责。我认为文物不管其年代的远近、体量的大小、藏品等级的高低，都可以发挥其本身的作用。一件小文物也许能说明大问题，就看你如何去运用它。

关于如何发挥故宫博物院文物包括整个紫禁城建筑的作用问题，不外乎两种方式。第一种方式是文物本身的直接展示，这是十分重要的一种形式。建筑物摆在那里就已经在向人们展示了，但还不够，还需要有说明文字、图画及音像、影视等等，也就是

2005 年，罗哲文先生（左三）与郑孝燮先生（左一）前往北京大学拜访侯仁之教授（中），共叙友情，继续商讨共同关心的文化遗产保护大事

平常所称的辅助陈列，让人们清楚了解这一建筑的来龙去脉，与其他建筑相互间的关系，在这里曾经发生过的重大事件，等等。馆藏文物也是这样，直接展示仍然是非常重要的形式。故宫博物院的领导和专家们已经做了很多工作。我想要建议的是还需结合古建筑举办各种专题的、单体的或者综合的陈列，使绝大多数收藏品都能见天日，给参观者以更多的知识，更多的观赏机会。珍贵藏品的展陈还需运用现代科学技术声、光、电等的成果，使珍藏品更加辉煌。第二种方式是间接展示发挥作用。其效果也十分显著，有时并不亚于直接的实物展示。有的从实物展示中难以看到的效果，如紫禁城的全景，直接现场参观难睹全貌，而从模型、空中照片中则可以看到。建筑物的内部结构，在现场也很难看到，但从测绘图纸、研究报告中则可以看到。

间接展示发挥作用的方法，主要是以模型、照片、影视、音像、出版、研究论文、测绘图纸等形式，提供展览、放映、出版等，为宣传、教育、科学研究、阅览欣赏、文化交流以及古建筑文物的保护维修等服务。宣传介绍最好能根据不同对象的需要分作不同层次，如分作大、中、小、简要、精深等等，以供一般了解和深入研究、艺术欣赏等的需要。

三、祝紫禁城宫阙永远辉煌

紫禁城这座明、清宫殿建筑群虽然已经走过了五百七十五年的历史，快要赶上传说中长寿的彭祖的年龄了，故宫博物院也年过古稀了，但是它们的寿命一定会超过所有的长寿者。如果借用原来宫中对主人皇帝的称呼来说，就是"万岁万岁万万岁"，或是"万寿无疆"了。要让它永远保存下去，子子孙孙"永保永用"，要永远辉煌，就需要很好地保护它。我在这里谈一下紫禁城的保护问题。紫禁城宫阙的保护和所有的文物古建筑一样，主要是防止来自两方面的破坏。

（一）防止人为的破坏

防止人为破坏的重点是防火、防盗。紫禁城的建筑，主要是木构，木构最怕的是火。古往今来不知有多少琼楼玉宇、大厦高楼，被一把火化为了灰烬。秦始皇的阿房宫"楚人一炬，可怜焦土"。就拿故宫中的建筑来说，永乐初建的宫殿门楼所存无几，大多数是由于火灾所毁掉后来又重建的，因此，必须把防火作为首要的任务。故宫中已有了消防设备，并正在向更加现代化方面改进，较之从前大有改善了。我这里要提出的是"消防消防，关键在防"，不让它起火。如果起了火，不管你用多先进的方法来消，多好的设备来灭，都会对古建筑和文物造成损失，因此建议把最先进的方法和最好的设备首先用在防上，当然消也非常重要。

防盗对博物院的藏品来说，最为重要。故宫博物院的国宝珍藏无人不知。现在不仅在中国，在世界上偷盗博物馆的事件越来越多，偷盗的方法随着科学技术的发展也越来越复杂，偷盗工具也越来越现代化，而且出现了内外勾结的国际团伙组织。以故宫博物院来说，盗窃文物的情况也常有发生。因此，必须把防盗放在与防火同样重要的位置上。我在这里顺便谈一个观点，防火、防盗都必须把人的因素放在首位。因为最好的设备、最先进的方法都要人来掌握它。如果掌握的人疏守失职，再好的先进设备也无用了。近年来一些大博物馆，如辽宁省博物馆的珍宝失窃，就是有先进设备而掌管的人失职造成的。我之所以强调人的因素并不是否定现代化设备和先进方法的作用，相反紫禁城在这方面的建设还必须加强。

另外还有许多人为的破坏，虽然不如火和盗那样严重，但是也不能忽视。有的是出于无知、好奇、私欲的胡乱刻画，在红墙上砖石上，甚至树木、金缸等地方刻画"某某到此一游"，还有爬到树上、危险的假山上、铜狮上去拍照、游戏打闹等等，久而久之也会造成严重的破坏。这些都是不可忽视的。解决的办法主要是采取加强法制和宣传教育，将故意破坏者绳之以法。另外也要设立防护栏杆、门栅、警告牌等等。此外，由于游人日益增多，所引起的并非故意而又非常严重的人为破坏，如地面金砖的磨损，室内空气污染给内部陈设带来的不良影响，也应该引起重视。要采取保护措施来解决，如穿保护鞋，在地面铺设保护层，用传统工艺和现代科技结合加固地面，机动通风，等。这一问题必须引起高度重视。

（二）防止自然的破坏

自然力的破坏虽然不像火和盗那样，一把火能使一座或多座建筑顷刻化为乌有，一件或许多件珍宝顿时消失，但是其破坏的范围很广，损坏更为深远，必须引起重视。一个十分重大的问题就是工业所引起的酸雨对建筑和石刻的腐蚀。就以太和殿、钦安殿、武英殿等处的台基、栏杆来说，在中华人民共和国成立前我初到故宫参观时，雕刻甚是清晰，仅仅不到五十年的时间，风化的程度就很大了，特别是近十多年的变化更为严重。如此长期下去，后果不堪设想。室内彩画的变色也在加剧。我曾经看过一些殿堂的室内早期彩画，五十年来的变化也非常之大，超过了过去上百年时间的变化。外檐彩画多已重做，无从比较，但其变化的速度肯定是远远超过了从前。

彩画变色、石刻风化这不仅是中国而且也是世界各国文物保护中的难题，正在攻关之中。我这里想建议故宫自身应进行科研攻关工作，或者与其他科研单位合作也好，以加快对此问题的解决。故宫应安排一些经费和人力来推动此事。

已经装了避雷针和电路保险防雷火防电火，但必须定期测试检查，否则也起不到作用，甚至起反作用。

防震这个问题千万大意不得。故宫建筑虽然防震性能很强，但根据板块构造理论和李四光的地质力学理论，由于北京正处在大断裂带上，比较不易发生以北京为震中的地震，一旦发生将不是小震，而是特大震。我这里谨建议故宫陈列和库房中的珍贵文物，必须要有防震的措施，以防万一。

防止自然的破坏，使之最大限度地延年益寿，中国传统的办法就是维修工程。凡糟朽者更换，残缺者补齐，再加以油饰彩画，这的确是古建筑得以长期保存的重要手段，十分重要。紫禁城自中华人民共和国成立以来，除"文化大革命"时期外几乎每年都在维修。而且有一支自己的设计施工队伍，专营此事，条件很好。在这里我谨提两点建议。其一是维修工程必须保证质量，一定要按我国《文物保护法》的规定不改变文物原状和保存原形制，包括平面布局和形式、原结构、原材料、原工艺的四保存的原则，以保护其历史、艺术和科学的价值。其二是必须注意经常保养的工作，也可称保养工程。别看工程简单，其收效甚大。山西佛光寺大殿、南禅寺大殿也都是木构，一千多年了仍然很好，若保养得好，再过一千年也还没问题。只要保养得好，木构建筑也是可以长久保存的。但是如果保养得不好，屋顶漏雨，地面存水，构件损坏不修补，一座古建筑很快就会倒塌了。建议故宫主管部门古建部和修缮处安排一定人力来进行保养工程，不仅收效大，而且也可更多地保护古建筑的原貌，并节约大量的维修费用，值得大力提倡。

为了紫禁城宫阙和故宫博物院的永远辉煌，除了防火防盗，防止各种破坏和维修保养工程之外，加强日常的管理工作也非常重要。谨此提出一个建议，希望故宫能制定一个《故宫博物院保护管理章程》，或者其他名称的章程，像这样庞大的古建筑群和如此丰富的国宝珍藏是需要一个保管规章予以规范管理的。

四、关于紫禁城学会的研究工作

值此紫禁城学会正式成立之际，三祝辉煌之后，再对学会的研究工作，提出一点粗浅之见。我想既然称为紫禁城学会，就要以紫禁城和在它里面的故宫博物院为基础，围绕着它们来做文章。其研究成果必然会对现在和将来紫禁城以及故宫博物院的保护管理、维修保养、陈列展览、文物藏品保护、科学研究等工作提供有益的参考与借鉴。学会应该成为故宫博物院的咨询部、参谋部、得力的帮手。

紫禁城学会研究的内容十分广泛，举凡建筑园林、内部陈设、周围环境等的历史、艺术、科学价值，建筑园林、内部陈设、周围环境的保养、维修、复原的理论与技术，陈列展览、宣传教育、文物保护、各类文物（如金石、陶瓷、书画等）的专题研究以及防火、防盗，等等，都在研究之列。可以说紫禁城所有有关的都可研究，无所不包。

这里我再谈一下研究的范围问题。现在故宫博物院的行政管理范围与从前紫禁城所管的范围大不相同。故宫博物院现在所管的权限仅仅是紫禁城内或是墙外一点点的距离。而从前明、清王朝时期则是普天之下无所不管。因此作为紫禁城学会来说，其研究的范围不应受这座城的限制。特别是那些与紫禁城有直接关系的离宫别苑、敕建寺观、坛庙等等。有些寺庙原来就是由紫禁城里的内务府直接管理的，如河北承德的外八庙就是因为它们都是紫禁城的内务府直接管理的在外面的八座寺庙而得名。再扩大一些，举凡王公府邸、钦赐敕建等都可包括进来，绝不能把研究限制在城墙之内。

在研究的时间上，我认为也不能只限制在明、清两代的紫禁城宫殿，而且要包括王都帝京，因为所有的王都帝京都是以帝王的宫殿为核心的。《考工记》上记载三千年前的王都规划，"匠人营国，方九里，旁三门，国中九经九纬，经涂九轨，面朝后市，左祖右社"，就是以王宫居中，以王宫为中心的城市布局。这种王都帝京的城市布局历代虽然有所不同，但到了元、明、清三代却完全按照了《考工记》的制度再现。现存的明、清宫殿紫禁城正是一处唯一的完整的帝京城市布局的实例。因此，紫禁城研究除了它本身之外，还需涉及其他王都帝京，如明中都凤阳、南京故宫，元大都，金中都，宋东京，唐、隋长安，一直上溯到汉、秦、周等历代的王都帝京宫殿。总的来说，应该是"上下三千年，纵横十万里"。当然仍应以紫禁城为重点。

对研究者和会员，我认为全国有关省市和地区部门的人都可吸收，以充实研究力量。

研究成果的出版非常重要。这是紫禁城学会得以自立于学术之林的条件，特建议出版《紫禁城学会通讯》和《紫禁城学刊》两种不同的刊物，一是与会员沟通信息，二是刊登学术研究的成果。

三喜临阙，三祝已毕。作为一个半个世纪来奔走于紫禁城中的老卒，欣逢三喜三庆，写了以上冗言。不当之处，敬请指教。

（原载《中国文物学会通讯》2001 年合订本）

中国古代长城南北的文化对话与交流

长城不仅是中国十多亿人口中众人皆知的事，就是世界上知道中国长城的人也是非常多的。在几百年前，中国的长城就与古罗马的斗兽场、比萨斜塔、圣索菲亚教堂等被列为"中古世界七大奇迹"；1961 年起，长城的许多重要关隘和城墙列为中华人民共和国国家重点文物保护单位；1987 年，长城被列入了《世界文化遗产名录》。长城作为中国悠久历史文化的见证，比其他任何一件东西都要珍贵，它所包含的内容特别丰富。尤其是在围绕着长城所发生的南北文化的对话与交流，其内容之丰富、意义之重大，是莫能与之相比的。过去虽然不少中外专家学者对中国南北文化做过不少研究，对长城做过不少考察研究，但对长城在中国文化的南北对话与交流，尚少有专论。今特乘瑞士人类与社会科学院在苏黎世鲁史利肯（Ruschtikon）召开南北文化对话研讨会之机，写了这篇论文，以供研讨。

一、关于中国长城的简单情况介绍

要研讨长城南北的文化对话与交流，首先必须对长城的修筑历史背景和它的建筑状况做一番了解，方能进行论述。

（一）人类历史上修建时间延续最长的建筑工程

在许多人的心目中，不仅是外国人，也包括一些中国人，他们以为长城是一个朝代所修的。一般都说是秦始皇修长城，实际不然，长城是许多个朝代所修筑。从开始到结束，经历了二十多个诸侯国家和封建王朝，从春秋战国时期到清王朝中期以后才结束，一共延续了两千多年的时间。修筑的时间大约可分作两个阶段：第一个阶段是秦始皇以前，公元前 7 世纪到公元前 221 年的五百多年。当时中国分为许多诸侯小国，其中较强的诸侯如楚、齐、燕、秦、韩、赵、魏、中山等都修筑长城以自卫。这时期的长城或南北，或东西，或斜向，方向不一，根据防御需要而定。第二个阶段就是秦始皇和他以后的长城，总的方向是东西向的。秦始皇以后的许多个朝代的长城总的方向也是东西向的。计有秦、汉、北魏、东魏、西魏、北齐、北周、隋、辽、金、元、明等十多个王朝。自公元前 221 年到 18 世纪，经历了两千年的时间。如此长的时间延续修筑的工程不仅在中国，在世界上也堪称绝无仅有，说是人类历史上延续修筑时间最长的建筑工程，并不夸大。

（二）人类历史上最大的古代建筑工程

过去曾有不少外国人，包括一些中国人，都以为长城只有一万多里（5000 多千米），至今在一些外国书刊上介绍中国长城还是 2500 千米或 1500 多英里，与长城实际的长度相差很大。根据文献记载和实地考察，把每一个朝代修筑的长城的长度相加起来，总计在 5 万千米以上。有人做过初步的估计，如用历代修筑长城的砖石、土方来修筑一道高 5 米、厚 1 米的大墙，或一条宽 5 米、厚 40 厘米的马路，那么这道大墙可绕地球一周有余，这条马路可绕地球三四周。其工程量之大，可想而知。此外长城还包括了上万座烽火台、上千座关口、上百座大小城堡和军营，其规模之大不仅在中国历史上少有，在世界上也是绝无仅有，说是人类历史上最大的古代建筑工程，并不夸大。

（三）长城的特点

中国长城的特点，除了它延续修建时间之长和工程量之大外，它的特点是：

（1）它与一般城市的城墙不同，不是封闭的，只是从防御的一个方向修筑。

（2）长城与一般城市不同，它不是一个点，而是一个覆盖上百万平方千米的防御体系。

（3）长城有一个用光和烟气传递军情信息的通信系统，以上万个烽火台组成，长城沿线和长城内外数千里的军情顷刻可以得知。在古代未有电讯时代，堪称神速。

（4）长城的一个重大特点就是城墙的长度不等，少的有几百千米，多则有几千千米、上万千米，所以称之为长城。

（四）多民族修筑的长城

中国自古是一个多民族的国家，除汉族之外，还有许多个民族都曾统治过中国的全部或大部分。当他们当上了皇帝，统治了中国的时候，为了保卫统治的安全都要修长城。过去一些外国人和中国人认为长城只是汉族用来防御中国其他民族的，是一种误会。只要我们统计一下历史上少数民族修长城的朝代比汉族统治的朝代要多得多就可以明白了。

（五）长城是安定与和平的保障

自公元前 7 世纪开始，诸侯国家修筑了长城以后，历时两千多年，许许多多个朝代的皇帝都要耗费巨大的人力、物力、财力修筑长城，其原因就是长城是一个防御性的工事，能保卫国家的安定，人民能够过和平的生活。只有安定了才能发展生产、繁荣经济和文化。过去中国历史上有许多人对修长城提出批评意见，特别是对修筑长城中的暴力行为、苦役有严厉的批判。但是对长城是一种防御工事，这一客观的事物，无人能否定。

还有一些中外人士有长城是中国的"国界"，或是"闭关锁国"，限制自己的看法，都是不符合事实的。我们只要考察历代长城的情况，就可发现在长城以外几百千米、上千千米还有当时的军事、行政机构就可以明白了。长城并未限制过内外的人民进出，就是在战争时期也还有人来往。特别要提出的是公元前2世纪汉武帝时期所修的河西（黄河以西）长城，沿着丝绸之路修建，有力地保护了这条对外开放的大道，其保障安定与和平的功能，十分明显。

二、中国古代围绕着长城的南北变化、交叉对话与文化交流的考古发现和重要文物遗存

不同的地区、不同的自然条件、不同的民族、不同的风俗习惯，不同的国家甚至在一个国家之内都会产生不同的文化，这是一个客观的规律。不同的文化正是人类丰富多彩的文化和生活的体现。如果没有不同风格的文化的存在和发展，人类的生活将是单调的、枯燥的、乏味的。然而这些不同风采的文化又是彼此交叉的、交流的，相互影响、相互促进，达到新的繁荣、新的发展。不仅如此，文化的交流还能促进人们之间友谊的增进，民族的和谐，国家的统一，政治和经济的发展。

在中国这块土地上，从远古的人类的祖先猿人时期就居住在这里的"北京猿人"已有四五十万年的历史，最近在四川巫山县发现的"巫山猿人"牙齿已有两百多万年的历史，是一个重大的

考古新发现。当时人们的文化生活情况还不很清楚。大约四千年前，在甲骨文中就记载了炎帝和黄帝两个大部落联盟的首领在中国南北开发、创造中国原始文化的事迹。这两个首领的坟墓一个在北方的陕西省（黄帝陵），一个在南方的湖南省（炎帝陵）。以后历经夏、商、周许多个朝代，中国南北文化的对话与交流都始终不断在进行着。在今天的广州发现了西汉初期（前2世纪）由北方去当南越王的赵佗的墓，墓中出土了许多珍贵的文物，是当时北方文化与南越本地文化交叉融合的历史见证。到了四、五世纪，居住在长城线上的北方民族南下统治了中原，中原地区的汉族和其他民族大举南迁，把北方文化带到了中原，又把中原文化带到了南方海边，形成了文化的南北大交叉、大对话、大交流。当然，当南方民族统治者当上皇帝，向北开发的时候，又发生了与北方文化的大交叉、大对话、大交流。如此两千多年延续不绝，形成了中国多民族丰富多彩的文化和整体的中华文化。

公元前221年，秦始皇吞并了其余六个强大的诸侯国家，建立了中国历史上第一个中央集权的封建制大帝国。他除了实行统一文字、统一度量衡、统一车道、尺度等等之外，把原来诸侯各自修筑的长城也统一修筑了。修建了一条东西向一万余里（5000多千米）的长城。这条长城历代虽经重修并不完全在原来位置，但总的方向仍然是东西向的。除了它的防御功能之外，在文化上始终构成了一条南北文化对话与交流的纽带。两千多年来一直不断在长城南北活跃地进行文化对话与交流。以长城为载体的长达万里的南北文化对话与交流的纽带，虽然在公元前221年秦始皇统一中国时才形成，但在此以前，诸侯国家所修筑的长城也已经开始了。在此以后，历代王朝所修的长城进一步发展了南北文化交叉、对话与交流的活动。长城南北大量的考古发现和保存的遗迹、出土文物都证明了这一事实。现仅举数例于下：

（一）赵武灵王长城南北文化的大对话、大交流

赵武灵王是公元前 4 世纪战国时期诸侯赵国的君主，他修筑了两道长城，长达 1000 千米，其中有一道长 700 千米的东西向长城，就是防御北方胡人的游骑入侵的。他是一个著名的改革家，他对胡人的骑射和短紧轻便的服装非常重视，曾下令他的部下大胆引进长城以北胡人的衣冠服装和学习骑马射箭的本领，结果使赵国的防御力量增强，国家安定。胡人也从长城以南学得了中原地区许多先进的文化。这一早期长城南北文化的大对话、大交流，对两千年来中华文化的繁荣与丰富起到了非常重要的作用。赵武灵王这一"胡服骑射"的改革开放政策，是中国历史的重要一页。

（二）秦汉时期长城南北文化交叉的大对话、大交流

自公元前 3—2 世纪，在这五百年间，是修筑长城最多的时期。秦始皇修了一万多里，汉代又修了两万多里，共有约 2 万千米之长。这时期又是长城南北各民族文化交叉大对话、大交流的时代。近些年来长城南北发现的秦汉时期的文物生动地说明了这一情况。在河北北部地区发现了许多秦权（权即如近代天平上的砝码）、诏版，说明了当时秦始皇统一国家的措施传到了长城北部。在内蒙古自治区和林格尔发现的一座东汉时期的壁画墓中，反映了一个当年派往这里做官的官员从中原出发到这里所经过的路程以及他在这里的官署和城市等建筑及生活情况，把中原地区的文化传到了遥远的长城边区。近些年来在内蒙古自治区发现的战国时期的匈奴金器、青铜器非常珍贵，说明了多种文化在这里交织、对话、交流。多年来一直不断在长城烽燧、关城遗址中发现大量的简牍文书，在木牍、竹片上写着当时长城防守和保卫丝绸之路的情况。

在西部长城南北文化的对话与交流也十分活跃。非常有趣的一件事是东汉末年的一次匈奴入侵汉朝的战争中，他们虽然被打走了，但掳走了许多财物和人口，其中有一名很有文才的女子蔡文姬，被匈奴单于娶为夫人，生下子女。后来又回到了汉朝。这位女诗人把汉朝的文化带到匈奴，又把匈奴文化带到汉朝。而且因为她之故，匈奴的一部分（南匈奴）归顺了汉朝，把匈奴的这部分人连同文化融会到中华文化之中。现在中国陕西、甘肃、新疆等省、自治区的文化之中还可以看到这种文化交流的痕迹。早些时候，在汉朝中期有一位宫女王昭君（名嫱）嫁给了长城以北的单于为夫人，把汉文化带到了匈奴。她的坟墓还在今内蒙古呼和浩特市，受到各族人民的尊重。

（三）南北朝时期长城南北文化的大交叉、大对话、大交流

386—589 年，在中国历史上出现了南北王朝分立的局面，出现了长城南北、大江南北政治、经济文化的大交叉、大对话、大交流，这种情况在长城南北尤为突出。4 世纪，长城以北以游牧骑射为业的鲜卑族拓跋部继匈奴之后兴起，于 386 年建立了一个强大的北方王朝，统治了中国北方大部分地区，政治、经济、文化都非常发达。北魏的都城一再南迁，先由今内蒙古迁到大同，后又迁到了中原文化的中心地区河南洛阳。为了保卫国家安全，于 5 世纪大修长城。其后的东魏、西魏、北齐、北周几个王朝也修长城。北朝各少数民族统治的朝代，围绕着长城南北的多种文化的复杂交叉对话与交流，呈现空前繁荣的情况。尤以北魏统治的时间最长，国力强盛，至今留下了十分丰富的文化宝藏，长城沿线的许多艺术宝库如敦煌石窟、龙门石窟、云冈石窟、麦积山石窟及东北地区的万佛堂石窟等，大多是北魏时期开凿的。与此同时，南方的文化也不断经过文化交叉、对话与交流传到了北方。

1963 年，罗哲文先生（右一）陪同
王冶秋局长（右五）等视察甘肃天
水麦积山石窟

近年来在内蒙古发现的嘎仙洞石刻，以汉文记述了北魏王朝兴起
的经过，是一个很好的证明。在大同发现的石刻砚台和漆画屏风，
都是南北文化交流的证据。从南北朝长城南北并扩展到长江南北
的文化大交叉、大对话，为后来唐代中国文化的发展高峰创造了
条件。

（四）辽、金、元时期长城南北文化的大对话与大交流

907—1368 年，出现了长城以北的几个少数民族耶律氏、完
颜氏、孛儿只斤氏相继建立的辽、金、元三个强大的王朝，统治
了中国的大部或全部地区。元朝的疆土曾一度横跨欧亚大陆，震
动了世界。这三个朝代都大修了长城和关隘。金代长城长达万里
（5000 千米），为历代长城中规模最为宏大者之一。元朝大修
居庸关，关城的范围比今天保存的明代居庸关还大。最为值得重

视的是现在还保存在居庸关内的一座雕刻十分精美的建筑物——云台。它原是一个过街塔的汉白玉座子，元朝灭亡后，上面三座覆钵式塔已毁，只剩下这个台子。云台的雕刻非常精美，均为佛教题材，佛像、菩萨、天王、法器图案等布满了券洞门的内外。其中有汉、蒙、西夏、梵（古印度文）、藏、维吾尔等六种文字的佛经石刻，说明了文化大交叉、大对话、大交流的事实。辽、金、元三个朝代南北文化的对话与交流的另一个遗迹是今天北京城，即辽南京、金中都和元大都。现在北京还保存了这三个朝代留下的古建筑和文物。广安门外的天宁寺塔是辽南京的遗物，已有八百多年的历史。意大利人马可·波罗曾在七百年前生动地描绘了金代修建的卢沟桥，把它介绍到世界各国。元大都的规划和建筑是一个十分成功的南北文化交流的杰作。大都城周围有 28.6 千米，是按照三千年前周代《考工记》上皇宫居中、前朝后市、左祖右社的制度规划的。但是在皇宫中和城市内又大量地带来了长城以北草原民族文化的特点。现存的一座大型覆钵式塔又是尼泊尔工匠阿尼哥所设计监修的。元朝还在长城以北修建了"上都"，作为帝王们回到草原休息生活之所，又把南方的文化带到北方去。由于辽、金、元三个朝代南北文化不断对话、交流的结果，使元代的文学、艺术有了新的发展。被称作唐诗、宋词、元曲的三种文学形式，在中国文学史上占有重要的地位。元代戏曲使中国的舞台艺术发展到一个新的阶段。近年来在内蒙古自治区发现的元代瓷器说明了中国瓷器发展历史过程中的新阶段、新特点。

（五）明长城的商贸南北交流促进了长城南北文化对话与交流

明朝是大规模修筑长城的一个朝代，自明朝洪武初年（1368）至灭亡的崇祯末年（1644）中的二百多年间，都在不断修筑长城。

丹东虎山明长城东起点遗址标志碑

很多地段长城和关口都用砖修筑，在墙上加建敌楼和障墙，使长城的防御能力更强。现存较好的长城大多是明长城。虽然长城是军事防御设施，但战争时期必然短暂，和平时期毕竟长久。由于长城的关口地点，大都设在南北交通的要道上，关口地点必然要有城堡、驿站、旅舍等设施，为商贸往来提供了方便。守长城的士兵也为商旅的安全提供了保障。明长城以北，当时主要是蒙古族的游牧业经济，盛产牛羊、毛皮、马匹等。长城以南则以农业和手工业为主，农产品和手工业产品非常丰富。南北经济正需要通过市场互补，开放相互交易的市场十分必要。明朝政府适应了这一需要，特在长城沿线开放了"互市"，以繁荣长城南北的商贸经济和满足长城南北人民与政府的需要。"互市"有马市、茶市、茶马市等等。互市市场分官办和民办两种，政府都派军队加以保护。互市市场在长城沿线有数十处之多。通过市场的经贸活动，同时也带来了长城南北文化的对话与交流。长城以北的草原文化，骑马、射箭、摔跤、歌舞、音乐通过长城沿线的经贸互市传到了长城南面的许多城镇，传到帝都北京以及全国许多城市。长城以南的文学作品、诗歌、戏剧、绘画、工艺美术、手工业技艺等也通过长城沿线的开放市场，传到了长城以北。此外还有官方的"通贡"，就是蒙古部落首领向明朝皇帝进贡，明朝皇帝的回赠，以及戍守和修筑长城的将领士兵们的轮换，也大量地进行文化的对话与交流。与此同时，通过文化的对话与交流不仅丰富了南北文化的内容，而且也回过头来促进了长城南北经济的繁荣发展。

三、结论

长城，这一两千多年一直起着安定、和平、保障作用的防御工程，除了它发挥其主要的防御功能之外，它还起着南北文化交叉对话与交流的纽带的作用。文化是社会政治、经济和其他各种现象的反映，但它同时又反过来促进政治、经济的发展。通过文化的对话与交流，可以促进经济繁荣和政治和解，长城这一南北交叉对话和文化交流的历史事实充分证明了这一点。

当今世界，在不少地区，曾因某些政治的原因、人为的因素，发生南北对峙或曲折对峙，它不仅妨碍了政治、经济的安定和发展，而且也不利于文明的进步。

通过南北文化的对话与交流，促进政治的和解和经济的繁荣与发展，对今天来说具有十分重要的意义，我想这次研讨会的意义也正在此。

本论文希望以长城的南北文化的对话与交流从历史上提供一些借鉴。

（说明：罗哲文先生于 1994 年 9、10 月间，应瑞士人类与社会科学院的邀请参加国际学术研讨会，并在会上发表此论文）

（原载《万里长城》1994 年春·夏版）

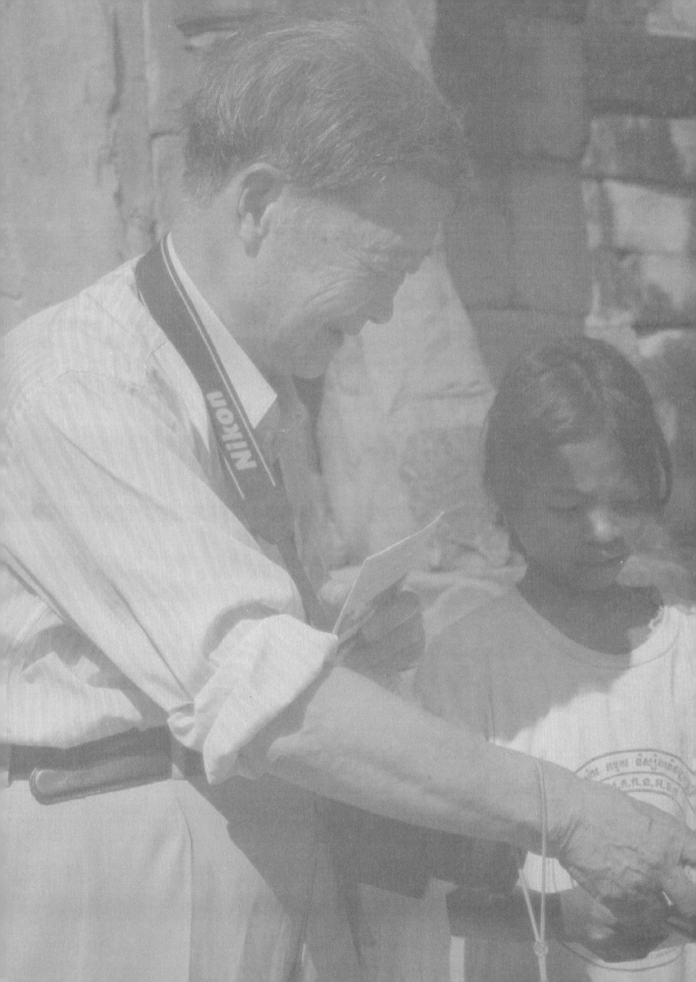

世界建筑的民族特色及其建筑技术与文化艺术的交流

一、世界各民族建筑的共同发展与建筑的双重功能

人们常说，吃饭、穿衣、住房子，这是任何人要求得生存不可缺少的三件大事。回顾历史，人类为了解决这三件大事中的"住"的问题，祖辈先民几百年、几千年、上万年以来，不知付出了多少血汗和聪明智慧。在中国，先民们解决住的问题最早是利用自然的山洞，稍事加工和利用树枝加工以为居住，被称为"穴居"和"巢居"两种主要的形式，其后随着社会的不断发展才创造了具有基础、墙壁、梁柱、屋顶等构成的建筑物。随着科学的进步，建筑材料的发展和各方面需求的增长，又出现了为满足不同需要的建筑。除了居住之外，还有工作、生产、商贸、文娱等的建筑物。从穴居野处到最现代化的高楼大厦，豪华住宅，玉宇琼楼。这一发展的历程，不仅中国如此，世界各国也大都如此。世界各个国家和民族在建筑技术的发展上虽然有快有慢，但是它们从原始到现代化发展的规律，都是同样的。特别是到了近现代，由于交通工具的发展，人们交往的方便与频繁，建筑科学技术的交流更加便利，世界各民族建筑技术的共同发展将越来越迅速。

建筑是满足人们物质与精神两方面需要的东西，因而它具有

双重功能。作为实际用途之用的物质资料，任何人都可以用它，就是在封建社会也是如此。例如北京的故宫，清朝灭掉了明朝之后，把主要的宫殿换上了一个清朝的名字，把大明门改作大清门，承天门改作天安门，奉天殿改作太和殿，等等，一座明朝的宫殿就变成清朝的了。宫殿如此，其他任何建筑物也莫不如此。第二，建筑作为文化艺术，它反映了某一个时代、某一个地区、某一个民族的审美观点，政治和生活的要求。即使在历史上的统治者与被统治者之间，爱美的心理都是共同的。

二、建筑文化艺术的民族特色

建筑作为文化艺术现象，有着鲜明的民族特色。它是从各自的民族地区发展起来的。它是民族文化的重要组成部分。世界上各个国家、各个地区、各个民族的文化都是在不同的客观条件下长期形成的。地理环境、气候、温度、风力、日照、雨量、积雪等等，特别是建筑材料对建筑技术产生直接的影响。民族文化包括语言文字、风俗习惯、生活方式、文化艺术以及宗教信仰等等。它们对建筑艺术起着决定性的作用。于是便形成了各式各样的民族建筑形式，丰富多彩的民族建筑艺术。这些都反映了各个国家、各个民族的文化特色。

当我们看到方形高大的金字塔和狮身人面像的时候，我们立刻想到的是埃及的古老文化。纸草、棕榈、旋涡、钟形等柱头形式和丰富的墙壁浮雕，反映了古代埃及的建筑雕饰艺术的成就。帕塞隆神庙、雅典卫城、奥古斯都广场、丘比特神庙、卡拉卡拉剧场、大斗兽场以及制度谨严，雕刻精美的多利安、爱奥尼亚、科林斯柱式，反映了古代曾经辉煌一时的希腊、罗马文化。君士

坦丁堡的圣索非亚大教堂宏伟的外观、华丽的内部雕刻，反映出
继承了希腊、罗马文化而又有所发展的拜占庭文化。不仅西方如
此，东方也一样。当人们看到起伏奔腾于崇山峻岭之间的万里长
城，金碧辉煌的北京故宫和由亭、台、楼、阁、花木山石、水池

1988 年，罗哲文先生登上长城一处险峰

罗哲文在吴哥窟圣剑寺遗址考察摄影

所组成的园林的时候，必然想到的是中国的文化。看到法隆寺的五重塔、唐招提寺大殿、姬路城天守阁和枯山水花园的时候，必然想到的是日本的文化。印度的泰姬陵、柬埔寨的吴哥窟、俄罗斯的圆穹尖顶教堂，法国的卢浮宫、凡尔赛宫、巴黎圣母院大教堂，以及墨西哥的梯级金字塔神台、宏大富丽的神堂雕刻等等，莫不代表他们国家的建筑和文化艺术。它们突出之点就是各自都具有本国、本民族的特色。

不仅世界各国之间的民族建筑有着不同的特色，就是一个国家之内，也因不同的地区、不同的民族有着不同的特色。就拿中国来说，由于幅员辽阔，地理环境和自然条件的差异很大，加之民族文化的因素所形成的建筑风格，建筑艺术都各不相同。以民居为例，华北地区的四合院、南方各省的干栏式建筑，广西、湖南的侗寨、苗寨，黄土高原的窑洞，内蒙古草原的蒙古包，西藏和四川、青海部分地区的碉房住宅，等等，不仅其建筑结构、建筑形式各不相同，各具特点，而且建筑的装饰、色彩、绘画、雕刻、彩画等都具有浓厚的民族特色。

总之，世界上各个国家、各个民族都是在他们自己的国家，自己的民族，自己居住的环境里，按照自己的意愿建立自己的生活，创造出自己的民族文化，创造出自己的民族建筑。这许许多多的民族建筑，好像一朵朵不同色彩、不同形式、不同大小的绚丽花朵，开放在世界大地上，五彩缤纷，光芒四射。

三、建筑文化艺术与技术的国内交流

世界各个国家、各个地区、各个民族，虽然都在各自本国、本地区、本民族按照不同的自然条件、民族传统创造不同特点的民族文化与民族建筑，但是它们绝不是孤立的、互不往来的，而是无时无刻不在相互往来，彼此交流。建筑作为文化艺术和科学技术的内容，更是时时刻刻在彼此交流着。从现在的中国和其他许多国家现存的建筑实物身上，可以看出明显的文化艺术与科学技术交流的痕迹。

世界上大多数国家都不止一个民族，就是一个民族也有地区的差别，他们的建筑也都不是千篇一律的。多民族的国家，民族建筑的特色就更为显著了。现以我们中国的情况谈谈国内建筑文化与技术交流的情况。

中国自古是一个多民族的国家，现有五十多个民族。在几千年的历史中，各民族相互交融，不管是在战争的年月还是在和平的环境，民族文化交流的活动从来没有停止过。原始社会部落之间的迁徙，奴隶社会时期虏获对方的工匠奴隶（艺人），带来了别的部族的工艺和技术，使部族之间的文化、技术得到了交流。公元前五六世纪各诸侯国之间的使节往来，士（知识分子）、匠（技艺工匠）流动，更促进了文化与技术的交流。赵武灵王的"胡服骑射"政策，把北方少数民族的文化引进了中原。几次北方居民的大迁移，又把北方和中原文化引向长江以南和南海沿岸。甚至在战争中也带来了许多文化与技术交流的重大机遇。万里长城本是民族之间纷争的产物，但它同时也成了民族文化、技术交流的纽带。

中国民族建筑文化大交流的实物很多，最早的一个例子要算公元前 3 世纪秦始皇并灭六国后之举，他为了安抚和监护被并灭了的王公贵族，下令将六国诸侯原来不同风格的宫殿建筑形式建于咸阳北坂之上。这些不同风格的建筑形式来自全国各地，称得上是建筑的百花园，不同风格的建筑展览。7 世纪唐朝的文成公主嫁与藏王松赞干布，也把中原的建筑形式、建筑技艺带到了西藏。现存的大昭寺、小昭寺就是由汉族工匠与藏族工匠共同修建的，寺庙的建筑结构与建筑造型以及壁画雕塑等都反映了汉、藏文化与技术交流的特点。另一处晚期的突出例子，是河北省承德的避暑山庄和外八庙。这两处不同民族和不同地区建筑文化交流的建筑群修建于清康熙（1662—1722）、乾隆（1736—1795）年间，前后经过了八十多年的时间才完成。避暑山庄是一座著名的皇家园林。它的重要特点之一就是将江南和全国其他地区的著名风景、建筑、园林摹写仿建于山庄之内，并将蒙古草原的草地和蒙古包仿建于园内，绿草如茵，又呈现了草原的风貌。外八庙的特点则是突出反映了青海、西藏、内蒙古、新疆等西南、西北、东北等边疆民族地区与华北、中原地区建筑文化交流的特点。如普陀宗乘之庙仿自西藏布达拉宫，普宁寺仿自西藏三摩耶庙，安远庙仿自新疆固尔札庙，殊像寺仿自山西五台山，旭光阁仿自北京天坛，等等。除此之外，在全国各地，各民族之间建筑文化艺术与科学技术的交流，比比皆是，数量之多不可胜计。

四、建筑文化艺术与科学技术的国际交流

世界上国与国之间的文化交流，自古皆然。中国与世界各国建筑文化技术的交流，有悠久的历史，丰硕的成果。自公元前 2 世纪汉武帝开辟了著名的丝绸之路以后，与欧洲、中亚的交往逐渐频繁，文化交流十分兴旺。在中国现存的古代建筑类型中，外来影响所产生的占了很大的比重，如佛教的寺院、石窟、塔、经幢，伊斯兰教的清真寺、墓葬，基督教的天主堂、圣母院，等等，都是原来没有而在接受外来文化之后，在中国传统建筑的基础上

创造的新品种、新类型。这些新的建筑类型在两千年、一千多年、几百年的岁月中，已经在中国土地上开花结果，世代相传，成了中国建筑园地中的朵朵奇葩，久不凋谢。

中日、中韩、中越、中蒙之间的建筑文化与技术的交流更为密切，保存了许多实物的例证，如日本的奈良，京都平城京、平安京、法隆寺、唐招提寺等。在近代中国很多著名的建筑学家都曾在日本留学，其中就有我的老师梁思成、刘敦桢两位前辈，对日本的古建筑有过深入的研究并把它们介绍到中国。日本的近代建筑学家伊东忠太、关野贞等，对中国古建筑做了许多调查研究，并把它们介绍到日本，为中日建筑文化交流做出了贡献。在这里我还要特别提到的是清水正夫先生，几十年来他为中日建筑技术与文化的交流作出了不懈努力和巨大贡献。还有其他不少的国家如美国、德国、法国、瑞典等国的专家学者们也都在研究和介绍中国建筑文化方面做了许多努力与贡献。

此外，我还想提到一些古代国际之间建筑文化交流中尚未做出结论而又十分有趣的问题。如埃及的金字塔形的坟墓与中国两千多年前的"方上"形帝王陵很相似，墨西哥也有类似的两千年前的金字塔神台、神殿，它们之间有无什么关系，尚待研讨。在中国的云南建水有一个少数民族的哈尼村寨，其结构和内部生活方式与日本一些民居甚是相似，它们之间有何关系也都值得追寻。

关于世界民族建筑文化艺术与技术的交流问题，我曾经做过一些探讨，形成了一些观点，乘此机会，提出来请教。

（1）每一个国家或民族，都是愿意吸收外来文化，进行相互交流的，因为它对本国、本民族文化的发展与丰富都是有利的。有时派人出去，有时请人进来。如中国在唐朝时候派了玄奘到印度去取经，并先后请了印度高僧来。日本也多次派了遣唐使和留学生来中国取经留学，并请了许多中国高僧去传法，鉴真和尚就是其中杰出的一个。现存奈良的唐招提寺就是中日建筑文化交流的一个重要实物例证。

（2）文化、技术的交流从来都是相互影响的，就拿中日两国的建筑来说，有些建筑形式与风格是从中国传到了日本，而有些建筑形式与风格又是从日本传到了中国。比如中国东南沿海一带寺庙中的"宝箧印经塔"的形式，在中国内地很少见到，而日本保存得很多，年代也早，可能与日本的这种塔形很有关系。

（3）外来建筑的影响，都要在本国、本民族传统建筑、传统文化的基础之上生根结果，最终创造出本国、本民族的建筑风格。就以日本奈良唐招提寺来说，虽然鉴真和尚东渡时曾带有唐

罗哲文先生在韩国定林寺考察

朝的建筑工匠和佛寺图样，但它毕竟是在日本工匠的共同协作下修造起来的，它必然会带有日本的风格，我们把它与现存的中国唐代佛殿相比较就不难发现其异同。至于中国的佛塔更明显地看出其与印度窣堵坡的差别。其他一些早期从中国或经朝鲜半岛传入日本的建筑文化也都完全日本化了，成了日本民族的建筑了。

（4）增进友谊，取长补短，相互促进，共同提高，是文化技术交流的目的。因为只有彼此之间相互往来相互了解，友谊增进了，才谈得上各方面的合作与交流。交流的原则，从来都是相互有益的。取你之长，补我之短，必然能达到共同提高的目的。

五、保护丰富多彩的民族建筑文化艺术

扬弃千篇一律的"火柴盒子"式的装人机器。

建筑的两个功能，或称两重性，是人所共知的，对建筑师、工程师、艺术家们来说更是不言而喻。通俗地说就是"一用、二看"，也就是物质与精神两个方面。建筑者既要创造适用的房屋（包括居住、工作、生产、文娱等），又要创造美观的建筑形象和优美的环境。这样才能满足人们物质的需要，又能培养人们美的心灵。

然而在过去的几十年中曾经流行过的一种建筑形式风格简单化、一律化，在一条街、一个小区，甚至一个城市都想用一排排同样的高楼来修建，被称为"现代化"的潮流。其实这是把现代化的内容歪曲了。现代化不等于简单化、一律化。因为人的思维是复杂的，人们的生活方式是多样的、丰富的。人们对建筑的要求，对居住环境的要求，并不是简单化的，而是希望丰富多彩的。有人把这种堆叠的方盒子高楼称为"鸟笼子""火柴盒子"，住在这种高楼上的人好像鸟儿关在笼子里面一样。高楼是在特定的

历史条件、地理环境之下发展起来的，如美国的曼哈顿岛和中国的香港岛就是其例。其他地区并不能照搬。在中国高楼也并非现代才有，而是自古有之。两千多年前就曾有几十米上百米的高楼，但因其对人的身心健康不利而未予发展。

世界上各个国家、各个民族都有自己的生活习俗，自己的爱好，自己的文化传统。民族文化是民族的骄傲，是民族自尊心的体现。民族建筑是民族文化艺术的重要组成部分，是民族文化的最为突出的形象表现。保存并发扬各民族的建筑文化艺术，不仅能更好地符合不同自然条件地区人民居住、工作、生产、文娱的需要，而且也能使人类的生活更加丰富多彩。

几年前我曾经在瑞士访问了一位"现代主义建筑"大师勒·柯布西亚的得意门生，他引我看了他过去设计的纯粹钢筋水泥外露、内外都无一点装饰的住人机器，然后又引我看了他新设计的带有民族风格的建筑。他说：他是从民族的传统建筑和民族文化中汲取了设计创作的源泉，他说他早已背离了"现代主义建筑"的束缚，只有民族的东西，才是最有生命力的。

让世界民族建筑艺术之花开遍五洲大地，春色满园，争芳斗艳吧！

六、保护人类文化珍宝，保卫世界持久和平

建筑集各种技术与艺术于一身，举凡当代各种科学技术的新成果莫不用于当代建筑之上，各种文化艺术的技艺如绘画、雕刻、塑像、铸造、织绣等等莫不施之于建筑的内外。建筑可以说从来就是用金银堆成的，用智慧和血汗凝聚的。因此，建筑确系人类文化宝库中重要的一份珍宝是毫无疑义的。古代建筑的杰作由于

它是历史发展过程中经济力量和科学技术、文化艺术的综合成果，可以说是一个国家、一个民族文明进程的标志，也即是人类文明进程的标志。古建筑和其他新建筑相比较有个重要的特点，就是它是历史上形成的，它表现的是当时历史阶段社会发展和科学技术的水平以及文化艺术的成就。古建筑如果一经毁坏了就不可能再得，所以我们把一座重要古建筑的毁坏称为不可挽回的损失。

然而，古往今来不知有多少帝王宫殿、高楼大厦、玉砌雕栏、弥山别馆、跨谷行宫、寺塔宫观、坛庙祠堂在人为的破坏之下，顷刻之间化为乌有。其中一个重要的原因莫过战争的破坏。在中国两千多年前秦始皇费尽了人民血汗苦心经营的阿房宫和秦始皇陵，在一场战争中"楚人一炬，可怜焦土"，就全部被毁灭了。在世界历史上也曾经有过不少人类创造的建筑奇迹在一场战乱中化为了乌有。而现代战争的破坏力当然更加厉害了。现在还幸存下来的人类创造的古今建筑奇迹如埃及的金字塔、帝王谷，意大利的斗兽场、威尼斯，法国的卢浮宫、凡尔赛宫、巴黎圣母院，俄罗斯的克里姆林宫、冬宫，中国的北京故宫、颐和园，日本的法隆寺、桂离宫，泰国的大王宫、玉佛寺，以及美国的帝国大厦、世贸中心，等等，如果不幸发生战争，也可能在顷刻之间化为乌有。那是多么巨大的损失啊！

为了保护人类世世代代创造的无价珍宝，我们必须保卫世界持久的和平。

（选自《世界民族建筑国际会议论文集》，1987 年版）

从古塔看外来文化的中国化

兹以古建筑中的古塔为例，来论述外来文化的中国化问题。

古塔原非我国所固有，它是1世纪随着佛教的传入才新出现的一种建筑类型，是外来文化在我国原有传统的基础上进行新创造，成为本民族建筑艺术的成功范例。现在不仅是我们自己，就是外国友人，专家学者也莫不以古塔作为中国建筑艺术的代表性形象之一，甚至把古塔作为中国风光，中国文明的一种标志。现在从以下几个方面来谈谈古塔中国化的问题：

一、从"塔"这个字说起

我们查阅一下字典辞书，在早期的甲骨文、钟鼎文、隶书和古文献里没有塔字。因为原来并没有这种建筑物。

塔是佛教的建筑，梵音为 Stūpa，起初译作窣堵坡、私偷婆、佛图、浮图、浮屠、方坟、圆坟、灵庙等等。有按音译的，有按意译的，这时已经开始中国化了。但是转化的程度还不大，也可以说水平还不高，这也是一个必然的过程。后来经过文字学家和翻译家的不断努力，便创造出了"塔"这个字，流传至今，已有一千七百多年了。而且把它扩展引用到所有挺拔高耸的建筑物身上，如自来水塔、跳伞塔、转播塔、电视塔等等，与原来的佛塔已完全是两回事了。

我们从"塔"字的创造过程中，不仅可以看出外来文化必须中国化的道理和它的过程，而且也可以看到它确实是丰富了中国文字的内容。在我国现在的文字中，像这样的例子举不胜举。

二、塔的用途的中国化

这里所说的塔的用途的中国化，是指以佛的坟墓的名义而供作其他用途的佛塔。

我们从佛经上得知，塔原是埋藏佛的舍利（即佛骨、佛物等）的坟冢建筑。自汉明帝永平十一年（68）在洛阳建白马寺浮屠开始，它的用途就在不断地中国化，逐渐发展，越来越广泛。初步归纳大约有如下几种：

第一，登高眺览。这是原来印度的窣堵坡所没有的。这是与我国高层楼阁相结合而发展的结果。

第二，了解敌情。高山大树不是随处都有，堆山搭架、烽火台、敌楼等也都不是很高，不那样理想。于是，军事家们便很自然地想到了塔这种既高又坚固的建筑。河北定县的料敌塔就是以供奉佛的

世界第一高木塔——应县佛宫寺释迦塔

1998 年，罗哲文先生登上 84 米高的河北定州料敌塔塔顶检查维修情况

舍利为名实则以观察敌情为目的而修建的瞭望塔。

第三，导航引渡。由于不少古塔都是高标挺立的建筑物，把它们作为导航引渡，指示津梁是最好不过的了。因此，在我国许多江河岸边，海湾港埠常常可以看见巍巍宝塔耸立高空，在很远的地方就能看得见。有不少古塔已经成了某一港湾、某一码头的重要标志。福州马尾的罗星塔，在世界航海地图上，早被列为重要的航标之一。杭州六和塔正位于钱塘江的转折处江岸上，船行至此，远远就可得知快到江海转折处了。

第四，装点山河，美化风景。不少古塔以它们挺拔秀丽的姿态，点缀着祖国的大好河山，使名山胜景更加美丽。有些古塔还成了某一城市、某一地区的象征或标志，例如延安宝塔山就成为革命圣地延安的象征。

三、塔的形式与结构的中国化

塔，这一本为埋藏释迦牟尼身骨的坟墓建筑，传到中国后变成了表现中国建筑艺术，风景名胜的标志，在其形式与结构的转化上有以下几个方面：

（一）与我国原有的建筑形式相结合

我国古建筑的种类和形式很多，有宫殿、坛庙、陵墓以及亭、台、楼、阁、城关、桥梁等等。可以说形式多样，丰富多彩。因而为这一外来建筑的"创形"提供了足够的借鉴。在形式上，经过慎重选择之后，两千多年前的工匠大师们采用了最能体现雄伟高大气势的高层楼阁建筑。还有一些塔型如花塔、大金塔、宝箧印经塔等，则又是吸收了亚洲其他许多国家佛塔的成分而中国化了的，使塔这支奇葩在古建筑园地中更加绚丽。

（二）与我国原有的陵墓地宫墓穴相结合

塔的特殊用途，主要有两方面，一是地宫，二是塔刹。塔的地宫也被称为"龙宫"或"龙窟"。它是根据窣堵坡本来就是坟墓的用途，按照我国原有陵墓地宫墓穴的形式创造的。据考察，在印度原来的舍利并不深埋地下，只是藏于塔内而已。而当它与我国古代传统的深葬制度相结合之后，就完全中国化了。凡建塔，首先要修建一个地宫，以埋藏佛舍利和其他陪葬器物，完全继承了中国的厚葬制度，是一整套中国式的埋藏制度的做法。地宫的创造对塔来说是一件很了不起的事。塔刹这一部分更是成功之作。聪明的设计师们，巧妙地把经过改造后缩小了的窣堵坡置于塔顶，在结构上它既可作为顶子的结构而又能显示其最崇高、最显要的位置。

（三）与我国原有的木结构体系相结合

我国古建筑独树一帜，屹立于世界建筑之林，它的一个重要特点就是有一个完整的木结构体系。这种弹性框架榫卯结构不仅有室内空间布局灵活，门窗开设自如，檐廊深远等优点，而且抗震性很强，因而能经久不衰。所以当窣堵坡这一新建筑类型传入之后，立即与这一传统结构相结合了。

此外，在建筑装饰上，如雕刻、塑像、壁画、彩画等等，也都同样继承了中国原有的传统，并且逐步创新发展，成了中国建筑艺术中的重要组成部分。

最后的结论是，外来文化必须与本国本民族的文化相结合，在原有的基础上增添新的内容，创造、发展成为本国本民族的文化。古塔只是其中的一个例子。

（原载《中国文化报》1987 年 11 月 18 日）

中国古代建筑文化

第一篇　论建筑文化

> 繁华梦散笙歌静，
>
> 宫阙巍峨紫禁城。

这里说的是明、清两代王朝五百多年历史已经风流云散，然而昔日的巍峨宫殿仍然留在人间，诉说着多少兴亡旧事。曾经有人这样说：当所有的诗歌、音乐都已经沉默的时候，建筑却还在说话。我认为这话是有道理的。

一、建筑是技术与艺术的综合体

"建筑"这个词语，我记得还是从日语中翻译过来的。在中国古代汉语中，则称作营建、营造、兴建等。"营建"包括规划、设计和施工的全过程，"营"是规划设计，"建"是建造施工。

中国古代建筑包括的范围很广，有城市、宫殿、坛庙、民居、寺院（佛寺、道观、清真寺）、衙署、祠堂、陵墓、文庙（孔庙）、学宫、仓廪以及桥梁、堰坝、城垣、观象台等。佛教寺院中还有石窟寺和塔，由于它们结构和艺术上的特点，又自成一体。此外，还有生产用的工场、作坊等。各种类型的建筑物有各自的用途、形式与结构，以满足它们各自功能的需要。每个国家都有各自历史发展过程中所产生的不同的建筑种类和形式。

建筑技术是根据各种建筑材料的物理性能、力学原理所采用的结构方式，以完成各种不同需要的建筑物的方法。它随着社会的发展及人们生产生活的需要而变化，并随着建筑新材料的出现而不断改进。例如，中国最早的建筑是加工自然的山洞崖穴，并挖掘穴居；加工自然的树木枝干，支搭楼棚。其材料主要是土石和木材，所以中国自古把建筑工程称为"土木之功"。因此，中国古代建筑技术，长期以来是以如何处理土和木两种材料而费尽心机的。伴随加工石料、钢铁工具、烧制的砖瓦和其他各种建筑材料的出现，建筑技术又朝着处理这些新建筑材料的方向发展。近百年来，随着水泥、钢铁、塑料等新材料不断出现及大量生产，世界各国的建筑技术都在为适应这些新材料的性能发展着、改进着，中国当然也不例外。

建筑艺术的产生，首先是来源于实用。在满足实用功能的基础上，加上匠师们的美化处理，即产生了建筑艺术。如中国建筑的坡形大屋顶就是为了排水和遮阳的实际用途而产生的。被称作"飞檐翘角"的屋檐，也是为使排水抛远，多纳阳光的需要而做成的。中国古代建筑中许多木质构件的加工美化，都是因结构功能上的需要而产生的。木构建筑中柱子的"侧脚"和"生起"，本来是为了建筑物稳定坚固的需要，但却形成了优美圆和的弧线形构架。至于单体构件的加工，如梭柱、月梁、斗栱等的卷杀，则是在不损减原材料功能的基础上又增加了美观的效果。

人和建筑物朝夕与共，起居、饮食、工作、文化娱乐以及接待宾客、举行筵宴等莫不在建筑物之内。为了美的享受和礼仪制度、法权象征等的需要，建筑装饰艺术不断发展。油饰彩画、砖石雕刻、木雕、金属饰件及墙壁粉刷、贴锦、挂毯等，由简单朴质逐渐繁复，踵事增华，达到了豪华富丽的地步。

建筑是由技术与艺术共同构成的综合体，它既满足了人们工作和生活的需要，又满足了人们美的需要。

二、建筑是各个时代人类文明的标志，是人类文化重要的组成部分

衣、食、住是人类赖以生存的最基本需求，就是在原始社会阶段也是不能缺少的。翻开人类的文明史，马其顿亚历山大的武功，大流士的改革与专制，释迦牟尼、耶稣基督的说教以及中国的秦皇、汉武、唐宗、宋祖的伟业丰功都如大江之东流，一去不返，但埃及的金字塔，希腊、罗马的神庙、城堡、剧场，亚洲的佛寺和欧洲的教堂，秦皇、汉武的高坟巨冢，却巍然屹立。可以说，建筑是各个国家、各个时期文明的标志。

公元前2世纪，安蒂伯尔特曾编制了一个上古世界七大奇迹的名单，以集中而突出的形式展示出人类文明的创造力。以后又有一些人编制了中古世界七大奇迹的名单。而这两个七大奇迹的内容几乎都是建筑。埃及的金字塔，罗马的大角斗场，中国的万里长城、故宫，意大利的比萨斜塔，土耳其的圣索菲亚教堂，以及印度的泰姬陵和日本的法隆寺，直到近代美国的帝国大厦，澳大利亚的悉尼歌剧院等，它们像镶嵌在地球上的颗颗明珠，闪耀着人类文明的光辉。的确，最能够形象具体地表现出人类文明的莫过于建筑物了。建筑不仅反映了各个时期建筑本身技术与艺术的水平，而且反映出科学技术、文化艺术的成就及社会的政治经

济的状况。可以说，建筑是各门科学技术、文化艺术的综合体。没有各门科学技术、文化艺术的成果，没有雄厚的社会经济基础，豪华壮丽的建筑是建立不起来的。

建筑既是科学技术的产物，同时又是文化艺术的成果。这是从人类几千年甚至更长时间的历史发展中可以看出的，但是，近百年来，由于多方面的原因，建筑在文化方面的意义似乎没有引起必要的重视。其实，从广义来说，科学技术也应属于文化的范畴。例如，中国所保护的历史文化遗产，在文物保护单位类别中，古建筑所占的比例最大，而且其他几类如古遗址、古墓葬、石窟寺等本来也是建筑的遗迹。除了个别的石碑、石刻之外，所有的不能移动的文化遗产几乎都是古建筑。

不仅古代建筑如此，现代建筑也是如此，许多著名的现代建筑都是现代科学技术与文化艺术的集中表现。它们终将逐步地被载入人类文明的史册。

因此，我们说建筑是人类文化财富中重要的组成部分，是人类文明的标志，并不夸张。

三、建筑的民族文化特点

建筑技术与艺术是从不同的民族地区发展起来的，是民族文化的重要组成部分。各个国家、各个民族的文化都有各自的特点。民族文化包括语言文字、风俗习惯、文学艺术以及宗教信仰等。不同的民族文化特点，都是在不同的客观物质条件下长期形成的。地理环境及气候等都对建筑产生直接的影响，加之其他因素，遂形成了不同的民族建筑形式，从而反映出不同国家、不同民族的文化特点。

当我们看见高大的方锥形金字塔和狮身人面像的时候，立刻想到埃及的古老文化，纸草、棕榈及涡卷、钟形等柱头形式和丰富的墙壁浮雕反映出古埃及文化的繁荣。帕提侬神庙、雅典卫城、奥古斯都广场、丘比特神庙、潘提翁万神庙、卡拉卡拉剧场、角斗兽场以及制度谨严、雕刻精美的多立克、爱奥尼克、科林斯柱式，反映了曾经辉煌一时的古希腊、古罗马文化。伊斯坦布尔的圣索菲亚教堂宏伟的外观及华丽的内部雕刻，充分表现出受到了希腊、罗马文化影响，又对其有所发展的拜占庭文化的特点。

不仅西方如此，东方也是一样。当人们看到起伏于崇山峻岭之间的万里长城、金碧辉煌的故宫、亭台廊阁组成的园林的时候，

84 岁高龄的罗哲文先生登上吴哥窟著名的巴戎寺

必然想到中国文化；看到法隆寺的塔景、唐招提寺的大殿、枯山水花园的时候，必然想到日本的文化。印度的泰姬陵、柬埔寨的吴哥窟、俄罗斯的圆尖顶教堂及法国的罗浮宫，莫不代表着它们国家和民族的文化。它们都具有本民族的特点。

就是在同一个国家，也会因地区和民族的不同而产生不同的特点。拿中国来说，由于地域辽阔，地理环境、自然条件的差异很大，加之多民族的文化因素，因而形成的建筑风格也各不相同。华北地区的四合院，南方各省的干栏式建筑，西藏的碉房，广西、湖南的侗寨、苗寨，黄土高原的窑洞，内蒙古草原的蒙古包等，不仅建筑结构，而且连建筑形式都大相径庭，各具特点。

世界上各个国家、各个民族，都是在他们自己国家、自己的居住环境里，按照自己的意愿建立自己的生活，创造出自己的民族文化、民族建筑。这许许多多不同的民族建筑，好像一朵朵不同色彩、不同形式、不同大小的绚丽花朵，开放在世界大地上。

四、建筑文化的交流

世界各个国家、各个地区、各个民族虽然各自在本国、本地区按照不同的自然条件、民族传统创造了不同特点的民族文化与民族建筑，但是它们绝不是孤立的，而是无时无刻不在彼此进行交流。从现存许多古建筑上都可以发现明显的文化交流的痕迹。

建筑文化的交流，可以分作两个方面：一是国内的交流，一是国际的交流。

世界上大多数国家都是多民族国家，即使只有一个民族，也存在着地区之间的差别，他们的建筑并不是千篇一律的。

中国自古就是一个多民族的国家，在几千年的历史中，各民族互相融合，不管是在战争的年月，还是在和平的时代，民族文化交流的活动从来没有停止过。从原始社会时期部落的迁徙，到奴隶社会时期奴隶主房获的对方工匠奴隶带来别的部族的工艺技术，都使文化得到了交流。公元前四五世纪，各诸侯国家的使节往来及士、匠流动更促进了文化的交流。赵武灵王的"胡服骑射"政策把北方少数民族的文化带到了中原。几次北方民族大迁移，又把北方和中原文化引向长江以南和南海沿岸。汉唐时的"和亲政策"，也促进了民族之间的文化交流。

中国在建筑文化上的第一次大交流发生在公元前3世纪秦始皇统一六国之后。他为了安抚和监督被统一后的六国贵族，下令模仿六国原来的宫殿建筑形式，建于咸阳北坂上。这些宫殿的建筑形式与艺术来自全国各地，可称得上建筑的百花园、建筑的展览。唐文成公主嫁与藏王松赞干布，把中原的建筑形式、建筑艺术带到了西藏。现在西藏拉萨的大昭寺、小昭寺就是当时由文成公主带去的汉族工匠与当地的藏族工匠共同修建的。寺庙建筑的结构、造型、壁画等都反映了汉、藏建筑文化交流的特点。

河北承德避暑山庄和外八庙，可以说是中国晚期古典建筑文化交流的一处重要实物遗存。避暑山庄和外八庙建于清朝康熙和乾隆时期，历经八十多年的时间才完成。康熙和乾隆两个皇帝曾经多次巡游江南，并将江南各地有名的建筑、园林、风景模仿回来，建造在避暑山庄之中，诸如文园、狮子林、金山寺、烟雨楼、六和塔等，都是南方著名的古建筑和园林。另外，他们还命人在避暑山庄之中仿照蒙古草原的形式，布置了草地和蒙古包，颇具草原风情。外八庙的建筑则是突出地反映了青海、西藏、内蒙古、新疆等省、自治区与中原、华北地区的文化交流。普陀宗乘之庙仿自西藏的布达拉宫，须弥福寿之庙仿自日喀则的扎什伦布寺，安远庙仿自新疆伊犁固尔扎庙，普宁寺仿自西藏三摩耶庙，普乐寺的旭光阁仿自北京天坛祈年殿，殊像寺仿自五台山。承德的园林及寺庙建筑几乎集当时全国重要建筑之精华于一地，使建筑文化的交流达到了一个高峰。较之秦始皇所营建的六国宫殿，其内容则更为丰富了。

国际之间建筑的交流自古就存在。有些东西可以说是不谋而合的，如埃及的金字塔（坟墓）与中国古代的坟墓封土"方上"基本相同。它们的外形都是一个四方形的锥体。这种形式从秦汉以前一直到宋代，延续了两千年左右的时间。吉林集安的距今一千五百多年的将军坟，也是用大石块砌成，形式与埃及金字塔相似。曲阜的太昊陵也是这样。其与金字塔究竟有无关系尚待研究。在建筑文化上，由于所处的自然条件相同，同时产生相同或相近的形式也是有可能的。我们不主张哪一个国家的文化是承继另一个国家的，或者哪一个民族的文化是承继另一个民族的说法，但国与国之间的文化交流，相互影响，有时甚至是相互模仿，彼此移植，确是存在的事实。

中国建筑与世界各国建筑文化的交流有着悠久的历史。自从公元前 2 世纪汉武帝开通了著名的"丝绸之路"以后，与西方、中亚的交往逐渐增多，文化交流更为频繁。在中国现存的古代建筑种类中，受外来影响所产生的建筑占了很大的比重，如佛教的寺院、石窟、塔、经幢，伊斯兰教的清真寺、墓葬，基督教的天主堂、圣母院等，都是在中国原来传统建筑类型中新增添的品种。这些新的建筑类型已经在中国土地上开花结果。在中国作为文物保护单位的古建筑中，佛寺、石窟、古塔、清真寺等外来的建筑也占了很大的比重。就以佛塔一项来说，登封嵩岳寺塔，西安大雁塔、小雁塔，安阳修定寺塔，定州料敌塔，开封琉璃塔，应县木塔，洪洞广胜寺飞虹塔等，不仅是建筑工程上的杰作，也是文化艺术的结晶。明代早期所建的金陵大报恩寺琉璃塔，被当时的外国人称作"南京瓷塔"，并被列入了中古世界七大奇迹的名单（此塔已于百年前被毁）。至于石窟的雕刻、绘画、塑像，如敦煌莫高窟、云冈石窟、龙门石窟、麦积山石窟、炳灵寺石窟、克孜尔千佛洞等，则是中国古代艺术中的瑰宝。它们都是中外文化交流的硕果。

五、反对建筑的简单化、一律化，提倡多样化、民族化

建筑的实用与观赏的两个功能，是众所周知的。建筑师既要创造适用的房屋，又要创造优的环境、美的形象，这样才能满足人们物质和精神上的需要。

然而，在过去的几十年中曾经流行过建筑形式的简单化、一律化，一条街、一个小区，甚至一座城市，都用一排排同样的高楼来兴建，并称之为"现代化"建筑。其实这是把现代化的内容完全歪曲了，现代化不等于简单化，也不是一律化。人的思维活动是复杂的，人的生活方式也是要求有变化的。因此，人们对建筑的要求，对居住环境的要求也是希望多样化的。有人把这种方盒子式的高楼称为"鸟笼子""火柴盒子"，住在这种高楼里面的人好像鸟儿被关在笼子里面一样。这一比喻是很生动形象的。高楼本是特定历史时期的产物，不是发展的方向。它人为地造成了交通拥挤、事故增多及上下不便。高楼在中国古代也曾盛极一时。汉武帝时，为了会仙人而欲建高楼。当然在城市中有几处高楼确实不错，可以登高眺望，或为暂时旅居之处，但若全城都是栋栋高楼，个个鸟笼，那不仅索然无味，对人们的身心健康也都是不利的，更谈不上什么满足人的精神需要了。

世界上每个国家、每个民族都有自己的生活习俗，自己的民族文化，自己的爱好。民族文化是民族的骄傲，是民族自尊心的表现。而民族的建筑艺术则是民族文化中的重要组成部分，保存并发扬各民族的建筑文化传统，不仅能满足人们居住和工作的需要，并且会使世界建筑艺术园地百花盛开。

简单化、一律化的满城鸟笼子、火柴盒子式的建筑格局，已经被一些走过弯路的国家和建筑师所察觉并开始摒弃。去年我在美国碰到一位建筑师，他认为这种简单化、一律化的排排高楼，是建筑师无能的表现，但是的确也有一些建筑师或当事者还把这种简单化称为现代化。

我认为在现在的建筑新潮流中，提出反对简单化、一律化，提倡多样化、民族化还是有必要的。

建筑不仅是人类物质的财富，也是人类智慧的结晶。建筑集各种技术与艺术形式于一身，举凡各种科学技术的新成就，莫不用于当代建筑之上，各种艺术形式，如绘画、雕刻、塑像、织绣、铸造等，更是汇集于建筑物中。因此，建筑作为人类文化中十分重要的一部分是毫无疑义的。同其他历史文物一样，古建筑一旦毁坏就无可挽回，所以我们称一座重要的古建筑的毁坏为不可挽回的损失或不可弥补的损失。

然而，古往今来，不知有多少高楼琼阁、玉砌雕栏、弥山别馆、跨谷离宫、寺塔宫观、坛庙陵墓等，在人为及自然的破坏之下，顷刻之间化为了灰烬。因而，对于古建筑的保护应当引起人们足够的重视。

（选自罗哲文 1985 年在日本东京建筑技术交流协会邀请的座谈会上的学术演讲。原载《古建园林技术》1986 年第 10、11 期）

第二篇　风水学与我国古代建筑的规划营造

风水学自其产生之日起，就不单是一种理性精神，也有一种浪漫情致；就不单是一门哲学，也是一门艺术。总之，是理性与浪漫的交织，是哲学与艺术的共生。

一、风水学是一门具有哲学性的独特文化体系

风水学，实际上是融合了地球物理磁场、星体天文气象、山川水文地质、生态建筑景观和宇宙生命信息等多门学科，以及哲学、美学、伦理学和宗教、民俗等众多的智慧，最终形成了内涵丰富，具有很强综合性和系统性的独特文化体系。其宗旨是审慎周密地考察、了解自然环境，顺应自然，有节制地利用和调协自然，营造良好的人类生存和发展环境，获得最佳的天时、地利与人和，达到"天人合一"的至善境界。在长期的实践和探索中，风水学积累了丰富的实践经验，并通过理论思维，形成了实用性很强并独具特色的风水学科。

风水学的核心内容是人们对居住、生存环境进行选址和处理的一种学问，其范围涉及住宅、宫室、寺庙、村镇、城市规划建设等等。风水学的影响主要反映在三个方面：第一是对基址的选择，即选择能在人们生理上和心理上产生良好信息的地理环境条件；第二是对居所住处的布置和处理，包括自然环境的利用和调协，房屋的朝向、位置、高低、大小、出入通道、供水排水等方面的定位与调整；第三是在上述基础上装饰增加某些符号信息，以满足人们避凶趋吉的心理需求。

风水学所倡导的寻求理想生存环境，是作为人类生存和发

展的基本条件，而人类如何获得更好的生存和发展条件还得依靠人类自身的主观能动性。至于在一些风水学的名著中经常出现的"吉"与"凶"、"生"与"煞"、"神"与"鬼"以及"阳"与"阴"等，即"福"与"祸"、"好"与"坏"、"善"与"恶"及"正"与"反"等的相对应形容词，甚至是为了特别提醒人们引起重视的用语，比如把东北方向的过渡段"土用"称为"鬼门"等。

二、风水学是中国传统文化的重要组成部分

以儒、释、道为代表的中国传统文化哲学思想和对自然的认识，几千年来不断形成和发展所认同的"天人合一"的思想，非常高超和丰富。在春秋战国时期成书的《周易》所指出的"天人感应""道出于天"等内容，就已认识到人类社会是广阔大自然中的一部分。孟子说"尽其心者，知其性也，知其性则知天矣"。汉代大儒董仲舒更进一步提出了"天人之际，合而为一"的主张。到了宋代儒学派的理学发展，正式提出了"天人合一"的主张，把人与大自然和谐共处的关系说得更清楚、更透彻。

风水学，实质上是基于农耕文明的文化，起源于"大地为母"，以"天人合一"的思想作为最基本的哲学内涵，提倡人的一切活动都要顺应自然的发展。人与自然和谐相生是人类的永恒追求，也是中华民族崇尚自然的最高境界。崇尚"和谐"成为中国传统文化的精髓，也是风水学所探索和追求的理想境界。"天人合一"的有机自然观深深地渗透在风水学之中。风水学以中国古典哲学阴阳思想为根本来认识大地，选择地形。古代的民居、聚落都依赖于自然、顺应气候和地势等自然条件来进行布局。因此，可以

说风水学是一种典型的中国传统文化观，是一种蕴藏着丰富哲理、可资借鉴的人类环境文化观。

风水学在我国的建筑选址、规划、设计和营造中几乎无所不在，成为中国传统建筑文化的灵魂，是中国古代建筑活动的指导原则和实用技术。风水学与营造学、造园学共同组成中国传统建筑文化的三大支柱，是中国传统文化的重要组成部分。

三、风水学在建筑规划和营造中的应用

不只是我们人类，即使是动物，也懂得选择适当的环境居住，因为环境与其安危有着密切的关系。一般的动物总会选择最安全的地方作为其栖息之处，而且该地方一定能让它们吃得饱并能养育下一代。像我们常说的"狡兔三窟""牛羊择水草而栖""鸟择高而居"等就包含着这方面的意思。人类经历风雨，在生存斗

澳门大三巴牌坊

争和生存适应中不断进化，栖身树林到蜗居洞穴继而搭木成屋。住宅从一开始就不只具有居住及避险的功能，大多数住宅都集避险、集物、储藏、寄情、生产、流通、交换等功能于一体。在这过程中，人类也逐渐认识到，住宅如果完全没有封闭，就不能给人类以安全感并满足遮蔽隐私及上述诸功能的需要；然而住宅如果完全没有开放，就不适合常人居住而只能作为令人窒息的牢笼。在不断发展和不断进化的过程中，人类对生态环境的认识，经历了"听天由命"到"人定胜天"，再到"天人合一"及人与"天"的和谐统一这样一段曲曲折折的过程。如今，人们普遍认识到生态环境是人类赖以生存和发展的基础。好的环境，避风向阳、流水潺潺、草木欣欣、莺歌燕舞、鸟语花香、绿树成荫，能为人们提供空气清新、优雅舒适的环境，从而净化人们的心灵，陶冶高尚的情操。追求理想的生存环境，是人类发展的永恒主题。人类的生产、生活系统，自觉或不自觉地受制并反作用于周围的环境系统。人与环境之间的这种复杂关系，正是风水学的研究对象。因此，如何对外在的环境系统进行选择，则是风水学的理论核心内容。

风水学有着鲜明的生态实用性，庭院园林要与地形、风和水的运作相联系。风水学就是人类在建筑选址、规划、营造活动中，寻求阴阳平衡，与大自然和谐统一的一门富含科学性的独特文化体系。

（一）风水学与选址

风水学选址的原则包括：立足整体、适中合宜；观形察势、顺承生气；因地制宜、调协自然；依山傍水、负阴抱阳以及地质检验、水质分析等。这对于建筑、园林的选址，乃至村落和城市的选址和规划都有着极其重要的指导意义。

1. 村落选址

村落风水学的环境模式简单地说，就是后有靠山、前有流水、形局完整的地理单元。如果用风水学来表达，那就是清代姚廷銮在《阳宅集成》中所称的：

阳宅须教择地形，背山面水称人心，山有来龙昂首发，水须围抱作环形，明堂宽大斯为福，水口收藏积万金，关煞二方无障碍，光明正在旺门庭。

在中国宗族文化最为珍贵的家谱史料中都保存了大量关于村落选址的内容便是例证。

2. 城市选址

中国古代对城址的选择十分慎重，人们认为关系到未来事业是否兴旺发达，关系到族人与国家未来的前途与命运。从前，国都选址也充满了礼仪规范和天人相应的文化意识。

中国古代城市选址受风水学的影响，表现在：

（1）注重"脉络"的都邑形势。大小不同的城市，在空间尺度上对脉络形势也各有差异。

（2）注重水在中国聚落选址中所占的重要作用。水能聚气，特别是呈环抱状的水最能聚气。

（3）要求城市所处交往运输方便。

（4）必须具备安全防御的功能。风水学的典型模式要求后有镇山，左右有沙山护卫，前有碧水环抱，这本身就具有防御的功能。这种风水学的模式也还隐含着风水的生生不息，实际上就是追求一个富有勃勃生机的生息之地。

《易经》所称的"设险以守其国"是中国古代建置城市的主

要目的，要达到这一点，将城市布置在依山靠水的地理环境中，显然十分必要，因为这样可以"就地之势"，使自然山水无形中构成了一道城外之"城"，从而收到"守者不出，一而当十，十而当百，百而当千，千而当万"的效果。我国大多数的城市位置可以说是在风水学理论指导下选定的。

3．风水学与城市规划

在中国古代的传统的文化观念里，自然与人是相互感应并相通的，天、地、人这三大系统叫"三才"，共同组成一个统一的机体。都城和国家都是这个机体的反映，所以强调城市规划布局与天文、气象的相互联系，组成一个有机的建筑景观生态系统，这也就是我国古代文化的最高原则。

风水学对于选址的功能在于确定城市的外部环境，并对城市内部的空间进行组织，使其与周围环境和天文、气象和谐统一。风水学的作用主要表现在城市的重点布局与城市中轴线的确定上。享有盛誉的北京城以它那规划严整的街市和辉煌壮丽的宫阙闻名于世。利用现代科学，专家从航拍的图像中发现北京城有水、陆两条"龙"。一条是沿北京中轴线竖向起伏律动的陆龙，龙头在天安门，左脚为太庙（今劳动人民文化宫），右脚为社稷坛（今中山公园），龙身即为紫禁城、景山至鼓楼、钟楼。另一条是位于陆龙之西侧水平逶迤多姿的水龙，龙头在南海，龙身为中海、北海至前海、后海、西海。水陆两条龙，一为屈曲流动，一为体正端庄。两龙相伴，一曲一直，动静对比；阴阳相伴，有机结合；交相辉映，谐和有情。这样的布局使得北京的城市空间格局呈现了既严谨有序又富于变化的无限魅力，充分展现了风水学的伟大成就。

古代北京城是风水学的杰出代表。整座北京城，是中国古代建筑、精神意识和艺术巧妙结合的一个风水学的实体展现，它是我们祖先千百年来经过长期生活、奋斗而积累形成的知识、信仰、道德、习俗、法律、观念等等的综合体现。特别是明、清两朝代，更是按照风水学的理论原则，对北京城进行了整体风水调整，使其更加雄伟壮丽。

4. 以宇宙为象征确定城市中心

"天人合一"是中国传统文化的核心，中国古代的城市规划也深受其影响。地上的城市往往是天上的写照，从而使城市成为宇宙的象征。天上的紫微宫是北极星周围的一个星官，是人们心目中的宇宙中心。因此，在都城中心建有象征天象的紫宸殿或紫禁城。

北京的紫禁城是典型的宇宙象征主义的代表作。它位于东西和南北轴线的交叉中心。宫城象征着"宇宙中心"——北极星。整座城市的中心是皇城，皇城的中心是宫城，宫城的中心是太和殿，太和殿的中心又是象征宇宙中心的须弥山。其上的须弥台座九层台阶，象征着九重天，这一人间、天上的"中心"，也称"太极"，这里是阴阳调协、藏风得水、生化万物的地方。

为了把皇宫渲染上神圣的光辉，古代的匠师们借助风水学理论作为基础，在北京城的规划中努力把北京的紫禁城组织为都城的中心，以象征为宇宙的中心。

5. 以主体建筑群构成城市中轴线

中国古代的京城建筑，往往以"先天八卦"之乾、坤、离、坎所象征的天、地、日、月，作为南北中轴线和东西中轴线两端(南、北、东、西)四正方位的象征。明、清两朝代的北京城之天坛、地坛、日坛、月坛，就是按乾南、坤北、离东、坎西的方位来布局的。在南北中轴线上，皇城的南门为天安门、北门为地安门也是按"先天八卦"的乾南坤北的方位来规划的。

以全城的主要建筑群构成中轴线,背靠祖山、主山,面对朝沙、案沙等山峰构成一组对景,以壮城之形势。北京紫禁城布置在全城的中心位置,背后的万岁山(景山)五峰丛峙(风水学中的主山),中峰处在全城的中轴线上,又当南北两城墙之中,形成了全城的制高点,它使得全城堂堂正正,庄严而又匀称大方。帝王居所的主体大殿在它巍峨实体的依托之中。以城市的中轴线控制了城市的规模和布局。

6. 以水环抱金城

风水学的典型模式是要求北有靠山,南有弯环朝抱之水。水在中国传统文化中是财源的象征,所以中国传统的城市规划尤为重视水的作用。或临水建城,或引水入城。总之,有城就必有水。位于北京紫禁城太和门前的内金水河和天安门前的外金水河都是向南凸成"金城环抱"状,以体现风水学中所谓"环抱有情"的意象。这不仅满足了人们对财源滚滚的向往心理,还在客观上改善了城市空间布局。

(二)风水学与庭院布局

我们伟大的中华民族以灿烂的文化和悠久的历史著称于世。中华文明成为世界上具有独立起源的四大古文明中唯一没有散失和中断的古文明,时至今日依然充满着勃勃生机。究其原因:

一是文字结构独特的中国汉字。汉字是由象形文字发展而来的独立方块字,它比之拼音文字除了内涵信息量和新词汇容纳量大之外,持久和相对不变性也是汉字的一大特点。可以毫不夸张地说,一个汉字就是一部历史,一个汉字就是一段精彩的故事,而汉字的不同组合又可形成内涵丰富、各具特色的词汇。尤其是组成的中华成语,作为历史的缩影、智慧的结晶、语言的精华、文明的积淀，言简意赅、精妙绝伦，处处闪烁着睿智的光芒，更是中华民族的文化瑰宝。而一首诗词和每一个语句，则以其深邃的意境，耐人寻味。

二是传承家族文化的中华民族祭祖传统。"国之大事，祀居其一"。这种经久不衰的祭祀活动，在民间也产生了重大的影响，涌现了以家庭为核心的聚族而居，形成与自然和谐共处、邻里关系极为密切的聚落。这就增强了家庭的亲和力、宗族之间的向心力，从而增进了全民族的凝聚力。

中华文化独特的中国汉字和以其人性自然而稳定的亲情，作为内圣外王的整体思想根基，使血亲的讲究上接文化的渊源，使家庭观念因此被扩充，被导向文化的意义，血脉的永恒与文化意义的永恒贯通一致。这一切，在传统建筑文化的风水学中得到充分的反映，就形成了以"家庭为单位"对外封闭的中国庭院布局。正如乐嘉藻先生于 1933 年所撰写的《中国建筑史》所指出的：

中国建筑，与欧洲建筑不同，其分类之法亦异。欧洲宅舍，无论间数多少，皆集合而成一体。中国者，由三间、五间之平屋，合为三合、四合之院落，再由两院、三院……合而为一大宅。此布置之不同也。

中国传统建筑文化独特的庭院组合，虽然貌不惊人，但其庭院里面，却蕴藏着"天人合一"的基本内涵和极富变化的独特美学魅力。著名建筑学家梁思成先生指出："我们的空间处理与欧洲系统不同，主要也在这种庭院的应用。"对庭院内各建筑要素进行合理组合，并赋予庭院这种令人叹为观止的无限魅力，其根本所在是借助于风水学的理论指导。这种庭院组合成为中国建筑文化的基本特征。小到寻常百姓家，大到寺庙、书院、村落、城市以及其选址的四周山峦形态，大都以这种庭院布局为基本的共同基础，其区别仅在于规模、用料和精美程度而已。

庭院组合的一般布局特点：

（1）建筑物中围一院，以三合或四合排列。

（2）以墙、廊联系或围绕建筑，成为合院，对外封闭。

（3）在庭院的群落中，纵向有明显的轴线，横向则左右大体对称。厅堂居于核心地位，主要建筑物布置在中心主轴线上，附属房屋则位居次轴上，并以"前公后私""前下后上"为原则，把对外的房间与下房放在前面，呈现了"主次分明，秩序井然"的位序。

（4）以庭院解决建筑的通风、采光、排水和交通等需要。

（5）以檐廊和廊子组成网状交通系统，形成屋内交通系统。而不下雨时，即可走庭院。使人不论在廊下或露天都能与自然和谐共融。

（6）以重重院落相套，向纵深与横向发展。纵深形成一进一院交互的关系，横向则形成一顺一跨院的关系，以满足不同规模的需求。

（三）风水学与中国古代建筑

阴阳五行说，是我国先民在接触各种事物与现象的实践中，通过观察与思考而建立起来的一种影响很大的哲学思想观念。它是一种自发朴素的唯物论，并具有辩证的思想因素。"一阴一阳谓之道"是阴阳学说的精髓。阴阳五行，是我国人民所独创的一种学说，广泛地渗透于中国古代科技文化的各个领域。风水学在各个方面都遵循这一原则，阴阳与五行是风水学的两个基本概念。

1. 阴阳说对中国古代建筑的影响

我国古代的皇宫宫殿的设置和命名，阶、台、亭、门、楼、堂的布局，甚至连宫门铜钉的数目都与《周易》象数有关。

皇宫的中心，布政决策的殿堂往往称为"太极殿"，则取自《周易·系辞》中的"易有太极，是生两仪"。"两仪"指"阴、阳"和"天、地"。天地相交，阴阳相配，于是生化万物。用它做主殿的名称，意味着天子权力之无限。

北京紫禁城以"和"命名的太和、中和、保和三大殿，取之于《周易·乾·象》所说的"保和大和，乃贞利"，即阴阳和合滋生万物是为"和"。和谐则万事吉祥。乾清宫、坤宁宫和交泰殿的命名也取自《周易》，"乾，天也"，"坤，地也"。乾清与坤宁是天地清宁、江山永固、国泰民安的意思。《周易·泰·象》说："天地交泰"意为阴阳交合、万物滋长、子孙昌盛。

根据卦理运行以"阳气主导"为命脉的原理，"阳数设计"成为中国古代建筑的一种基本设计手法，从造型到构造做法、从整体到细部以及梁架排列、斗栱出挑、门窗设置等，都必须先考虑按阳数形成等差的做法。中国古代建筑通过"阳数设计"的阳刚手法形成中国古代建筑阴柔和顺的美学风格。也就是"阳"的手法，"阴"的风格。

营造用尺制度直接与数理有关，数字排列组织规律反映出审美规律。这种和谐的营造尺寸选择，并赋予深刻的哲学寓意，不仅影响了营造意识，而且又升华为建筑艺术的感染力，成为中国建筑独具魅力的表现特征之一。

"夫宅者，乃是阴阳之枢纽，人伦之轨模"。这是《黄帝宅经》用于说明建筑为介于天地之间阴阳之气聚集交会之场所的一句名言，它站在整体辩证思维的高度，以宏观的视野道出了建筑的哲理内涵。在建筑中出现的数据，都是反映"阴"与"阳"的见证。

　　明代北京都城，呈"凸"字形，外城为阴，设城门七，少阳之数；内城为阴，设城门九，老阳之数。内主外从，故内用九外用七。依八卦理，变卦中老阳老阴可变异，少阳少阴不变。内用九为"阴中之阳"，合乎卦理。内城南墙，乾阳属性，城门取象于人，故三才俱备。整个城市宛如一个小宇宙的缩影。全城中轴线：永定门—太和殿—鼓楼—钟楼，依次为九里、五里、一里，全长共十五里，正合《洛书》中线"戴九履一"方位常数十五的理念。这条轴线寓意深远，控制了北京城的规模和容量。城市数形匹配，犹如八卦矩阵布列，和谐有序，气势非凡，宏阔博大，是世界城建史上罕见的奇迹。

　　以"间"为基本空间单元的中国建筑，都为三、五、七、九阳（奇）数的开间。阳数设计方法历史悠久，早在春秋战国时期的《考工记》《礼记》等已有明确的制度规定，"天子之堂九尺，

浙江金华八咏楼

大夫五尺，士三尺"等等。皇帝乃"九五之尊"，卦象喻为飞龙在天。其大朝的太和殿阔九间（不包括两侧的廊道）、深五间为最高规格。而王府的大门开间虽也都是单数，但只能是七间启三、五间启三及三间启一。九龙壁、九龙椅，八十一个门钉（纵九、横九）的大门，大屋顶檐角的九个兽饰，太和殿重檐四坡顶上的九条脊，紫禁城角楼的九梁十八柱结构，紫禁城内总共房间数为九千九百九十九间半，等等，都隐喻着"九五之尊"的含义。这些都是皇帝和皇宫的专用数字。

运用富于哲理的数字进行奇巧构思，在中国古代建筑中十分普遍。天坛用数字进行的寓意设计，也是一个典型代表。

天坛主体建筑的祈年殿，为向天祈祷风调雨顺，以求丰年之圣地。三重圆顶攒尖、殿宇坐落在三重圆形汉白玉台基之上，三三见九，高九丈九，此乃重九之复，阳极之数，均喻九重天，无尽之间。数形相配，意境油然而生，足见设计之巧思功力。祈年殿内空间的内环四根柱表示四季，外环十二根金柱表示一年十二个月，十二根檐柱表示一天十二个时辰，此双十二之和表示一年二十四个节令，全部柱数二十八根表示二十八宿。构架上三十六根枋桷短柱表示三十六天罡，七十二根连檐柱表示七十二地煞。斗转星移的时光流转都做了详尽的表达，使得祈年殿宛如一座"时间的建筑"。

天坛的另一重要建筑——圜丘，是为皇帝祭天之处，露天而设，坛而不屋，其建筑艺术表现力并不求其形，而在于面对空旷的自然环境，利用烘托渲染环境的手法及阳数的设计手法形成一个"阳性场"来充分加以展现。整个圜丘坛均采用奇数（或曰阳数、天数）来进行精心设计。三层圆台利用重复天的母题造型，而各层台面铺石和栏板的数量则均以阳九为基数，头层台中心为太极石（或曰天心石），外九重扇面石，每重石板数按九的倍数增长，则一九、二九、三九……至九九之数，其余两层均如法推算。栏板的数量，上层为八"九"之数，七十二块；中层十二"九"，一百零八块；下层二十"九"，一百八十块。总数为三百六十块，正是周天象数。坛的直径尺寸各层分别为九丈、十五丈、二十一丈，含"三三""三五""三七"奇数等差规律，计四十五丈，含"九五"之寓意，喻飞龙在天，乃示八卦中乾卦的帝王之尊的爻题。在浓烈的天数氛围中可以想象到天人感应所赋予皇帝一个"天"的场所精神。可以说圜丘是一座"空间的建筑"。

风水学五行说对中国古代建筑的影响是十分明显的，北京紫禁城便是最具典型意义的代表。其南北轴线长十五里，是世界之最，也体现了《洛书》的方位常数十五之数。在色彩上，宫墙、殿柱用红色，红属火，属光明正大；屋顶用黄色，黄属土、属中央，土在易经八卦方位中因其性质浑厚适中，利万物生长，故利于四方。在中国，最高权力机关叫中央，表征利于四方，中央为黄色，黄色便成为皇帝专用色。皇宫东部的屋顶用绿色，东方为绿，属木、属春，表征向上生发，是权力未来的继承人，故皇子居东，即"东宫太子"。西宫为太后的专属方位，西方为白，属金，金的秉性是凄凉，表征清净与苍凉稀疏，即"西宫太后"。皇城北部的北一门，墙色用黑，北方属水，为黑。南门即天安门，至前门不栽树，意为南方属火，不宜加木，火克木在此不利于木结构防火。

中国建筑走上木构架建筑体系为主的发展道路，与阴阳五行说也有着密切的关系。

木，是自然生命力旺盛的表现，它承天之雨露，向阳而长，乘地之养育，入阴而生，即为阴阳枢纽。采用木材这种阴阳合德之实，是最为合理的选择，是理性主义哲学思考的又一必然结果，木材是一种可以再生的材料，因此也是顺应自然的要求。

按照《易经》里八卦的含义，更可理解土木结合的内涵，土在《易经》八卦方位中因其性质浑厚适中，利万物生长，故利于四方，被置于中央。土对脾胃，中医称为中焦。木的性质喜欢温暖，向阳，而东方为阳初生之地，所以木的方位属东方。按照易理思维，中国人选择了土木作为数千年不变的建筑材料，认为土木是有机体构成的，符合"天人合一"的理念，能营造有利于人生存的"养生环境"，这也是"大地有机"说的必然反映。

中国木构架结构，也是按照易学辩证关系形成的动变结构。动是永恒的，静是相对的，立柱与基础、立柱和横梁的交接都是采用利于抗震的柔性榫接，充分地体现了老子"以柔克刚"的内涵。

3. 形势说对中国古代建筑的影响

风水学立足于整体，尤其强调每一座建筑与周围环境是"点"与"面"的关系，点面和谐，才能使人"得山川之灵气，受日月之光华"。大环境以"百尺为形，千尺为势。形住于内，势住于外；形得就势，势得就形；形不欲行，势不欲止"为原则。

风水学的观形察势（即形势说），就是风水学中的"形"与"势"要领的实际应用。就本质来说，就是运用建筑形体及其环境景观构成要素，如地形、地貌、山川植被以及光、色等等，进行空间组合，使在体量、尺度、造型、形式以及质地肌理等方面出现大小、高低、远近离合、主从虚实、阴阳动静等变化，都能适合人的生理和心理要求。在感受效果上，特别是视觉感受效果上，引起审美的愉悦，并臻于艺术上的完善。而建筑外部空间设计理论，也不外有关这些空间组合处理技巧规律的概括和抽象。风水学的形势理论即这种理论思维的内涵和特征。

风水学的形势说中的"形"，是指近观的，小的、个体性的、局部性的、细节性的空间构成及其视觉感受效果。"势"，是指远观的，大的、群体性的、总体性的、轮廓性的空间构成及其视觉感受效果。

传世较早的风水要著《管氏地理指蒙》等指出，"远为势、近为形；势言其大者，形言其小者""势居乎粗，形在乎细""势可远观，形可近察""百尺为形，千尺为势""形即在势之内""势即在形之中"等，言简意赅，概括性极强，内涵丰富深刻。

风水学形势说的核心，除了定性地概括形和势这两个基本概念外，还定量地给出了"千尺为势，百尺为形"的规定，作为外部空间构成的尺度权衡基准。这是在把握了有关人的行为及知觉心理规律的基础上，极其准确凝练地给出"外部空间模数"，与现代有关理论及相应分析成果十分契合，再次证明风水学的研究具有极其深邃的内在科学依据。

在远景逾千尺限外时，风水学的形势说还别具匠心地提出"驻远势以环形""形乘势来""形以势得"的艺术处理。即在远景上，使一些个体性的百尺之形，或者因借山地形，或者依靠大体量、大尺度的群体性空间组合作为底景，得到衬垫烘托，从而获得远视上宜人得体的空间艺术效果，不至于疏远空旷。这匠心独运，更显风水学之高明精深。

风水学的形势说除了对远观、近观外，还对介乎两者之间的中景景观的时空动静感和相应艺术处理原则进行把握和阐发。当代建筑空间理论也充分证明其本质是十分精湛科学的。

风水学的形势说在综合近景、中景和远景上的空间构成方面，提出了重要的处理原则：对千尺之势的大型空间组群，一方面，要从全局或整体上控制其具有特定性格或气魄；另一方面，要在此基础上，以百尺之形为率，把整个空间组群划分成既相对独立、互有差别而又有联系的多个局部性空间，巧妙地组织其中各单体及局部细节的艺术处理。这样，空间组群便能一气呵成地显现出性格鲜明、有机统一的整体特色；而移行其间，在远、中、近的不同层次上，纷呈的形与势的时空转换，更能予人以一系列的不同感受，并引起情感变化，形成生动别致、连续不断的审美体验。

风水学的形势说，其理论体系是在丰富的创作实践和审美体验的基础上，通过分析研究掌握其一系列本质特性和内在规律，经过深刻的抽象思维而形成的外部空间设计理论。具有极为丰富的文化内涵和极其严密的系统性和科学性，可与现代外部空间设计理论比美，不仅具有很高的理论水平，而且具有很强的实践意义。

（1）形势说对建筑形象的设计控制。

风水学的形势说，是从整体引发出来的对建筑形象的设计控制。先哲们总结长期经验，提出"百尺为形，千尺为势"的设计法则，认为对个体设计的形象视觉效应在 30 米（即百尺）左右最佳；对群体形象求其轮廓起伏动势的视觉效应则在 300 米（即千尺）左右最佳。它们都有自己的尺度感和平衡范围。对于形与势的关系，古代还提出"以形造势"，讲究气的生动，富于变化。"以势制形"强调秩序和谐，照应统一。中国古代建筑群体大多纵列构图，只要看看纵向建筑侧面的天际轮廓线高低起伏的律动变化，或登高临下横观纵览，那形势的辩证设计便可体味无遗，令人叹为观止。

北京紫禁城的规划设计备受风水学理论的制约和指导，有关风水学的形势说在紫禁城大规模建筑群的外部空间构成中表现得淋漓尽致。

紫禁城的整体立意，不仅极为注重"非壮丽无以重威"，竭力表现和强化其环境氛围的"九五之尊"，而且在艺术追求上仍然具有鲜明的现实理性精神。构成规模恢宏、气势磅礴的紫禁城建筑组群的各个单体建筑，其外部空间构成的基本尺度，实际上也都遵循了"百尺为形"（百尺折合公制为 23 ~ 35 米）的原则，则以 23 ~ 35 米为标准来控制单体建筑的平面及竖向尺度，而没有以超人的尺度夸张来求取艺术上的威严。

建筑高度的限定。紫禁城最高的单体建筑是午门，由于它是紫禁城的正门，征伐凯旋献俘之际，皇帝亲御其门楼，有明确且强烈的镇压威慑作用，其自城下地平直到脊高也只有 37.95 米。"九五之尊"的太和殿，连同三层台基，全高也才 35.05 米。除此之外，紫禁城其余所有单体建筑的高度均在 35 米限下。

建筑进深的确定。太和殿为最大，通进深 33.33 米，其余各单体建筑进深均在此限之下。

建筑面阔的确定。紫禁城的建筑大部分通面阔均以"百尺为形"加以控制。只有在中轴线上的午门、太和门、太和殿以及神武门和横轴线上的东华门、西华门、体仁阁、弘义阁等为了体现"居中为尊"，其通面阔超过百尺之度，但由于处在主轴线上的主体建筑均为对称建筑，其通面阔则都是按轴线两侧各控制在百尺之内的。如午门正楼通面阔为 2×30 米；太和殿为 2×30 米；体仁阁、弘义阁为 2×23 米；等等。

近观视距的控制。如东、西六宫的绝大多数内庭院，通面阔、通进深都在 35 米限内。在紫禁城就连最为显赫的三大殿，自其三台以南而至北端，自东而西，进深和面阔逐段划分，也均在此限之下。

远观视距的构成。除东华门、西华门距离过大为仅有特例外，其余所有广场、街巷或相邻单体建筑间距，以及城台、城墙各段落之长，最大的也都在 350 米左右，以"千尺为势"做限定。

正是由于紫禁城各单体建筑的平面尺度按"百尺为形"控制，近观视距亦以"百尺为形"而限定；远观视距则控制在"千尺为势"的限界之内，其间行程又遵循以"百尺为形"划分于"千尺之势"的空间构成原则，因此构成了一系列最佳观赏视角及空间感，保证了近观、远观以及移行其间在形与势的时空转换中获得最佳的视觉效果。

紫禁城大规模建筑群的整体布局和由此形成的艺术氛围，具有震撼人心的气势魄力，极为壮丽恢宏，在远观时也尤为显眼。这一创作意象充分展示了风水学在营造中国古代建筑鲜明特色中有着极为重要的作用。

（2）形势说对规划设计创作的影响。

以明、清两朝代的北京城作为中国古代城市的典型实例来看，整个城市，除了少量佛塔、佛楼，用以象征着"神的空间"并具有点景作用的建筑超过百尺之形的高度外，其他的均遵循了"百尺为形"的尺度控制原则。如皇帝用于祭天典礼的天坛，其祈年殿，从台明到宝顶全高为 31.78 米，就正合清代营造尺（光绪年间一营造尺＝31.83 厘米）九丈九尺九寸，而起着控制整个城市天际轮廓线作用为最高的城楼——钟楼和鼓楼的楼身高等皆控制在"百尺为形"之范围。

在中国古代的园林中，大量建筑的体量小巧，式样素雅，布局活泼，极富人情味，但也有很多庙宇的佛塔、佛楼，其体量尺度则超越了"百尺为形"而居于园景的重要控制点或成为全园的构图中心。如颐和园的佛香阁、须弥灵境作为构图中心控制了万寿山和昆明湖，也控制了颐和园全园；以永安寺白塔向心敛聚着琼岛以至整个北海的景物，成为点式构图中心。这些庙宇属于"神的空间"，具有礼佛的作用，但在全园的规划中，却借其超然的体量尺度来装点"人的空间"，使其成为全园的主体。这种当空间围合尺度及远观视距逾千尺之外时风水学形势说所强调的"积形成势""聚巧形而展势"的处理手法，即可避免产生空旷的疏远感，从总体上丰富了全园景物和功能内容，这是对风水学形势说的灵活巧妙运用。

4. 风水学与寺庙建筑

佛教于东汉明帝年间从印度正式传入中国。在这之前，中国本土文化已十分繁荣，儒教、道教等思想体系在社会生活中发挥了巨大作用，并积淀为社会心理和民族心理。佛教传入中国后，各地建造了千座寺庙、佛塔和石窟，具有重要的历史价值和艺术价值。

佛教寺庙建筑起源于印度，其建筑传入中国后，受到风水学的影响，强调"天人合一""阴阳转化"宇宙观的思想，刻意将内外空间模糊化，讲究室内外空间的互相转化，殿堂、门窗、亭榭、游廊均面向庭院，形成一种亦虚亦实、亦动亦滞的灵活通透效果。中国寺庙建筑群并不把自然排斥在外，而是要纳入其中，"深山藏古寺"，讲究内敛含蓄。主动将自己和自然融合在一起。寺既藏于深山，自然也就成为深山的一部分。建筑与自然融为一体，正是"天人合一"的体现。而欧洲的教堂则与中国寺庙截然不同，都在闹市繁华之地。而高、直、尖和具有强烈向上动势特征的造型风格使人也有飘然欲升的意向，向上则暗示着上一层空间的存在，上一层空间即"天堂"，人世是苦难的，只有天堂才是乐土，从而表达出"天国"与"人间"两个世界的对比。

中国寺庙无论规模和地点，其建筑布局也遵循风水学的规划原则。以大雄宝殿为中心，由山门—天王殿—大雄宝殿—本寺主供菩萨殿—法堂—藏经楼这条南北纵深的轴线组织寺庙的平面方形空间，对称稳重整饬严谨。沿着中轴线，前后建筑起伏变化、起承转合，宛如一段前呼后应、气韵生动的乐章。中国寺庙建筑之美就体现在融于自然之中，与群山、松柏、流水、宫殿和亭廊相互呼应，含蓄温蕴，展示出组合变幻所赋予的和谐、宁静及韵味，让人们获得风水学和谐美的享受。

四、结语

风水学是中国传统建筑文化的重要组成部分，以"天人合一"的思想观念作为最基本的哲学内涵，中国传统文化的精髓"崇尚和谐"便成为风水学所探索和追求的理想境界。

风水学追求自然的情怀，提倡"人之居处，宜以大地山河为主"，要求建筑物要与周围的自然环境融为一体，主张在形式和功能上要有机结合。总之，风水学的目标是面向自然的，也是面向整体的。风水学一开始就与村落、城市的选址和规划建设结下不解之缘，并以其浓郁的文化内涵，在历史的长河中沉积而渗透到其所有的活动之中。大至建都立国，次则设州治县，小而营宅造院，凡是"动土"的建筑活动，都无不和风水学有关。

风水学关于村、城、宅的选址模式有着明显的共性，都是背有靠山、前有流水、左右有沙山护卫，构成一种相对围合空间单元。

以主体建筑群为中心和以中心主轴线控制城市规模、布局的空间模式所形成的坐北朝南、背有靠山可倚、前有流水环抱的布局体系，尤其是北面有山可依，对城市布局起到了重要的稳定作用和空间构景作用。其思想内涵的合理性，对中国传统建筑和城市规划都起着极其积极的作用。

风水学最终目标是追求理想的生活环境，古人把居住之宅视为"人之根本"。因此，建筑领域便成为风水学最为有力的表现舞台。人类对待生态环境的认识在经历了"听天由命"到"人定胜天"再到"天人合一"及人与"天"（大自然）的和谐统一这样一段曲曲折折的过程后，如今人们普遍认识到生态环境是人类赖以生存、发展的基础。由于风水学丰富的哲学意义和实用价值，因而终于重又获得世人的尊崇。

风水学是在中国几千年封建社会中基于农耕文化成长和发展起来的。因此，与其他各种学科和文化一样，也会有某种局限性，不可避免地也会掺杂着一些封建迷信的色彩和唯心的成分，但不是本质和主流的。我们应该以科学的态度和辩证唯物主义的思想来认识和对待这一门综合性的理论，对其进行精心研究和科学总结，取其精华，去其糟粕，使其精华更加纯正，为建设中国特色社会主义服务。

（原载《古建园林技术》2008年第2期）

古建筑保护与维修概论

第一篇　光荣的职责，艰巨的任务

衣、食、住是人类赖以生存的最起码的需要，就是在原始社会阶段也是不能缺少的。住是建筑的起源，从穴居野处、构木为巢发展而成的高楼大厦和各式各样的建筑物，是科学技术和文化艺术的综合体，是人类文明的标志。翻开人类文明的历史，马其顿亚历山大的武功，大流士的改革与专制，释迦牟尼、耶稣基督的说教，秦皇、汉武、唐宗、宋祖的丰功伟业都如大江之东去，一去不复返了。但埃及的金字塔，希腊、罗马的神庙、城堡、剧场，亚洲的佛寺和欧洲的教堂，秦皇汉武的高坟巨冢却仍然巍然屹立。万里长城永不倒，成了中华民族的象征。可以说，世界上任何一个国家、任何一个民族都有他们每一个时期的历史精华、文明结晶。然而最能具体形象地表明每个历史时期文明的标志的，要算是古建筑了。

公元前 2 世纪有一位著名的讽刺诗人、旅行家安蒂伯尔特曾编制了一个上古世界七大奇迹的名单，以集中而又突出的形式表示出人类文明的创造。以后又有一些人编制了中古世界七大奇迹的名单，这两个世界奇迹的名单几百年、几千年都一直流传不息，其原因就是它们突出地反映了人类文明的高峰。但是，我们只要稍加查考，就可以发现这两个世界七大奇迹大部分都是古建筑。

埃及的金字塔，罗马的大角斗场，中国的万里长城、故宫、天坛，意大利的比萨斜塔，土耳其的圣索菲亚教堂，印度的泰姬陵，日本的法隆寺，以及近代美国的帝国大厦，澳大利亚的悉尼歌剧院，等等，它们都像镶嵌在地球上的颗颗明珠，闪烁着人类文明的光辉。的确，最能具体而又形象地表现出人类文明的，莫过于建筑了。建筑不仅反映了各个时期建筑本身的技术与艺术水平，而且反映出各方面科学技术、文化艺术的成就，还反映出社会的政治、经济情况。我们可以说，没有各门科学技术、文化艺术的成果，没有雄厚的社会经济基础，豪华壮丽的建筑是建立不起来的。有人说那些豪华的宫殿是用黄金、智慧与血汗凝成的，并不为过。

我们可以发现，在我国的历史文化遗产文物保护单位类别中，古建筑所占的数量最多。而且其他类别如古遗址、古墓葬、石窟寺等，也都是建筑的遗迹。除了个别石碑、石刻之外，所有的不能移动的文物几乎都是古建筑。还有许多珍贵文物，如雕塑、壁画也都保存在古建筑之内。因此，我们说古建筑是文物中极其重要的组成部分，并不是夸张的说法。

然而古建筑之可贵，除了它们是用金钱和血汗堆成的之外，更重要的是它们是历史的遗存，经过了不知多少年的岁月磨炼，有的已有几百年、上千年的历史。如果毁坏了它们，就不可能再得。比如一个唐宋时期的古建筑被拆毁了，就无从再得，纵然根据资料能重新恢复，但它已成了一个复制品，一个假古董，它的价值也就大减了。所以人们常常把一件文物、一座古建筑的破坏称为"不可挽回的损失"或"不可弥补的损失"。

我们作为古建筑、文物古迹的保护和管理工作者，所肩负的任务是非常光荣伟大的。因为我们所保管的东西都是几百年、几千年、几万年乃至几十万、几百万年来我们祖先用辛勤劳动和血汗智慧所创造遗留给我们的。这些东西都是不可再得的珍宝，我们还要把它传给子孙万代，永保永用。古建筑和文物古迹，是我们伟大祖国锦绣河山和文明古国的具体体现，如果我们没有把它保护好管理好，或者破坏了的话，那将是一个对不起祖国、对不起祖先、对不起子孙后代的绝大的错误。所以说我们的工作是"上对祖先下对子孙后代负责的千秋功业"。我们的职责是光荣而伟大的。

然而，我们的任务又是十分艰巨的。其原因主要是古建筑和文物古迹的价值往往还不为有些人所认识，甚至被认为与国计民生没有多大关系。因此，在与其他建设项目发生矛盾时，往往要被迫为之让路。还有一个原因就是古建筑和有价值的文物古迹是不能再造之物这一特点，也不为某些人所认识。有人甚至认为：古建筑算什么，毁了再修一个好的；文物古迹算什么，不顶穿不顶吃的。

最难处理的事情就是古建筑、文物古迹的保护和许多部门都有矛盾，它要在古建筑保护区内重要景观之处修新建筑，你不让它修，它不满意；在文物保护单位影响范围内修新建筑要限制高度、体量、形式、色彩，它不接受。尤其是对环境的影响更难控制。

还有环境的污染，使古建筑和文物古迹的自然损毁加剧，这也是最近十几年来出现的严重问题。总之我们做文物保护工作困难重重，问题很多。但是我们绝不要灰心丧气，一定要迎着困难上。我们一定要按照中央书记处指示的"责任在身，当仁不让"的精神去工作，我们的职责就是要保，保护祖先留给我们的不可再得的无价之宝，保护人类共有的历史文化财富。对那些随便改造古建筑、任意拆卖古建筑、肆意破坏古建筑环境的行为依法斗争，克服一切困难想尽一切办法保护好古建筑文物，不负党和人民的重托，对得起祖先和子孙后代。

这里还要特别强调一下，不少人对于古建筑环境遭受破坏没有足够的重视，不把它当作一笔珍贵的财富来看待。其实，自然的环境与历史文物完全一样，一经破坏不可能再造或难以再造，有时甚至比历史文物更难恢复。自然环境包括各种有特点的奇峰异石、湖泊水泉、深溪峡谷、奇花异草、古树名木等。如果破坏掉了是无法再得的。比如承德的棒槌山，它已经成了避暑山庄和外八庙等处的借景，也是承德市的一个显著标志。如果被破坏了，看来是难以恢复的。然而目前还有许多地方在进行破坏，如苏州就毁掉了不少有价值的山石，已经无法挽回。古树名木，也是如此，它们往往有好几百年上千年的高寿，并且凝聚着许多优美的传说故事，如果毁掉了也无法挽回，就算重新种上也要几百年上千年

北京北海团城承光殿

才能长起来，但它以往的经历却失去了。事实上，由于各种原因，如使用木材或与新建筑的矛盾、管理不善或故意损害等毁去的古树名木已经不少。如北京北海团城上的一棵探海松，曾经被乾隆皇帝封过"侯"的，由于管理不善，已经死去了。新栽了一棵小松还要好几百年才能长成，它"侯"爵的官职也丢掉了。

至于在古建筑景观范围内修建各种高楼，烟囱、水塔、缆车索道等"煞风景"的事情，到处都在发生，不仅不以为是破坏，还美其名曰"开发建设"。这种被称作建设性的破坏或者破坏性的建设之事到处都在发生，实在是对古建筑和文物古迹的极大威胁，这种破坏目前还不为人们所重视。将近一千年来所形成的北京西郊风景园林区，已渐渐地被一幢幢不谐调的高楼所破坏，西山峰峦、玉泉塔影、万寿山昆明湖的优美形象将黯然失色。许多优美的古建筑环境，如不加以重视，设法处理，也将随着飞机的轰鸣、高楼的林立、污染的增加，逐渐减少乃至完全毁灭其价值的地步。

古建筑和文物古迹同样都是我们祖国的瑰宝，是不可能再造之物，毁一处就少一处，毁一件就少一件。敦煌莫高窟的壁画三十多年来的变化超过了过去几百年上千年，其原因就是超量的游人涌入，污染严重。长此以往，将会完全毁掉。

还有一件要注意的事，就是不按原状维修所造成的破坏，在维修时任意改变原形式、原结构、原材料、原装饰，把古建筑的价值损失了，可称之为维修性的破坏。千万不要把好事办成了坏事。

尽管摆在我们面前的任务如此艰巨，但是只要我们认真工作，经过努力，是能够把这一光荣伟大的历史使命完成的。做好工作的有利因素不断增长，特别是对外开放政策和对内搞活经济政策的施行，人民的生活水平不断提高，与外国友人的交往增多，对古建筑和文物古迹的需求和认识也不断提高，这都是十分有利的因素。文物有了保护法，古建筑的保护也有了规章条例，还设立了国家管理机构，这就使保护管理有了可靠的保证。领导的重视也是一个关键性的因素，目前中央和省市县各级领导大多数已经重视起来，工作已经好做得多了。

为完成这一光荣的历史使命，我们认为必须做好以下工作：

（1）加强宣传，使社会和全体人民群众都了解保护古建筑和文物古迹的意义，特别要向领导多做汇报和宣传，使他们在做决定的时候有所依据，慎重从事。

（2）认真贯彻执行有关文物和古建筑保护管理法律和规章制度。目前这一方面的阻力还不小，有法不依、执法不严的情况还时有发生，但总的趋势是好的，只要我们认真工作，是一定能收效的。

（3）开展古建筑和与之有关的各种调查，逐步制作好完备的科学记录档案，也就是摸清家底，以便开展各方面的工作。

（4）拟制好保护管理和维修利用的规划。这是一项十分重要的工作，如果有了规划并经过批准之后，很多矛盾和问题就容易解决得多了。

（5）加强科学研究。古建筑和文物古迹的科研项目很多，如保护科技、维修理论与方法、管理经营、历史、科学、艺术价值的阐发研究等等。许多工作也都要在科学研究的基础上才能更好地进行。

（6）培养人才，这是做好工作的关键。除了科技和历史、艺术专业人才之外，保护管理也是一门重要的学问。目前还要抢救一些传统的技艺，如砖石、木雕，砖瓦、琉璃等建筑材料烧制以及花木种植、叠石堆山、鸟兽养育，等等。

以上只是古建筑和文物古迹保护管理工作的一部分，这些工作有的已经开始进行，政府曾举办过的几次培训班，以及教材编写的本身，就是一个很好的开端，其他的工作定能逐步开展。

（选自《中国古代建筑》，上海古籍出版社 1990 年 8 月版）

第二篇　古建筑的价值与作用

古建筑具有三个价值、四方面的作用：

我们在进行文物保护宣传或者执行保护任务的时候，往往会碰到这样的提问，这些"老东西""旧东西""残破的东西"还有什么价值，为什么要保护它们？把它们保护起来有什么用？这些经常碰到的问题，不仅一些群众提出，有时个别领导也提出。的确，这一问题非常重要，不仅一般群众需要了解，我们做文物工作的同志尤其需要了解。否则我们做起工作来心中无底，更没法去说服别人。为此，我们把它们整理了一下，归纳为"三个价值、四方面的作用"。

一、三个价值

文物的种类很多，从性质上分有革命文物和历史文物，从保存的情况上分有地上文物、地下文物、流散文物，从它们的质地、造型、功能上分有金石陶瓷、书画碑帖、丝绸织绣、漆木竹骨、古建筑、石窟寺、遗址、墓葬等。它们都各自有各自的特点，各有各的价值，或以历史意义重要，或以技巧艺术高明，或以科学价值重大。有的仅具一种，有的兼而有之，但归纳起来总超不出历史、艺术、科学三方面的价值。现简要说明如下：

（一）历史价值

也有称作历史意义的。凡是文物，它首先就要具备历史的价值，因为文物作为历史的遗产，必须是在历史上形成的。新的工业产品、工艺美术品，正在大量生产着的，它们在目前还不是文物，必须要经过一段历史时间的陶冶。当然经历的历史时间可长可短，像有的革命文物和尖端工艺美术品或其他产品，只要选择出来作为某一方面的代表性作品，即可作为文物保存下去了。

历史价值在于这一件文物本身能反映出它所产生的当时社会的情况，比如当时的政治、军事情况，经济情况，生产力发展水平的情况，科学技术水平的情况，文化艺术的成就，当时的文艺特点以及人民的生活习俗、宗教信仰、国际关系，等等。因此，文物必须是历史当时的，否则它就不能作为一个物证，就没有价值了。例如赵州桥，它的价值如此之大，就在于它是一千三百多年前所建造的，它反映了当时的科学技术水平。如果是近百年建造的，就没有多大的价值了。

文物因为是历史的产物，所以首先要有历史的价值。

（二）艺术价值

这主要指的是文物本身所表现的艺术性。有些文物的历史价值可能很大，如一个重要的历史性文件或者在革命艰苦环境中使用的重要物品，但它不存在艺术性的问题。具有艺术价值的文物主要包括建筑、石窟寺、碑刻、绘画、雕塑以及青铜器、玉器、漆木器、金银铜铁器等等。艺术价值主要表现在造型的优美、制作工艺的精巧和色彩的运用等几个方面。文物的艺术价值主要在于：

（1）反映这一文物产生时的时代艺术风格、工艺技术水平、审美观点，同时还能反映出当时的社会政治经济等的情况。

（2）这些艺术性文物都是历史上艺术大师、劳动人民血汗和智慧的结晶，其中有许多宝贵的经验，值得参考借鉴。

（3）许多艺术性的文物有它永不磨灭的魅力，永远为人们所欣赏。

（三）科学价值

文物的科学价值可以有两个方面。其一，是它所反映的自身时代的科学技术水平。它们是各门科学（包括自然科学和社会科学）发展的实物例证。从许多具有科学价值的文物中我们可以看出科学进展的历程。比如天文学，在我国有悠久的历史，文献上虽然也有不少记载，但是给人的感觉总不是那么具体、直观，而且有很多没有记载，有了天文学的文物就可以把我国天文发展的历史形象地展现出来了，许多不断发现的天文学的文物更加丰富了天文史的内容。各门科学史都需要实物来证明。其二，除了作为科学史的例证之外，许多前人辛勤劳动创造发明的成果还可以为今天的科学技术研究所借鉴，有些古代的科学技术成果今天还可以应用。有许多前人的科技成果尚待我们从文物身上去阐发去探寻。

除了以上三个价值之外，某些文物还可以有一些其他的用途，如有些不重要的古建筑、民居等，还可以作为房屋居住使用等，但那已经超出了文物价值的范畴。比如说一个殷周时期的铜鼎，作为文物有它的历史、艺术和科学价值，如果把它拿来烧肉做饭那就失去它作为文物的价值了。文物的主要价值就是历史、艺术、科学三方面价值。

二、四方面的作用

文物保护的目的就是因为它有用，能够为今天和将来所用。文物的作用也就是根据它们本身的价值加以阐发运用，阐发其历史、艺术、科学三方面价值，发挥其作用。每件文物根据它们本身的特点，都有其各自的作用。

不少古建筑具备历史、艺术、科学三方面价值。今以古建筑为例，简要说明文物的四方面作用。

（一）古建筑是激发爱国热情和民族自信心的实物

在世界人类的大家庭里，每一个民族都在自己的土地上进行辛勤的劳动，创造自己的物质文明。由于生活环境、生活方式和语言文字、宗教信仰等等不同，从而形成了许多不同的民族文化。各个不同的民族文化又都是组成世界文化总体的一部分。每个民族都珍惜自己的民族文化，并为它的成就而自豪。而帝国主义侵略者却不承认民族平等，他们到处称王称霸侵犯别国主权，掠夺别国的文化财宝。就拿我国来说，中华人民共和国成立前，由于当时统治者腐败懦弱，不仅政治、经济上受侵略，文化上也同样被掠夺，许多珍贵文物被侵略者非法巧取豪夺而去。许多珍贵的古画、陶瓷、青铜器、石雕等等被侵略者盗走。古建筑也部分地或整座地被破坏和搬走。他们甚至说"以后要研究中国的历史文化，要到外国去"，制造"中国文化外来说"等谬论。爱国学者和有识之士在中华民族生死存亡的紧急关头，奋起反抗侵略和掠夺，发起建立保护古建筑、研究古建筑的组织。已故的梁思成、刘敦桢教授就是在烽火漫天的 20 世纪 30 年代进入"中国营造学社"从事清贫的古建筑调查研究和保护维修工作的。一些从事设计工作的建筑师，如南京工学院的杨廷宝教授等，也都积极支持古都（北平）文物古建筑的保护维修，为保护国家的古建筑遗产做出过不少贡献。

中国共产党历来坚持历史唯物主义，把古建筑作为古文化遗产的一部分，采取积极保护的方针。早在抗日战争和解放战争时期，我党就很重视文物和古建筑的保护工作。如 1948 年底，解放军在对北平形成包围之势的时候，为了保护故宫、天坛、北海、中南海等古建筑，特派领导同志到清华大学找梁思成先生商讨办法，把保护古都文物作为争取和平解放北平的因素之一。其后党中央又委托梁思成先生等编拟了一个《全国重要文物建筑简目》，把它发到解放军中，要他们南下解放全中国时注意保护这些古建文物。

中华人民共和国成立后，结束了百余年来帝国主义任意破坏盗窃我国文物的局面。古代劳动人民创造的古建筑回到人民自己手里。保护和研究古代文化遗产的工作被列入了国家计划之内，人民政府拨出了专款，成立了保护维修古建筑的专门机构，和旧中国形成了鲜明对照。

许多工程宏大、艺术精湛的古建筑，都是过去劳动人民多少年来血汗和智慧的结晶，它们反映了古代劳动人民创造才能的高度成就，象征着中华民族的优良传统。例如著名的万里长城和大运河就是世界上伟大的古代工程，它们早已作为人类的奇迹载入世界文明史册；河北赵县隋代安济桥（即赵州桥），远远走在当时世界桥梁科学的前列；山西应县辽代佛宫寺木塔，是世界现存最高的木构建筑，是木构建筑技术史上的高峰；北京明清故宫是世界上现存规模最大、建筑精美的宫殿，在规划布局、艺术装饰、土木结构各方面都是世界上独一无二的。这些古代建筑都充分说明了中国人民历来勤劳勇敢、坚韧不拔、敢于攀登科学高峰、敢于创造人间奇迹的奋斗精神和创造才能。当人们面对着这些宏伟的建筑工程遗迹，重温古代劳动人民创造的光辉灿烂的历史文化时，无不为之钦佩。正如有的参观者在参观了万里长城、颐和园等古建筑之后写道：苦难深重的古代劳动人民在生产工具落后的条件下，能创造出这样伟大的建筑、精美的园林，那么我们今天在社会主义优越条件下，就应该而且可以创造出更伟大的奇迹来！只有这样，我们才无愧于中华民族的祖先，也才能置身于世界先进民族之林，对人类文明做出应有的贡献。

（二）古建筑是研究历史科学的实物例证

古代建筑和其他物质文化遗存一样，它本身的发展常常反映了生产力发展的水平，也往往打上阶级的烙印。因此，古建筑对于研究社会发展史是很好的实物凭证。俄国作家果戈理曾经说过："建筑同时还是世界的年鉴，当歌曲和传说已经缄默的时候，它还在说话。"事实确是如此。今天我们从西安的半坡村新石器时代的居住建筑遗址中，可以看出六千多年前的人们是怎样过着原始共产主义的集体生活的；从大汶口等一些原始社会末期的居住遗址和墓葬建筑中可以看到阶级开始分化的情况；从华丽的北京故宫宫殿和简陋的民居的对比中，可以看出封建统治者和劳动人民之间的阶级关系。就是在故宫之中也可以看出帝后们所居住的宫室与被奴役的宫女、太监们所居住的小屋之间的对比关系。在乾清门外东西分列着两排称为军机处和九卿房的排屋，是高级臣僚们为帝王统治人民出谋划策的地方，但它们与大殿、深宫相比却又显得如此矮小，鲜明地反映了封建社会的等级观念。在遗留下来的从京师到各州、府、县的城垣、衙署、监狱等建筑上可以看到封建社会如何防范、镇压人民的事实。从对寺院、佛塔、石窟寺、孔庙（文庙）和道观等建筑遗物的研究中，可以知道多少年来，封建统治者借宗教、礼教来对人民进行思想统治的事实。

　　建筑科学是一门范围较广、综合性较强的科学，它与其他科学的发展关系密切。因此，从对古建筑的研究中，可以看出同时期其他科学的发展水平。例如河北赵州桥，是一座单孔弧券背负四个小券的大石桥，桥孔的弧度小而跨度长，如果当时没有数学、工程力学、物理学的高度发展，要建成这样神奇的大桥是不可思议的。又如元代建造的河南登封告成镇周公测景台，是我国现存最古老的一座天文台，当时在这里测出来的地球运行周率与近代最精密的地球运行周率数字几乎完全一致。如此等等，都为研究自然科学技术发展的历史提供了多方面的实物例证。

　　当然，古建筑对于研究建筑史来说，更是直接的实物例证。中国现存的古建筑本身就是一部实物建筑史，对于研究我国历代建筑的布局、艺术造型、民族风格和建筑结构、材料、施工以及有关的科学技术等等都是最生动可靠的资料。如果没有这大量的实物佐证，研究中国建筑史只能是一句空话。

（三）古建筑是新建筑设计和新艺术创作的重要借鉴

　　几千年来，无数建筑工匠在建筑布局、建筑材料、建筑施工、建筑艺术装饰、建筑传统风格等各方面进行大量发明创造，积累了丰富的经验。这些今天仍然是我们应当继承的一份宝贵财富。例如在建筑布局方面，我国的古代园林设计就有着利用自然、顺应自然和缔造自然的独特手法。工匠们在布置园林的时候，尽量利用原来的山形地势，周密考虑水源、丘阜、平地等特点，独运匠心，建造一些亭榭、游廊、殿阁以及林木、花草、假山等等，使之千姿百态，彼此相映成趣、浑然一体，充满诗情画意。有些地方需要人工造景的时候，就力争形成自然山、水、林、泉之美，达到"虽由人造，宛自天开"的意境。这些独特传统经验，不仅在中国，而且在世界上都有深刻的影响，至今仍被人们所重视。

在利用建筑材料方面，古代建筑工匠们也在长期的实践中创造了许多"就地取材，因料施用"的经验。他们利用本地出产的原料（木、竹、砖、石等）巧妙加工，创造了世界木构建筑技术的最高水平。

在建筑工程技术上，我国古代匠师们创造了"斗栱"这种木构建筑所特有的构造，形成了"抬梁式"与"穿斗式"两大木结构体系。对砖石建筑技术，从现存的汉代墓葬、石室、砖塔等遗物中已可看出二千年前所达到的水平。福建泉州虎渡桥重达200吨的石梁，工匠们如何把它们架在波涛汹涌的急流之上，至今仍然令人为之惊叹。从南北朝、隋、唐迄于明清时代，全国各地所保存的砖塔、石塔上可以发现古代工匠们在运用砖石的方法上的高度成就，其他如利用铜铁、琉璃瓦、灰泥、竹子等建筑材料，也都按其性能创出了与之相适应的结构方法，解决了几千年来建筑结构上的问题。这些建筑技术与经验，至今仍在广大建筑工匠中传习着。我们应当把这些经验予以科学的总结，加以继承和推广。

中国古建筑的装饰艺术，如木雕、石刻、砖雕、琉璃、彩画、壁画、塑饰、镶嵌、堆叠等等，皆独具一格，成就很高。这些都是古代艺术遗产的一部分，对于研究艺术发展史，创造社会主义新艺术，都有重要的价值。其中许多技艺、技巧和经验，千百年来不断地为人们所继承和借鉴，这是人所共知的事实，无须更多地说明了。

当然，由于历史条件的局限，在作为创作借鉴时，必须按照今天的科学技术水平和生活方式的需要来进行新的创造，绝不能生搬硬套，全盘照抄。

（四）古建筑是人民文化游憩的好场所，是发展旅游的重要物质基础

如前所述，许多古建、园林至今仍有供人游览的使用价值。过去帝王、官吏、地主、僧侣等等任意占据名山胜地，并在那里建造离宫、别馆、别墅、园林、道观。"天下名山僧占多"，确是不假。现在我们保存下来的古建筑大都是宫殿、苑囿、寺观、园林等，因而自然为中外旅游者所关注和向往。随着生产力的发展和人民物质生活水平的不断提高，这种游览和欣赏的需要将更为迫切。到西安的人们谁不想在春光明媚或秋高气爽的日子里去登一登大雁塔以畅胸怀；来到北京的人，谁也不会放过去故宫、北海、颐和园、十三陵、八达岭游览的机会；从沪、宁及全国各地远道去苏州的人总是被优美的拙政园、留园、沧浪亭、狮子林所吸引；杭州西湖、五岳名山、全国各地无数的古建筑每天都在

陕西西安
唐建大雁塔

以其秀丽多彩的风光招来无数的游客。粉碎"四人帮"以后，党中央决定把发展旅游事业作为社会主义事业的一部分，正为它创造必要的条件。保护维修好古建筑是为发展旅游事业创造必不可少的物质条件；而开展旅游事业，又必将促进古建筑、园林的维修保护工作，一举两得，何乐而不为！我们应在实现"四化"的进程中，始终不渝坚持"古为今用"的方针，把古建筑维修保护得更好，从而为"四化"做出更多的贡献。

三、三十多年来文物、古建筑保管工作的回顾

中华人民共和国成立三十多年来，我国的文物保护管理工作随着各个时期政治、经济情况的发展，同时发展着。适应国民经济各时期的情况，制定了一系列的方针政策和法令规章制度。从中华人民共和国成立初期的个别命令、指示，发展成为全面系统的文物保护管理暂行条例，直到《文物保护法》的公布，进一步向法制和科学管理的正规化道路发展。

我们重温一下三十多年来古建筑和文物古迹保护管理所走过的历程，对于今后的工作也是有益的。现简要介绍如下：

还在中华人民共和国成立前，各解放区人民政府就曾发布过保护文物的通知、布告、指示。中华人民共和国成立以后，中央人民政府政务院于1950年5月24日以"政文董字第十二号令"颁布了《禁止珍贵文物、图书出口暂行办法》，其中把古建筑物和模型作为禁止出口之例，制止了过去古建筑被拆毁盗运出口的局面。同时又以"政文董字第十三号令"颁布了《古迹、珍贵文物、图书及稀有生物保护办法》，办法中第一条明确规定：

各地原有或偶然发现的一切具有革命、历史、艺术价值之建筑、文物、图书等，应由各该地方人民政府文教部门及公安部门妥为保护，严禁破坏、损毁……

为了更好地保护古建筑，1950 年 7 月 6 日，中央人民政府政务院又以"政文董字第三十五号令"专门发布了《保护古文物建筑办法》的指示：

凡全国各地具历史价值及革命史实的文物建筑，如革命遗迹及古城廓、宫阙、关塞、堡垒、陵墓、楼台、书院、庙宇、园林、废墟、住宅、碑、塔、雕塑、石刻等等以及上述各建筑物内之原有附属物，均应加以保护，严禁毁坏。

这一指示中，还同时要求"暂时利用古建筑的单位保持旧观，经常保护，建筑物内不得堆放易燃、易爆的危险物"，"如确有必要拆除改建时，必须经由当地人民政府逐级报呈各大行政区文教主管机关批准后始得动工"，"对保护有功者予以适当之奖励，破坏或疏于防范而致损者，应予以适当之处罚"。这一专门指示保护古文物建筑办法的公布，对于古建筑保护工作的开展，起了极大的推动作用。这一指示办法，又在同年 8 月 1 日经中央人民政府政务院秘书厅通知各地土改组织在土地改革工作中作为学习文件，使在土改工作中注意保护古建筑。

关于古建筑的合理利用问题，1951 年 7 月 23 日中央人民政府政务院对天津市人民政府要求将一些废置庙宇改为学校的报告中，做了明确的批示：

该废置的庙宇为具有历史文物价值之寺庙，则须妥加保护，防止破坏，不要轻易移作他用，倘必须使用时，应先与中央人民政府文化部洽商，取得同意。而且在使用中还须对该寺庙具有历史文物价值的部分妥慎保护，不得有任何破坏或变更。

这一批示对古建筑的利用与保护问题，做了明确的答复。

随着我国第一个"五年计划"的进行，开展了大规模的基本建设工程，在建筑工程中，若干文物古迹遭到破坏。为了及时做好地上地下文物的保护工作，并保证其在基本建设工程中不致遭受破坏和损失，1953 年 10 月 12 日中央人民政府政务院以"政文习字第 24 号"专门颁发了《中央人民政府政务院关于在基本建设工程中保护历史革命文物的指示》。指示中的第一条首先强调要以各种方式"对基建工地技术人员及工人加强文物保护工作的政策及技术知识的宣传和人才的培养"，并规定了中央、省（市）级工矿、交通、水利及其他基本建设主管部门在确定较大规模的施工路线、施工地区之前，应负责与同级文化主管部门联系，必要时应即商定工地保护文物工作的具体办法，认真执行。指示中规定，一般地面古迹及革命建筑物，非属必要，不得任意拆除。如有十分必要加以拆除或迁移者，应经由省（市）文化主管部门报经大区文化主管部门批准并报中央人民政府文化部备查。指示中还特别强调了对保护有功人员要予以表扬或奖励。对名胜古迹、古代建筑物、纪念建筑、古墓葬及古文化遗址等采取粗暴态度，任意加以拆毁、破坏致使遭受不可挽回的损失者，应由各级文化主管部门提请监察部门予以适当处分，情节重大者，依法移送人民法院判处。

随着农业生产高潮的到来和农业机械化的开展，以及农业各项基本建设的广泛进行，为了保护古建筑和地上地下各种文物古迹，1956年4月2日中华人民共和国国务院又以"国文二习字第6号"专门发出了《国务院关于在农业生产建设中保护文物的通知》。这个通知在总结了中华人民共和国成立七年来文物保护工作经验及参考世界各国经验的基础上，提出了广泛宣传文物保护政策法令，普及文物知识，开展群众性的文物保护工作，组织群众性保护文物小组的办法。提出了把古建筑和各项文物纳入绿化和其他建设的规划加以保存和利用的办法。提出了在重点文物地区进行农业生产基本建设规划的时候，必须征得文化部同意。这一指示中十分重要的一条是提出了在全国范围内进行文物普查，并由省（市）人民委员会先行将重要的革命遗迹、纪念建筑、古建筑、古遗址、古墓葬、碑碣等公布为文物保护单位的保护方法。然后将名单上报文化部汇总审核，并且在普查过程中逐步补充，分批分期地由文化部报告国务院批准，置于国家保护之列。这一次的普查和公布为有计划的分级保护管理的工作打下了基础。指示进一步明确了凡是"地下蕴藏的文物，都是国家的文化遗产，为全民所共有"的观念。在生产建设中，如果有所发现，应该立即报告当地文化部门并且把出土文物移交文化部门保管。

1960年11月17日国务院全体会议第一百零五次会议通过的《文物保护管理暂行条例》，是中华人民共和国成立十一年以来文物保护管理工作的总结。对地上地下文物的保管进一步条理化、系统化、科学化了。条例对国家保护的文物的范围，省、自治区、直辖市人民委员会所负的职责，地方保护管理文物的专门机构，文物保护单位公布的程序，文物保护单位的保护管理，文物保护单位的维修、拆除、迁移、考古发掘、出口展览等都做了明确的规定，进一步把全国地上地下文物纳入了科学化管理的轨道。

与此同时，国务院还通过了第一批全国重点文物保护单位的名单，计有革命遗址及革命纪念建筑、石窟寺、古建筑及历史纪念建筑、石刻及其他、古遗址、古墓葬等六种类型的文物保护单位共一百八十处。国务院在公布名单的通知中还要求文化部继续在省、自治区、直辖市级文物保护单位中选择具有重大历史、艺术、科学价值的文物保护单位，分批报国务院核定公布。要求各省、自治区、直辖市人民政府根据《文物保护管理暂行条例》的规定，在短期内组织有关部门对本地区内的全国重点文物保护单位划出保护范围，做标志说明，并逐步建立科学记录档案，同时还应当督促有关县、市人民委员会做好所辖境内全国重点文物保护单位的保护管理工作。

1961 年 3 月 4 日，国务院在发布《文物保护管理暂行条例》的同时，又发出了《国务院关于进一步加强文物保护和管理工作的指示》。要求文化部和各级人民政府、各有关部门认真贯彻执行《文物保护管理暂行条例》的规定，重申了"两重两利"方针和保持原状、保护革命纪念建筑和古建筑环境的维修原则。要求各级人民政府把这次公布的第一批全国重点文物保护单位的保护管理工作做好。

在"十年动乱"中，文物保护管理工作虽然遭到了极大的破坏，但是中共中央、国务院、中央军委等于 1967 年 3 月 16 日仍然在关于保护国家财产的布告中把文物图书的保护作为一项重要的内容写入其中。1967 年 5 月 14 日中共中央又专门发布了《在无产阶级文化大革命中保护文物图书的几点意见》，使许多重要的古建筑和其他文物得到了保护，免遭破坏。

正当"四人帮"在"批林批孔"运动中，大搞阴谋活动，煽起极左思潮逆流的时候，为了使一些珍贵文物免遭损失，1974 年

8月8日，国务院又以"国发〔1974〕78号文"发布了《国务院加强文物保护工作的通知》，其中对古建筑的保护、维修工作做了详细的阐述。通知中说：

> 保护古代建筑，主要是保护古代劳动人民在建筑、工程、艺术方面的成就，作为今天的借鉴，向人民进行历史唯物主义教育，对全国重点文物保护单位要切实做好保护和维修工作，分别轻重缓急订出修缮规划。对古代建筑的保护和修缮，要加强宣传工作，说明保护文物的目的和意义，……在修缮中要坚持勤俭办事业的方针，保存现状或恢复原状。不要大拆大改、任意油漆彩画，改变它的历史面貌。对已损坏的泥塑、石雕、壁画，不要重新创作复原。更不能借口保护文物大修庙宇，起提倡迷信的破坏作用。

这一国务院通知的公布，及时揭穿了"四人帮"及其极左思潮对古建筑文物的诬陷与破坏。

粉碎"四人帮"之后，文物古迹保护工作进一步加强。国务院于1980年5月以"国发〔l980〕132号文"发布了《国务院关于加强历史文物保护工作的通知》，通知中提出要"认真保护各种有历史意义和艺术价值的古建筑、石刻、石窟等历史文物。未经原来规定为文物保护单位的机关批准，不得对这些历史文物进行拆除、改建，严禁损伤或其他破坏活动，违者严惩"。与此同时，国务院还批转了国家文物事业管理局、国家基本建设委员会《关于加强古建筑和文物古迹保护管理工作的请示报告》。对林彪、"四人帮"在十年动乱中给古建筑所造成的破坏，进行了揭露和批判。针对当前古建筑保护工作中存在的问题提出了切实加强古建筑和文物古迹保护管理工作的意见。建议各省、自治区、直辖市人民政府加强对文物工作和城市建设工作的领导，对古建筑使用情况做一次全面的调查了解。一切有损古建筑安全和有碍开放游览的，都必须限期迁出。要严肃法制，今后凡是故意违反规定破坏文物的要追究责任，情节严重的可由文物部门依法起诉。报告还建议各级人民政府在制定生产建设规划和城市建设规划时，要通盘安排，因地制宜，合理布局，把文物古建筑纳入规划之中加以保护，并注意保持周围环境的风貌，防止和治理"三废"。在一些古建筑和文物古迹附近增建建筑物的形式、色调、高度和体量，要考虑与周围的环境气氛相协调。任何单位在古建筑周围修建新建筑都必须事先与文物部门协商并经城市规划部门批准。报告着重指出了重要古建筑必须坚持原地保存的原则，如果与基本建设发生矛盾时，要权衡轻重妥善处理。

1982 年 11 月，全国人民代表大会常务委员会公布了《中华人民共和国文物保护法》，使文物保护有法可依，祖国珍贵的文化财产将会得到更好的保护。

以上列举的自中华人民共和国成立以来中共中央、政务院、国务院所发布的保护文物古建筑的指示、命令、通知、布告以及各级人民政府所发布的指示、通知、布告，对制止古建筑的人为破坏起了决定性的作用。

党中央、国务院在根据国家政治形势和经济、文化事业发展的不同阶段发布了一系列指示、通知、命令的同时，还根据工农业生产建设与文物保护的需要制定了既要坚决保护又要切实可行的方针、政策。

"坚决保护、严禁破坏"，这是党和人民政府对文物保护工作的一贯政策。由于文物是历史的见证，是人民的财富、国家的珍宝，文物古建筑不像其他任何商品、机器或者高楼大厦可以再生产、再建。它们是不能再生产再建造的东西，一旦破坏就不能再得了。一座古建筑如果破坏了便很难恢复，就算能恢复起来，也不是原物了。成了新的模型，便丧失了它的历史价值。这就是必须坚决保护古建筑和一切文物的主要原因。

为了使具有重大历史、艺术、科学价值的文物得到保护，同时又要使一些重要的新建工程得以进行，国家在提出"坚决保护、严禁破坏"的基本方针的同时，又提出了"重点保护、重点发掘"和"既对文物保护有利，又对基本建设有利"的方针，简称"两重两利"方针。这里所说的"两利"，当然是在要保护文物、要防止破坏前提下的两利，不然单从基本建设一方考虑，就无利可言了。经过二十多年来的实践，"两重两利"方针的认真贯彻执行，使很多珍贵的文物古迹以多种不同的办法得到了妥善的保护。

要真正贯彻"两重两利"方针，最根本的一条就是要客观地权衡文物保护和新建设两者之间的轻重，合理地解决。有下列几种不同的解决办法：

第一，当某一古建筑或文物古迹十分重要而又不能搬动，如果与新的建设发生矛盾时，这一新的建设就要为保护这一重要古建筑或文物古迹让路。新建工程就要另选地址，或绕道而行。

第二，当某一新的建设工程十分重要而又必须在这一古建筑或文物古迹的位置上进行时，这一古建筑或文物古迹就要为新建工程让路。如果这一古建筑或文物古迹的价值不是很大，即在做详细的测绘、记录之后，予以拆除，把记录资料留作研究参考。如果这一古建筑或文物古迹价值重大，即把它迁移他处重建保护。

第三，如果某一古建筑或文物古迹的价值重大，又不能搬迁他处，新建工程也必须在这一古建筑或文物古迹所在位置进行时，就要采取工程技术上的措施把古建筑或文物古迹在原地保护起来。

　　以上三种不同的解决办法，在三十年的实践中对保护文物古迹，解决文物古迹保护与基本建设的矛盾，起到了很好的作用。敬爱的周总理在亲自处理几件文物保护与新建工程的矛盾时，为我们作出了光辉的榜样。例如北京北海前面的团城，正位于北京内城中心东西交通的干道上，起初一些同志单纯从交通的观点出发，要把团城拆除或砍去一半。周总理亲自做了实地勘查研究，考虑到团城的重要价值，在权衡轻重之后决定要保护团城，让马路往南绕道而行。为了解决马路宽度，还把中南海国务院北面的围墙向南移，使路面的宽度满足了需要。又如北京建国门的古天文台，是一个不能迁移的重要古建筑，也是经周总理决定让新建地铁工程绕道行走，并增加了保护古台基础的措施，使这一重要的古代科技建筑物得以保存下来。又如北京街道上的牌楼，是按照第二种情况处理的。周总理经过深入的调查和细致的思想工作，

1953 年北京中南海云绘楼原状，现迁至陶然亭

"文革"初期，罗哲文先生得知造反派要求停止甘肃永靖县炳灵寺石窟的保护工程，再次上书周总理，使此工程得以按原计划进行

决定将那些价值的确不大，近代已经改成了混凝土结构的东四、西四牌楼和其他一些价值不大的牌楼，在取得充分的资料之后，予以拆除。而对一些价值较大的，如东、西长安街牌楼，帝王庙牌楼等，迁移到陶然亭公园内去保存。中南海的云绘楼也是以同样的方式，迁到陶然亭保存。在北京以外迁移保存的古建筑也很多。如山西原永济县保存的有大量精美壁画的元代建筑群永乐宫，就是从黄河三门峡水库淹没区中搬迁到附近的芮城县境内高地上的。另一种情况是，古建筑文物本身的价值重大，无法搬迁，而建设工程也非常重要，也无法另选地址或绕道而行。这就只好按照第三种办法，采取工程技术上的措施来解决。如甘肃永靖的刘家峡水库淹没区内的炳灵寺石窟就是这样。石窟无法搬迁，水库是国家重点项目，又必须要建，彼此都不能相让，这时正在"文革"初期"破四旧"的阶段，一部分人受林彪、"四人帮"极左思潮的干扰，要把这处艺术宝库毁掉。也是周总理亲自批准，在水库岸边修建了防水堤坝，保存了炳灵寺。这样水库建造工作照样进

行，文物也得到了保护。

以上回顾了中华人民共和国成立三十多年来党和人民政府对文物保护所发布的法令、通知、指示、条例等等，可以看出，在不同的政治经济情况下和不同的建设阶段所采取的各种保护法，其目的就是要把文物保护好。三十多年来，我们取得了不小的成绩，取得了不少的经验，这些历史经验对于今后古建筑文物保护有着重要的现实意义。

"坚决保护、严禁破坏"和"重点保护、重点发掘，既对文物保护有利、又对基本建设有利"的两个方针，是相辅相成、密切联系、不可分割的。"两重两利"方针的前提在于"坚决保护、严禁破坏"，否则就不必谈两利了。但是如果没有两利，没有重点，坚决保护也难以进行，甚至行不通，反而造成更大的破坏。这两个方针正是多年实践工作经验的总结，对今后的文物保护工作不仅有实际的意义，而且有理论上的指导意义。

（选自《中国古代建筑》，上海古籍出版社 1990 年 8 月版）

第三篇　古建筑的维修原则与新材料、新技术的应用问题

文物保护工作在一定意义上也可以说是针对破坏而言的。针对各种不同的破坏原因，采取各种不同的方法，以制止其破坏，达到保护的效果，这是文物保护工作的重要内容。

文物破坏的原因很多，归纳起来不外人为破坏和自然破坏两种。所谓人为破坏，即由于人为的原因所造成的破坏，如拆毁、

改造、敲砸、污染、失火烧毁、环境破坏等等。其防止的方法，主要采取宣传教育，说服劝导，执行法律、命令、规章制度，加强管理等措施来加以解决。这一方面的问题在上面已经谈过了，不再赘述。这里主要谈一谈防止自然破坏的问题。

古建筑的自然破坏，主要是指非人为所引起的破坏，如风雨侵蚀、阳光照射、空气干湿变化、冷热缩胀、洪水、雷电、地震以及鸟兽、虫蚁、细菌的损伤等等。对于防止自然破坏，主要是采取科学技术的方法，通过保养、维修、修复以及灭菌、除虫、驱鼠、防兽、避雷、防水、防火、抗震、控制温度、防止紫外线等手段来加以解决。防止古建筑的自然破坏所要做的工作很多，涉及的科学范围很广。而且随着人为破坏越来越少，防止自然破坏的任务就显得越来越重要。

在防止自然破坏的每一个方面都有专门的方法和技术问题，比如安设避雷针和消防设备，要请专业部门和这方面的专家来解决。这里只谈带有普遍性的古建筑修缮原则和在修缮工作中的新材料与新技术问题。

一、古建筑的价值在于历史的原貌

古建筑和其他一切历史文物一样，它的价值就在于它是历史上遗留下来的东西，不可能再生产、再建造，一经破坏就无法挽回。纵然有条件照旧重建一个，也是一件复制品，较之原物，其价值就一落千丈了。因为任何一座古建筑或任何一件历史文物都是在当时的历史条件下产生的。它们反映的是当时的社会生产、生活方式，科学技术水平，工艺技巧，艺术风格，风俗习惯，等等。它们之可贵就在于它们是历史的产物，是历史的物证。就以古建筑来说，哪个时代出现了什么样的平面布局，哪个时代出现了哪一种建筑类型，哪个时代出现了什么样的建筑材料，因而产生了什么样的结构方式，都是历史发展进程中所留下的痕迹。因此，如果某一个古建筑失去了它历史的特征，它就不能说明什么问题了，那它也就不是文物建筑，只能当作一般房屋来使用了。如果一个古建筑只是作为一般房屋用的话，它远远不如现代的房屋实用，当然也就不必保护了。举个例子来说，山西五台山的佛光寺大殿，如果把它宏大的斗栱去掉，梁和柱子换掉，那么这一座唐代建筑就无什么价值可言了。

其他任何文物也都是如此，如果失去了原貌，它的价值就大减，或完全没有价值。

二、不要在维修工作中对古建筑造成破坏，不要把好事变成了坏事

对古建筑的保养维修工程，其目的本来是要利用科学技术的方法来保护古建筑，使之能"延年益寿"，长留人间。但是，有时就在维修工程中，反而造成了对文物的破坏。而这样的事例并不鲜见。历史上许多重要的古建筑塑像、石刻、壁画等，由于善男信女们的"好善乐施"，在重修庙宇、再塑金身的美名下被破坏了，这种例子不胜枚举。近几十年，在维修过程中破坏古建筑原貌的例子也不少。我们参观山西五台山佛光寺时，都会惋惜那一堂精美的唐代塑像被火红翠绿的油漆涂抹。河北正定隆兴寺内原来满壁精美的宋代壁画，我们只能从五十多年前《中国营造学社汇刊》上梁思成先生文章中所附照片上去观赏了。这堂精美的壁画就是在 20 世纪 30 年代的一次修缮工程中被毁掉的。

《中国营造学社汇刊》第七卷
第一、二期

中华人民共和国成立以后，我们在古建筑的维修工程中是力求按照原状来进行工作的，在国务院公布的《文物保护管理暂行条例》、文化部制定的《革命纪念建筑、古建筑、石窟寺修缮管理办法》中都有明确规定。但是由于人们对古建筑修缮原则的认识程度、长官意志和其他各种原因，也产生了一些（甚至不少）由于维修所造成的损失。这与因为新的建设而破坏了文物所称的建设性的破坏一样，可称之为保护性的破坏，从而使古建筑的价值受到很大的损失。如像浙江宁波宋代建筑的天封塔，原来外形古朴美观，尚是原物。但是在 20 世纪 50 年代修缮时，外部使用了大量的水泥包砌，外表的结构装饰也改变了。群众批评说，这个塔已不是八百年前的天封塔，而是现代化的水泥塔了。佛光寺大殿旁的祖师塔，是北魏时期所建，是我国现存最早的古塔之一，是佛光寺初期的遗物。而且塔的形制特异，有极高的价值。但是在 20 世纪 50 年代的修缮工程中把这个古塔特有的历史和艺术价值损坏了。其一是把塔身上层檐下所绘的"人"字形斗栱和额枋蜀柱随着铲除旧灰皮去掉了，这一绘画不仅有艺术价值，而且是鉴别这个塔的时代的标志。其二是塔内原来有两个泥塑，形象十分精当，有北朝风格，是塔的主人、开创佛光寺的祖师的肖像，很有历史和艺术价值，也在这一次修缮工程中被毁掉了。它们已经保存了一千多年，在为了保护的维修工程中被毁掉了，真是可惜。最近发生的一件事情是四川成都附近的新都宝光寺里的一块千佛碑，为梁大同六年（540）的石刻，有很高的历史和艺术价值。但是在移交给宗教部门管理之后，寺僧不懂得文物原状的重要性，为了好看便把碑文加以深刻了。这也许是好意，但它的艺术价值就一落千丈。这种行为可以叫"无知的破坏"，也是令人痛心的。像这种重翻碑刻，重描壁画，重刻、改塑佛像、神像、人像的事，恐怕还是不少的。因此，我们必须大声疾呼，千万不要因为保护维修，反而造成了破坏，把好事办成了坏事。

三、古建筑修缮的原则

为了使古建筑的维修工程能够真正达到保护文物的目的，除了设计施工人员要充分理解保存古建筑的价值之外，还必须制定一些共同遵守的原则和规章制度。关于如何进行勘测、编绘图纸、撰写报告和施工说明，以及审批程序的要求，在国家的文物保护法令、条例、规章制度之中都有具体规定，古建筑修缮的设计施工人员必须认真地学习和遵守。在这里只谈谈修缮古建筑的几个原则问题。

（一）保存现状或恢复原状

这是古建筑（包括一切文物）修缮的一个重要原则，曾经多次写入文物保护管理条例和修缮办法之中，《文物保护法》把它概括为"不改变文物原状的原则"。这一原则是总结了多年实践工作经验并参考了国外的经验而得出的。在实践工作中证明也是可行的。但什么是原状，如何恢复原状和什么是现状，如何保持现状问题上还有这样或那样的理解，这里谈谈我们的看法。

关于什么是原状，有人认为不少古建筑都历经多次修缮或改动，很难说哪个算原状。我们认为问题虽然复杂，但是只要认真分析一下，还是不难解决的。我们的看法是某一建筑最初建成时的面貌，就是它的原状。如果后来经过修改过的，就不能算是原状了。为什么一定要坚持最初建成时的面貌呢？前面已经谈到，文物是历史的产物，反映的是历史当时的情况，只有它的原状才能说明问题，才最有价值。古建筑的原貌可能有两种情况。一种是单个的建筑物或规模不大的建筑群，如一个楼阁、一座殿宇、一座桥梁、一座寺观、一个坛庙、一个陵墓等等，它们大多数是在较短的时间内建完的，或者说是一次建成的。恢复原状即恢复最初创建时的面貌。另一种情况是比较长时间所形成的古建筑群，有的几十年，甚至几百年才完成，如像北京的故宫，是经过了明、清两个王朝几十个帝王相继不断兴建才完成的。它的原状在总体布局上可以以它的鼎盛时期为主要原状，当然不是说以后建的都无价值，而是选择它内容最丰富的一个时期为主，作为代表性的时期，更不能把以后的都拆掉。在单组建筑和个体建筑上当然仍是以它建成时期的面貌为原状。它是明朝的建筑就恢复它明朝的原状，是康熙、乾隆时期所建成的，就恢复它康熙、乾隆时期的原状。又如承德的避暑山庄也是经过康熙、雍正、乾隆三朝将近九十年才建成的，它的总的布局即应以乾隆完成的时期为主要原状。单组或单个建筑，当然以它们各自建成的时期为原状了。至于像明十三陵、清东西陵这样的建筑群，本来就是一个皇帝建一处，最初不可能预测有多少人葬在这里，也不可能有完整的布局。前后几百年，死一个葬一个。各个陵的建筑都有自己的时代特征和艺术风格。各皇陵的建筑正代表各个时期的建筑特征。只能按每个陵墓建成时期的原状去恢复。另外还有一种情况，如一些历史悠久的寺庙，它们最初建成时的原状在后来已有所改动、重修、重建，改动的时间也较早，重建部分的价值也很大，它们的原状也只能按照各个时代的原状去恢复了。比如山西五台山佛光寺，主要建筑东大殿是唐代的，但是金代重建的文殊殿价值也很大，绝不能把它拆掉去恢复唐代的什么殿。有时在一个殿上也会出现各个时期所维修的不同风格的构件，如何恢复就得做认真的研究，根据具体情况而定。在结构或形式上被后代修缮时篡改了，就应当去除其不合理的部分，恢复原来的形式。河北正定隆兴寺内的两座宋代建筑转轮藏和慈氏阁，在维修时就将后来增添上去的腰檐去除了，使建筑物的外貌恢复了宋朝初建时候的旧观。这里还必须强调的是，在恢复原状的时候，必须要有可靠的科学依据，不能凭想象或臆测。在有些建筑物或艺术品的身上，后来增添的部分年代已久，而且价值也大，就不能轻易拆除，即使拆除，也要设法把拆除的部分也保护下来。近年有关部门勘察敦煌莫高窟中的一个窟门，发现一千多年前的壁画被稍晚的壁画覆盖了，而早期的壁画保存得尚好，应该让它重见天日。于是经过细致的工作，把覆盖上去的壁画揭取了下来。这覆盖上去的壁画也有上千年历史，画得也很好，这样便有了两份精美的窟门壁画了，不仅恢复了原状，而且增加了一份珍宝。像这种后来覆盖一层或几层的壁画、雕塑，如果经过认真检查，内部确实保存良好，的确值得揭露的话，可以这样办理，但必须慎重对待，技术上要能保证内外都能无损的情况下才能进行，千万不要造成损坏。

保持现状是指在原状已无可考或者一时还难以考证出原状的时候所采取的一种原则；又是一种由于恢复原状需要较大的投

资和较大的技术力量，目前还不能进行时所采取的措施。这种保持现状的修缮工程，目前还是一种慎重的办法。因为保持现状可以留有继续进行研究和考证的条件，待到找出复原的根据以及经费和技术力量充实时再进行恢复也不为晚。相反，如果没有考证清楚就去恢复，反而会造成破坏。关于保持现状的问题，在部分人中曾听到两种不同的说法，一种说法是一切都不能动，甚至是后来增添的不合理的部分也不能动。一种说法是凡是后来增添的都一律去掉。这两种说法都有点过于绝对化。保持现状不是一丝一毫也不能动，我们所要保持的现状是有价值的部分。那些与原来建筑布局、建筑结构等毫不相关，而且有损这一古建筑艺术面貌，有危及这一建筑安全的东西，如近年来在保护范围内添建的杂乱房屋、棚子，在建筑物身上添设的多余部分，不仅不应当作现状保存，还应当逐步加以清理拆除才是。但是那种不分青红皂白，不问什么时候添建，不管有无价值都一律拆除的做法也是不妥当的。

（二）"四保存"的内容

修缮古建筑，既要以科学技术的方法防止其损毁，延长其寿命，更必须最大限度地保存其历史、艺术、科学的价值。而后者尤为重要。如果因为修缮工作而损害了它原有的价值的话，那么这一维修工程就毫无意义了。在维修工程中如何才能保存其原有价值呢？我们认为必须保存以下四个方面的内容。

1. 保存原来的建筑形制

古建筑的形制包括原来的平面布局、原来的造型、原来的艺术风格等等。每一个朝代的建筑布局都有它的特点，它不仅反映了建筑的制度，也反映了社会的情况、民族和地区的特点、思想信仰等内容。宫殿、坛庙、寺观等建筑，每一个时代的布局都有所不同，因为它们都是随着历史的进程发展着的。建筑形式、艺术风格也都是如此，各个时代、各个地区、各个民族都有自己的特点。正因为如此，它们才能作为历史的物证、多民族文化的物证，如果改变了原状，或张冠李戴乱了套，这个古建筑的价值就损失了。

2. 保存原来的建筑结构

古建筑的结构主要反映了科学技术的发展。随着社会的发展，对各种建筑物的要求不断提高，各个时期和各种建筑物的结构方式都有所不同，它们是建筑科学发展进程的标志。建筑结构也是决定各种建筑类型的内在因素，如同人的骨骼，什么样的骨骼出现什么样的体型。如果在修缮过程中改变了原来的结构，这一建筑的科学价值就会遭到破坏。还要十分注意的是，一些特殊形式的结构，比如佛光寺大殿顶部的人字叉手（唐代）是国内的孤例，万一损坏需要加固时，绝不能在当中加顶一根蜀柱。佛光寺文殊殿的复梁（金代）、朔县崇福寺观音殿的人字叉手梁架（金代）、赵城广胜寺的大人字梁（元代）、广西容县真武阁的杠杆悬柱结构（明代）等等都是有特殊价值的结构，在维修工程中是一点也不能改变的。砖石结构、铜铁结构、竹篾结构也都有其时代、地区、民族等的特点，在修缮工程中要特别注意。

3. 保存原来的建筑材料

古建筑中的建筑材料种类很多，有木材、竹子、砖、石、泥土、琉璃、金、银、铜、铁等等。它们都是根据不同建筑结构的需要而选择使用的，什么样的建筑物用什么样的材料，什么样的材料产生什么样的结构与艺术形式，都是要合乎力学原理的。木材的本质特征促使产生了抬梁式和穿斗式的结构，砖石材料产生了叠涩或拱券式的结构，铜铁金属必然要用铸锻的方法才能建造。

因此，建筑材料、建筑结构与建筑艺术是不可分割的。建筑材料随着建筑的发展而不断产生、更替、组合，它反映了建筑工程技术、建筑艺术发展的进程，反映了各种建筑形式的特点。如果我们随意用现代化的材料来代替古建筑原来的材料，将使古建筑的价值蒙受巨大的损失。纵使能用新的材料把古建筑的形式、构件、外观、结构等都模仿得非常相像，甚至可以乱真，这座古建筑也只剩下了躯壳，它的灵魂已经飞上九霄去了。它那几百年几千年的经历也就一扫而光了。所以在修缮古建筑的时候，一定要保存原有的构件和材料，想尽一切办法留存它的"本质精华"。原构件确实必须更换时也要用原来的材料来更换，原来是木材就用木材，原来是砖石就用砖石。最好是原来是松木就用松木，原来是柏木就用柏木，原来是什么硬杂木就用什么硬杂木。

现在有些人对水泥十分欣赏，极力推行用水泥来代替古建筑原来的砖石和木材。其理由，一是水泥坚固，二是木材缺乏，三是水泥现代化，可能还有别的说法。乍听起来似有道理，但实际考察一下并不如此。我们曾经调查过多处近代纪念建筑，凡用石料修筑的，至今完好无损，而用水泥修造的，则多已产生裂缝或崩塌，有的甚至土崩瓦解了。水泥作灰浆勾缝、铺顶更不可用，很难做到不漏雨渗水。木材缺乏是事实，但是就全国范围来说，用于古建筑修缮的木料数量实在不多，恐怕只占全国用材的千分之几、万分之几。为了保存祖国的珍贵文化遗产，计划部门是肯予支持的。至于说水泥比木材坚固也未必。佛光寺大殿的柱子梁架已经有一千多年，仍然十分坚固，如果保护得好，再过一千多年也还是坚固的，水泥恐怕就难说了。再说水泥的性能与木材完全不同，很难捏合在一起。国际上著名的文物保护专家、英国人费尔登教授在清华大学讲学时曾说："水泥是古建筑维修工作中的大敌。"我们很赞赏他的观点，千万不要让水泥的运用在古建筑维修工作中泛滥成灾。

4．保存原来的工艺技术

要真正达到保存古建筑的原状，除了保存其形制、结构与材料之外，还需要保存原来的传统工艺技术，方可成功。我们认为新创作、新设计不必复古，应该推陈出新，这是历史发展的规律。但是修缮古建筑则正与之相反，就是要"复古"，"复"得越彻底越好。陈毅同志在二十多年前全国实行社会主义改造的时候曾经说过："对文物古建筑千万不要实行社会主义改造。"这是一句至理名言，因为经过改造的古建筑就不是文物了。对古建筑维修的工艺技术，我认为应该提出"继承传统工艺技术"的口号，而不要改革和创新。例如油饰彩画中的地仗，原来是三麻五灰、七麻九灰的，绝不能把它改成一层厚厚的油灰或者其他的做法。瓦时的灰背按原来传统做法是要拍打出浆，晾干后再瓦，绝不能不加拍打，尚在出水的情况下就把瓦上去。因为这种工艺程序不仅是保存原来传统的需要，而且关系到建筑物的安全与坚固问题。许多古建筑维修工程的例子说明，不按工艺程序操作施工的，很快就出了问题。

在这里还需补充一句，保存传统的工艺技术并不排除使用一些现代化运输和施工工具，如机械运输、锯木、采石等现代化工具，反而要充分地利用这些现代化工具与设备，使之为维修古建筑服务。

四、在古建筑修缮工程中新材料和新技术的使用问题

上面谈到的古建筑维修工程的保存原状（包括恢复原状和保

持现状）的原则，以及"四保存"的具体内容，其目的主要是保存古建筑的文物价值。因而只要能够达到这一目的，古建筑的修缮不仅不排除新材料和新技术的使用，反而要高度重视和积极研究这一课题。也许有人要问，采用新材料和新技术不是与"四保存"有矛盾吗？其实，只要使用得当，不仅没有矛盾，反而能更多更好地保护原状，更有利于原结构、原材料、原工艺技术的保存。但是我们在使用新材料和新技术时必须明确这样一个原则，即所使用的新材料和新技术能更多更好地保存古建筑的原结构、原材料，更有利于原工艺技术的操作，也就是更有利于原来的古建筑价值的保存。

（一）新材料的使用不是替换原材料，而仅仅是为了补强或加固原材料原结构

明确了这一点，我们在进行古建筑的修缮工程时，许多问题都好处理。比如在木构建筑的维修工程中，常常会遇到大梁或柱子等构件糟朽、劈裂的情况。修缮可以采用几种办法，是把它换了，还是想办法不换而保存下来，需要认真地考虑。举一个例子：浙江宁波保国寺大殿是一座北宋大中祥符六年（1013）的建筑，已经将近一千年了，是我国现存为数不多的早期木构建筑之一。大殿的柱子大部分被白蚁蛀蚀，在修缮时可采用三种办法，第一种是换水泥的，这种办法绝不能采取，因为它大大降低古建筑的价值，广州光孝寺大殿已是一个失败的教训了。

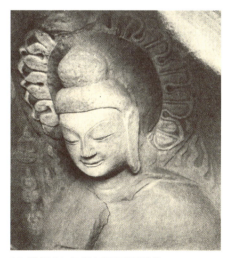

20 世纪 50 年代云冈石窟雕像

第二种是用新木材来替换，这种办法虽然也保存了木结构的本质，但是原来那些柱子九百多年的经历就一扫而光了，况且与原来那些柱子质地相同的木料也不容易找到。于是采用了第三种办法，即用新材料、新技术的方法来解决。采用的办法是用环氧树脂配剂予以灌注、充填，这样既保住了九百多年的大殿主要构件，又解决了柱子的加固问题。我认为这是在维修古建筑工程中的一个佳例。环氧树脂配剂还可用于黏结木料、拼镶一些原来构件的残缺、糟朽部分。环氧树脂配剂还可以用于砖石建筑、石窟崖壁的黏结加固和灌注填充。如山西大同云冈石窟、河南龙门石窟的崖体加固、溶洞缝隙填充工程都收到了较好的效果。但使用环氧树脂也必须慎重，因其一经用上就很难改正了。

钢、铁、铜、锡等金属材料用于古建筑的维修和加固，本是我国古建筑加固的传统材料，在我国古建筑的实物中经常可以看到。如用于木结构梁柱劈裂加固的铁箍，梁柱拔榫加固的铁扒锯、铁拉扯，梁头榫卯加固的铁托垫，等等，其效果都非常显著。金属材料加固的最大优点，是它不改变原来材料的本质，而只是作为附加的东西；也不改变原结构的性能，只是起辅助加强的作用。万一有其他的原因需要去掉时也比较容易加以拆除。现代化锻制技术的进步，更有利于所需钢铁加固部件的制作，钢材性能也比从前的铁件好得多了。因此，金属材料用于古建筑维修工程的加固之中，很值得重视。

金属材料不仅适合于木结构的加固，用于砂石建筑的加固效果也很好。在一千多年前的隋代建筑赵州桥上就应用了腰铁、铁拉杆等来增加它的坚固性。在我国南方各地许多民居、祠堂、寺庙的高大砖墙上也用了"丁"字形的铁拉杆来加固。在近几十年来的古建筑维修工程中，使用金属构件来加固也取得了显著的效果。如在古塔的加固工程中，在破裂的塔身外壁加钢箍箍住，把钢箍嵌入塔体表层之内，外观依然如旧，西安小雁塔就是一个很好的例子。北京大学红楼的抢险加固工程是又一个用钢材加固的创造性设计的实例。该楼是一座20世纪20年代建成的砖木混合结构建筑，在1976年唐山大地震波及之下，已出现了墙裂顶塌、门窗破损的岌岌可危情况。设计人员采用了水平钢桁架和槽钢、扁钢壁柱相结合的隐蔽钢制框架结构体系，把原来摇摇欲坠的结构提高到能抗八级以上地震。这些钢结构大都嵌入了墙体之内，水平钢桁架则隐藏于楼板夹层之内，使全楼外观如旧。

环氧树脂黏结与钢铁金属构件合并使用往往能收到很好的效果。如像木构梁柱的加固，除了用钢箍、钢钉、暗榫等之外，再加环氧树脂黏结就更加坚固了。又如砖石建筑和崖壁加固，除了用环氧树脂配剂黏结灌注之外，再加上钢箍、钢钎相结合，效果就更显著。

水泥虽然被称为古建筑维修的大敌，但是由于目前条件的限制，有时仍不得不使用。这种新的建筑材料在现代化建筑中使用非常广泛，有它的许多优点。但在古建筑维修中，必须慎重。如果确属必须使用，也只能在不是替换而仅仅是补强、加固的前提下才能使用。如赵州桥内部的加固就是一例。近年来一些非关键

1952 年维修前的赵州桥西侧全景

1953 年赵州桥下出土的隋代雕龙栏板

性的维修工程，如故宫的地面铺砖，采用了以水泥代替的办法。其砖的尺寸、规格、颜色都尽量与原来的相似。这种代替的原因，是由于原来的青砖不生产了，即使有生产出来，质量也很差，因而不得已而采取水泥替代。我们认为这种临时性的小部分的更换犹可，若把故宫大部分的地面砖都换成水泥砖，那是不可取的。其他重要的古建筑如古塔、长城、宫殿、寺庙的墙壁等绝不能用水泥砖来代替。有关部门应该恢复一些高质量的青砖的生产，古人都能生产，我们今天也一定能够生产出来的。

（二）新技术的应用

在古建筑维修工程中应大胆地采用新技术，但是这种新技术的采用必须有利于保持原来的工艺效果，有利于施工，有利于保持原状，有利于维修加固效果。

1. 新的测绘技术和仪器应广泛采用

测绘的目的是要准确、方便、迅速地把修缮之前建筑物的情况记录下来，以便更好地进行研究和制作设计方案。它对古建筑本身毫不影响，只会有利。近代的水平仪、经纬仪、绘图仪已比较普遍地应用了，近些年来又使用了照相测绘技术（photogrammetric techniques），对于测绘复杂的不规则建筑外形，石刻、塑像等立体艺术品非常有效，应当加以应用。在陕西扶风有一座法门寺塔，突然崩塌了三分之二，摇摇欲坠，一般测绘比较困难，因为人不敢接近。用了经纬照相测绘仪，才很好地解决了问题。至于施工中用水平仪抄平、放线，用经纬仪测倾斜垂直等，其使用就更为经常了。

2. 现代化运输和提升机具的采用

运输和提升机具在古建筑维修工程中所占的劳动量往往很大，古代劳动人民曾经创造性地利用各种自然的条件，如水的流动和升降、冰面滑行以及简单的机具，完成了艰巨的运输、提升任务。但主要还是靠艰苦的人力劳动。现代化的运输工具、起重机具等的应用，可以大大地减轻工人的劳动强度，加快运输速度，有利于维修工程的进行，应当视条件予以采用。

3. 现代化电动、机动锯以及刨、钻、磨等新工具的使用

这在古建筑维修工程中可以减轻劳动强度，加快施工进度，还能提高工程的质量，如钻孔、磨砖、刨平等。但在采用这些新工具时，千万注意不要改变原有的工艺效果。如原来是用锛斧砍出的板面就不能把它刨得光平，原来是用手锤垛平的石面也不能把它磨得光亮。当然，如果运用新工具新技术，仍能表现出原来的工艺效果，那是可以的。

4. 附加工程的隐蔽技术问题，是古建筑维修中的一个重要项目

这一项目各国和国内同行之间还存在两种不同的看法。一种意见是要完全隐蔽，使外表看不出任何痕迹，另一种意见则认为应充分予以暴露，认为既然是附加上去的，就应该让人们知道是后来加上去的，不要与原结构混淆起来，从而扰乱原结构的真实情况。两者都有一定的道理。我们认为，这应该根据加固的建筑的具体情况适当处理，最重要的一个原则是，不管是隐蔽还是暴露，都应该以是否有损或有利于建筑本身和附加结构的安全和坚固为准。如西安小雁塔的混凝土钢箍，除下层通过窗口之处有少许暴露之外，全都隐卧在砖体之内，这样不仅对塔的外观无损，而且对附加结构来说也可免去风雨侵蚀，使之能保存得更久。北京大学原红楼的加固工程，为了保持室内的原貌，把附加水平钢桁架隐藏于楼层之内，立竖槽钢则按其尺寸，用特制工具在砖上开浅缝，嵌入砖体内，收到了较好的效果。但是为了不损伤原结

构的强度，在外墙的槽钢和角钢则部分未开槽嵌入砖内，而在钢件上刷以与原来墙身近似的红、灰两色油漆，结果并不显眼，效果甚好。钢铁等金属构件，如能隐藏在内部可经久不生锈，也有益于外观的保护，所以还是把它隐藏在内部为好。至于与原来的结构的区别问题，可以用档案资料记录在案，也可刻碑刻石记载。如果能刻记于结构内部，待将来再进行维修时，就更有据可查了。

5. 关于修补部分的"作旧"问题

古建筑，包括其他文物，在修补之后是否要把新修补的部分按照原样作旧，现在世界各国专家们也有两种不同的看法和两种不同的办法。一种办法是将修补的部分完全按照原来的颜色、质感、纹饰等作旧，达到"乱真"的效果。另一种意见是新修补的部分要与原来的有所区别，明确表示出它是新修补的，不要与原来的相混淆。三十多年来的许多维修工程中，基本上是采取按原状作旧的办法。凡是新补配的斗栱、梁枋都按对称的和相邻的部分作旧，使之协调。石刻和壁画的修补部分也是按原状作旧的，如云冈石窟第二十窟的露天大佛和龙门石窟奉先寺阿难头像的修补部分，在作旧之后，很难分别出来了。永乐宫壁画在搬迁复原时，

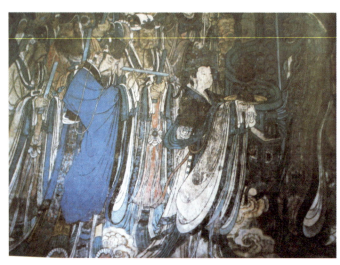

山西芮城永乐宫
三清殿壁画

也将切割的缝隙予以描绘复原，看不出切割的痕迹。我们认为这种办法是好的，不然的话，如永乐宫的壁画，在复原时仍保存着满壁切割的痕迹，那就太不雅观了。

另一种情况我们认为可以不完全作旧，即修补的部分是大面积壁画，大体量的雕刻、塑像部件，如一只手、大半个身子等，其艺术性也是很强的，可以与原来的有所区别，以表现其为新补配者。但也需要"随旧"一下，使之不要过于刺目。其程度是粗看不突出，仔细一看能分别就行了。

最后还必须强调一下，我国维修古建筑还有许多宝贵的传统技术与工艺。如打牮拨正、"偷梁换柱"、拼镶补缺、墩接暗榫、剔砖等等，都必须很好地继承，有的还需要大力研究和发掘，绝不应该让它们失传。

（本文是作者 1990 年在联合国教科文组织召开的亚洲太平洋地区历史文物保护会议上的学术报告。选自《中国古代建筑》，

上海古籍出版社 1990 年 8 月版）

第四篇　更好地发挥古建筑在"四个现代化"和两个文明建设中的作用

一、"保"和"用"的关系

根据三十多年来从事文物保护工作的经验，我们的全部工作，虽然千头万绪，但是可以用两个字来归纳它，就是"保"和"用"。

回顾中华人民共和国成立三十多年来文物工作的历史，一直

是从保护和发挥作用这两方面开展的。但是由于各方面的原因，特别是人为的破坏和与新建设所发生的矛盾，常常把很大的精力花费到"保"这一工作上了。首先把它保住，这完全是正确的。但是对于如何发挥作用的问题，讨论得不多，甚至被一些不了解情况的人认为我们只是保而不用。这完全是误解。其实据我所知，文物保护部门不仅在全力以赴从事"保"的工作，同时也时时处处注意发挥其作用。

我们认为，不能埋怨别人的误解。我们没有对文物古迹如何更好地发挥作用的问题进行广泛的讨论与宣传，这一点确是事实，是应该考虑的。自十一届三中全会以来，党的对外开放、对内搞活经济的方针，给文物古迹保护管理工作带来了春天，我们应使之充分发挥作用，为社会主义四个现代化作出贡献。

有的人认为，古建筑有用就用吧，有什么可以讨论的。其实不然，这里面有很多文章和学问，如果用得不当，就可能把它毁了。所以展开讨论，广泛宣传是很有必要的。如何发挥古建筑的作用，我觉得有两方面的问题需要讨论、需要研究。一是认识上的问题，二是方法上的问题。

（一）首先在于对"保"的认识

为什么首先在于"保"呢？因为文物的特点是以物来发挥作用的，如果古建筑都没有了，那就无从发挥作用了。

关于古建筑的保护——防止人为的破坏和自然的破坏，问题很多，工作十分艰巨，内容非常丰富，前面已经讲过了，在这里重点是讨论如何发挥作用的问题。

（二）保护的目的在于"用"

世界上没有无目的的事，比如饭后散步，好像没有什么目标，其实是为了有利于健康。我们花费了很大的人力、物力，利用科技成果来保护文物古建筑，就是因为它们有很多用途。我们保护的目的，就是古为今用，还要为将来所用。

过去曾经有人对"为保而保"提出批评，就是说我们在发挥作用上下的功夫不够，但要说一点也没有"用"，纯粹在"保"，那也不是事实。20世纪50年代初，我们举办过多次文物展览，1951年举办的"伟大祖国建筑展览"就是其中之一。那时正值中华人民共和国成立未久，抗美援朝战争正在进行着。百余年来的半殖民地半封建处境，使人们对自己祖国的伟大之处了解不多。这些文物展览包括古建筑展览在内，对启发人们的爱国热忱，增强民族自信心，认识祖国光辉的历史，都起到了积极的作用。

但是由于种种原因，对于文物古迹究竟有哪些作用，如何去发挥它的作用，研究、讨论、宣传等工作都做得很不够，这是事实，所以有人提出"为保而保"的批评，也是事出有因的。

再者，对于我们文物工作者来说，加强发挥文物作用的观念，更好地从各方面积极发挥古建筑的作用，应是刻不容缓的事。

（三）只有更好地发挥古建筑的作用，才能使之得到更好的保护

"保"和"用"两者是相辅相成的，不可分割，"保"是前提，"用"是目的。只有保护好了才能发挥作用，也只有发挥作用才能使文物古迹得到更好地保护。在过去的几十年中，除了"四人帮"极左思潮的破坏之外，大多数对古建筑的破坏是不知道古建筑的作用，不知道文物古迹还能为新的建设服务，尤其不知道文物古迹在精神文明建设中所能起的作用而造成的。反之，如果大多数人都知道了文物古迹的作用的话，那么工作就好做得多了。特别是当人们亲眼看到文物古迹所发挥的作用时，就很少有人要去破坏它，即使有个别人要故意破坏，也会受到广大群众的谴责和制止。

最近几年由于对外开放政策，人民生活水平的提高，旅游事业的开展，文物古迹在提供参观游览方面，发挥了很大的作用。所以文物古迹的保护受到了领导和广大群众的重视，保护工作也就好做得多了。

除此之外，文物古迹还能在许多方面发挥作用，比如科学研究、新设计创作参考等等。文物古迹所起的作用越来越多，越来越为人们所了解，它们的保护工作也就越来越好做了。

（四）"保"和"用"的矛盾的统一与正确解决

文物古迹的"保"和"用"本来是不可分割的整体，"保"是为了"用"，"用"就需要"保"。但是二者会发生矛盾，而且确实存在矛盾，我们不能回避，只有认识了它，才能正确地加以解决。

1. 原来少数人使用和现在超量利用的矛盾及其解决办法

这一矛盾是客观存在的事实，这是由于历史的变化、人们生活的变化、用途的改变而造成的结果。例如有些古建筑原来只是少数人使用的，现在参观的人增长了几倍、几十倍甚至上百倍。北京的颐和园、北海、天坛等等，原来只是帝王一家加上一些随从使用，有的古建筑一年仅使用几次而已。而现在游人的数量大增，颐和园最多的时候一天达到过二十万人次，故宫每天达几万人次。这些还是帝王的建筑，占地很广，规模也大。至于一些私家园林、小型寺观，更是容纳不了多少人了。这对古迹保护以及对游人安全来说都带来极大的问题。有些古塔，过去也只是供僧人们烧香和少数游人登上去的，门洞和楼梯都很小，现在也有成千上万的人登了，不仅容易挤坏古建筑，也发生过挤死挤伤人的事故，如北京北海、开封铁塔都有这类惨痛的教训。其他如上海的豫园，苏州的留园、拙政园、网师园等，长此以往，它们将逐渐被踏平了。

这一矛盾的尖锐程度越来越严重，如果不赶快设法解决，有许多珍宝将毁在我们这一代人的手里。敦煌莫高窟的壁画、彩塑，由于游人的过分增加，许多倍地超过了以前的容量，损毁的情况日益严重，如果不想法解决，将使这一珍宝很快毁灭掉。

其实这一矛盾并不是不能解决，只要认识到了，下决心，是不难解决的。解决的办法主要有二：一是有控制地参观，保证在不影响文物安全的情况下限制人数；二是有些不适宜开放的予以封存，以模型和复制品等另行展出。此外，还需要以科学技术加以保护。这样就可以解决这一矛盾了。

2. 保持原状和新的使用的矛盾及其解决办法

有许多文物古迹除了供研究、参观、欣赏之外，还有一个使用的问题。有些古建筑如寺观、坛庙等，殿堂之内早已空然无物，香火早绝、神佛早毁。我们文物保护部门按照国家规定，不应再新造神佛。还有一些本来就是住人的古建筑，如果让其空着，对保护也是不利的。因此，除了一些具有重大价值的建筑物作原状保存参观之外，其他都要派上实际用途。新的使用也要改变方式，如原来供佛的殿堂如不再供神供佛了，就需要用陈列展览或文娱休息等设施来替换，也就产生了与原状不符的矛盾。

这一矛盾也不难解决，办法是重点保护、分级对待。

（1）特殊的重点古建筑和有原状条件的，恢复原状供参观研究之用。

（2）某一部分有重大价值的，必须原状保护，如结构上、艺术上或其他方面有价值者。其余部分可作陈列展览、文娱休闲等之用。

（3）一般保存数量较多或价值稍小的可作为博物馆、文物管理部门、文化艺术单位等使用（不能作工厂作坊等，否则对古

2006 年，罗哲文先生（左五）与张文彬（左一）等参加全国政协文史委组织的京杭大运河保护与申遗考察

建筑和文物有破坏性）。

一些大片的古建筑群，如整座城镇、街坊等，在选择一些典型院落作原状恢复之外，也可在保持外貌风格、布局形式、装饰艺术等的前提下，作为旅游居住、办公等之用。

凡对古建筑的使用，均应按照管理规定办理批准手续和使用合同。这样这一矛盾也就解决了。

3．长远保护和近期使用的矛盾及其解决办法

任何文物、古建筑，它既已选作保护对象，除个别因特殊原因毁弃撤销之外，就要长期保存下去。有些文物发挥作用不仅是在现今时刻，而且是长久的，甚至有的在当前还不起作用，要过一段时间才能发挥作用，比如晚清的建筑或近百年的建筑与文物，在目前还不能显示其价值，要过几十年或更久一点才能显示它的价值。因此，在现在使用时就需要考虑到它们将来的价值，不能把原状改变了。其解决的办法，就是选择典型的定为重点保护对象，原状不动保存。

二、在保证文物古迹不受损坏情况下积极发挥它各方面的作用

上面已经谈到"保"和"用"的关系，"保"的目的是为了"用"，更好地发挥作用才能更好地加以保护。"保"和"用"也存在矛盾，但是只要正确认识，处理得当，问题是完全可以解决的。所以我们应该积极努力去发挥它们各方面的作用，使之在社会主义四个现代化中作出贡献。

既然要积极发挥古建筑的作用，首先就应很好地研究它们有哪些作用，也就是要很好地研究它三个价值和四方面的作用。

三个价值是：历史价值、艺术价值、科学价值。

四方面的作用是：

第一，激发爱国热情，增强民族自信心，进行爱国主义教育。

第二，作为研究各门历史科学的实物例证（包括自然科学和社会科学）和新的科研工作的借鉴与参考。

第三，作为新设计和新创作的参考借鉴。

第四，作为文化、游憩的场所和参观对象，是开展旅游的物质基础。

每个方面的内容，前面已经讲过，不在此重复了。

三、关于发挥文物古迹作用的方式

既然我们已经认定了必须积极发挥文物古迹的作用，为社会主义四个现代化做贡献，也知道了它的价值和作用，那就要研究通过什么形式，运用什么手段去实现。

我初步考虑了一下，主要有下面三种发挥作用的途径。

（一）实物展示

这是一种很重要的形式，文物的特点就是以物本身的优越条件（可称作优势）来显示它的作用。我们常说的"物证""百闻不如一见"等等，都是说的物本身。因此我们必须抓住"物"这一特点来做文章，发挥其作用。实物展示的方式有：

1. 原状博物馆式的陈列

将那些价值较大、保存较完整的，作复原陈列展出，包括建筑内部的陈设、装修、家具、器物等。这是最重要的方式之一，因为它完整地表现了古建筑当时的价值，历史、艺术、科学三者兼备。

2. 单体展示

在文物古迹中，有许多是单体的建筑或雕塑艺术品，有的由于其他原因，与它相联系的建筑已不存，只余下单体建筑，如经幢、古塔、牌坊、须弥座、碑刻、碑亭等等。这种单体建筑就只能把它纳入街心广场、道旁绿地、建筑庭院、空地之内，规划其环境，予以单独展示，以作参观欣赏、研究借鉴之用。这种情况往往不设专人看守，除了有利于参观之外，还须有保护的措施（如栏杆、障碍物之类）。

3. 组织到其他建筑群体或绿化中

有许多古建筑，只保存了一部分，或者与周围的环境相互纠结。这就要在城市规划中设计街坊小区绿化时加以解决，以与新的建筑或其他设施相配合，使之展示其价值。

4. 集中展示

这是需要慎重进行的。就是把一些不能原地保存或在原地与新建筑有矛盾不能解决者，集中在一起保存。这样做一是容易保管，二是内容更为丰富。如日本的明治村、民家园等，是将一些本来要抛弃的古建筑集中在一起加以展示，效果甚好。但这里一定要有一个原则：凡是搬迁集中者应是当地不能保存或准备放弃的建筑，不能对古建筑轻易搬迁，并且一定要按规定进行报批。

（二）文字、图像等资料的提供

实物展示对于观摩、研究、欣赏来说，有其直接的感受力量，收到"百闻不如一见"的效果，这是最好的方式。但是文物古迹的现场不能随便搬移，到现场去直接参观总要受到一些限制，如交通、经济、人数等的限制。再者因为时间和条件的限制，去现场了解一座古建筑的全貌和里里外外，总不是那样系统、全面。因而提供间接的文字、图像、模型等资料，也是发挥古建筑作用的重要方式。对于研究、欣赏者来说，更有其反复琢磨、多次观察的方便效果。这种方式与直接参观、研究两者均具有同样重要的地位。尤其是近代科技成果的应用，能使之接近身临现场的效果。主要有以下几种方法：

1. 文字资料的提供

这对于考察研究者来说是十分重要的资料，可以出版专门的报刊，把文物古迹的历史、艺术、科学方面的价值介绍出来，供各方面使用。

2. 图像资料的提供

这种方法可利用现代化的工具如电影、电视、照片、立体照相等等。它们的优点是更为形象化，更接近于现场的效果。

3. 模型

这是显示古建筑的造型、布局、艺术、结构各方面价值的最好手段之一，真实感更强，应该大力提倡。

（三）作为物质资料利用

这种利用已经超出了文物的范畴，因为当作文物本身来保存的，主要目的不是当作房屋用，而是作为上层建筑范畴来考虑的。但因有些古建筑有两重性，既是上层建筑，又是物质资料，可以做实际的用途。因此，还应考虑发挥这一方面的作用。做这方面用途时应注意如下几点：

（1）要保证古建筑的安全，不要损坏它的原有价值。

（2）利用的部门性质应与古建筑相近，如作陈列展览时，最好是历史文物、文化艺术、古代科技等等。或作不损害古建筑价值的机关单位如博物馆、图书馆、艺术馆等之用。

（3）使用古建筑的单位要遵守文物法和有关的规定。负责保护和维修等工作。

关于如何更好地发挥古建筑作用的问题，具体的工作还很多，以上所提的一些方法供参考。

（选自《中国古代建筑》，上海古籍出版社 1990 年 8 月版）

编辑絮语

　　受命担任《中国特色文化遗产保护理论与实践体系探索》一书责任编辑，惶恐之情可谓忐忑。虽然策划、组织、出版过《罗哲文全集》《罗哲文纪念文集》，也创作出版过《罗哲文传》，今年还应邀作为《遇见·长城——罗哲文先生诞辰百年学术历程展》的策展人，依然对于做好罗公关于中国特色文化遗产保护理论与实践体系这部学术著作颇感惴惴。

　　忐忑，因为对于罗公深邃广博的学术思想领悟浅陋；惴惴，基于面对罗公千万字著述筛选合适篇章实恐挂一漏万。既然如此，老老实实再次拜读罗公全集是我唯一能下的笨功夫，只是笨功夫也未必能奏效，好在罗公在许多文章标题或副题上注明了"中国特色"字样。至于"体系"，只好不揣鄙陋粗略排序后，再请教编委会的专家了。特别要感谢罗杨先生提议在书名中添加"探索"二字，谦谦之风扑面而来，不由怀想起罗公生前那君子的谈吐做派，实在沁人心脾、受益良多。不管怎么说，罗公"探索"中国特色文化遗产保护理论与实践体系的第一部专著即将付梓，对于从事文化遗产研究的学人而言是一大喜讯，作为责任编辑权作对罗公的追思与感怀。

　　最后，忝列编委会兼任责任编辑的我，诚挚欢迎方家和读者朋友批评指正，这不是谦辞。谢谢！

窦忠如

2024 年 12 月 31 日